[1] BIBLIOTECA
ELÍAS
PINO
ITURRIETA

Edición exclusiva impresa bajo demanda por CreateSpace, Charleston SC.

© Editorial Alfa, 2006
© alfadigital.es, 2017

Reservados todos los derechos. Queda rigurosamente prohibida, sin autorización escrita de los titulares del Copyright, bajo las sanciones establecidas en las leyes, la reproducción parcial o total de esta obra por cualquier medio o procedimiento, incluidos la reprografía y el tratamiento informático.

Editorial Alfa
Apartado 50304, Caracas 1050, Venezuela
e-mail: contacto@editorial-alfa.com
www.editorial-alfa.com

ISBN: 978-980-354-382-2

Diseño de colección
Ulises Milla Lacurcia

Imagen de portada
«Retrato hecho en Bogotá» de Pedro José Figueroa. 1819.
Óleo sobre tela (96 cms. x 69 cms.). Extraído de *El rostro de Bolívar* de Alfredo Boulton, Ediciones Macanao, 1988.

Fotografía del autor
Efrén Hernández

Corrección
Samuel González

Printed by CreateSpace, An Amazon.com Company

ELÍAS PINO ITURRIETA

El divino Bolívar

Editorial **ALFA**

ÍNDICE

Introducción 7
La necesidad de los héroes. 17
El culto justificado 21
La cohabitación con una estatua. 24
Los altos pontífices 27
Los humildes sacristanes 31
La comunión de los fieles 38
El Elegido y el pecado. 40
El adalid y el sucesor. 45
Las dos transfiguraciones. 48
La apoteosis compartida 54
La vitrina nacional 59
El viaje al Olimpo. 65
El vuelo del héroe 73
El curioso purgatorio. 85
Los autos de fe 94
La salud de Hércules 108
La iglesia militante 119
El árbol del Señor 126
La túnica de César. 131
El presidente místico. 139
El sacerdote preocupado 148
Los tiempos del derrumbe. 155

La carga de la iniquidad 163
La bendición de la Corona 171
El taumaturgo del pueblo 176
La silla vacía 189
Las tres raíces 195
La espada vengadora 204
La espada inminente 209
La parentela del auriga 214
La nueva negación. 222
La multiplicación de la insania 231
El nombre del Padre 242
El tercer siglo 248
Bibliografía 261

INTRODUCCIÓN

El tema bolivariano ocupa bibliotecas enteras. Tal vez sea Simón Bolívar el latinoamericano sobre quien se haya escrito con mayor asiduidad. Agotar el tema de su liturgia obligaría a un estudio de nunca acabar, si se pone uno tras la pista de todo lo que se ha publicado en sentido apologético. Por fortuna, ya intentó con éxito la faena Germán Carrera Damas en *El culto a Bolívar,* una obra de 1969 que se debe consultar con atención cuando los ojos quieran detenerse en las preces que el pueblo venezolano y pueblos parecidos dirigen a quien estiman como luz y salvación.

Ahora se ofrecen los testimonios que parecieron más evidentes para mostrar los perjuicios que puede acarrear a la sociedad la sobrestimación de los pasos de un héroe por la historia. Pese a que apenas son los eslabones de una cadena de una longitud sin cuento, seguramente la escala de un conjunto de exageraciones capaces de llegar con creces a lo estrambótico sea suficiente, no sólo para sustentar las páginas que vienen a continuación, sino también para dar mayor intensidad a la luz roja que pretenden encender.

No solamente se acopian y critican algunos de los excesos más elocuentes sobre las hazañas del Libertador, sino también las voces que por su posición en la vida pública pudieron influir en el crecimiento del fenómeno hasta extremos de demencia. El trabajo toma una ruta distinta en relación con el texto pionero de Carrera Damas no sólo porque el correr del tiempo sugiere la búsqueda de explicaciones diversas y el auxilio de respuestas más enfáticas, sino especialmente porque cuando el maestro escribió sus páginas no podía imaginar el desenfreno que caracterizaría al objeto de su estudio treinta años más tarde.

Guiado por las evidencias de tal desenfreno, el libro pugna ahora por desvelar un mal que quizá nadie se haya atrevido a juzgar con insistencia partiendo de sus orígenes hasta detenerse en la observación de los dislates sucedidos en los últimos años; pero, a la vez, ofrece un espacio a los factores de origen popular debido a cuya influencia ha crecido el templo cívico hasta su colosal expansión de nuestros días. Las referencias del pueblo sobre las facultades milagrosas del personaje, hacen pensar en cómo no sólo se ha intentado desde las cúpulas la elevación de una deidad capaz de ponerse a su servicio a través del tiempo. El crecimiento de una basílica iletrada obliga a repensar la hipótesis de que sólo el interés de los manipuladores de la política y de la actividad intelectual podía desembocar en la adoración desmedida que terminó por imponerse. El culto no sólo se sostiene en los estereotipos impuestos por los gobiernos y sus plumarios, sino también en un clamor sin prevenciones ni designios previos nacido en el seno de las clases más humildes y desamparadas.

El suceso obliga a hacer preguntas diversas sobre la causa del hombre convertido en santón, pero sin caer en la tentación de sacralizar a los individuos sin luces que también han fabricado el tabernáculo. Forman parte de un doloroso disparate, según se tratará de mostrar, aunque algunos lo juzguen como la pieza transparente de las usuales y universales operaciones de mitificación. En un momento sus solicitaciones se juntan con el rezo camuflado de racionalidad que suena en las alturas, para completar un cuadro anómalo sobre el cual difícilmente se pueden ofrecer opiniones indulgentes. Las salmodias aparentemente diversas terminan por contaminarse a la recíproca, o se valen mutuamente de sus contenidos para volverse ingredientes comunes de un mismo mal sin accesible remedio. Llega un momento en que la palabra de las autoridades y de los oradores de turno se confunde con los conjuros de arrabal, para que adquiera mayor fortaleza una lectura de la sociedad y una propuesta de soluciones frente a las cuales no queda otro camino que tomar partido con el objeto de rebatirlas sin vacilación.

Los lectores tienen razón si desde el principio advierten beligerancia. Acaso les llame la atención una postura así de banderiza frente a los adoradores de un personaje histórico quien realizó el trabajo de la Independencia de una gran porción de la América española y quien fue capaz de permanecer como referencia legítima para futuras edades. Ojalá aprecien, si tienen la paciencia de examinar las páginas que siguen, cómo no se emprende una batalla contra una figura cuya estatura merece respetuosa consideración en muchos lugares y desde numerosas tribunas, sino contra el engendro fraguado por una serie de interpretaciones absurdas e insostenibles La guerra es contra sus sacristanes, una guerra tan decidida como anacrónicas y simplonas son sus formas de negar humanidad y conceder santidad a un grande hombre. La guerra es contra los pontífices que se anuncian como sucesores y continuadores del grande hombre mientras martirizan a sus pueblos o los conducen al precipicio. La guerra es contra los beatos que de tanto adorar a quien no tuvo vocación de ídolo olvidan el movimiento de la historia y las mudanzas de la sociedad.

La carencia de ciudadanía y de un republicanismo capaz de variar el camino de los negocios públicos también debe colocarse entre los resortes del escrito. El ciudadano consciente y responsable no es una presencia estable en la vida venezolana. El vínculo entre el destino de los particulares y la suerte de la sociedad no se ha establecido en términos recurrentes. Numerosos factores que encuentran origen en el desarrollo de la Independencia y en los primeros capítulos del Estado Nacional pueden explicar la falencia, pero también los mandamientos de la religión nacional. En la medida en que la religión nacional nubla el entendimiento e invita a la subestimación de lo que cada generación ha hecho en su época, frena o demora la afirmación de una fuerza capaz de fundar la sociabilidad republicana que tanto se echa en falta. Cuando hace que cada presente se encandile por las glorias del pasado heroico y por los portentos de un artífice irrebatible, contribuye a la persistencia de la masa parasitaria. Una fe susceptible de decretar la incapacidad de los herederos del superhombre, o de presentarlos como sujetos inmaduros que dependen del Padre ubicuo y omnisciente le quita combustible al motor que cada uno debe poner en marcha para salir de su atolladero. Cambia el combustible por una inútil agua bendita. De allí la aparición de otro motivo plausible para la discusión del bolivarianismo desorbitado.

Viniendo de las mañas de un historiador, el escrito se atiene a las prevenciones de la profesión. Sin embargo, no pocas veces toma el rumbo que la pluma resuelve por su cuenta y riesgo. Como la pluma corre en medio de un teatro conmovido por los efectos de la religión patriótica en la actividad política y en la vida cotidiana, pugna por alejarse de las fuentes primarias para meter el dedo en la llaga de forma más expedita, según tiene el derecho de hacerlo la pluma de un ciudadano a quien sofoca la invasión de los chupacirios del personaje, pero también el personaje innecesariamente metido en la sopa de cada día, la verdad sea dicha. De allí que en el título se anuncie expresamente la circulación de un ensayo en lugar de una investigación con toda la barba. Tal vez la subjetividad distanciada de los rigores de lo historiográfico rinda mayores servicios, o provoque suficientes ronchas como para que el asunto llame la atención de los acólitos cautivos. De allí que también se quiera mostrar sin disimulos la existencia de una patología relacionada con la liturgia patriótica.

Hacia finales de los años sesenta del siglo pasado tenía yo la costumbre de ver en la televisión de México a un grato comediante llamado "El Loco Valdés". En una ocasión el gobierno suspendió su programa durante una semana porque hizo un chiste de difícil digestión. Preguntó el comediante a sus espectadores algo como lo siguiente: "¿Quién fue el héroe de nuestra historia que ejerció la profesión de bombero?". Después del correspondiente silencio, respondió así: "Bomberito Juárez". Quiso hacer un juego de palabras relativo a don Benito Juárez, justamente venerado por los mexicanos, pero el detalle le valió una suspensión que me pareció entonces exagerada. Era como la negación de la gracia y la prohibición del ingenio en beneficio del lustre de un icono, según llegué a sentir. He de confesar ahora que la medida fue una minucia si se compara con los excesos promovidos en Venezuela por los centinelas del Libertador, cuya observancia de la interpretación de un evangelio redactado en términos rigurosos amenaza con penas curiosamente severas a unos pocos heterodoxos que jamás llegarían al atrevimiento de "El Loco Valdés".

La apología de Bolívar ha traspasado con generosidad el límite de crear una grey militante. También ha dispuesto una especie de secuestro que obliga a conducir la conducta por el cauce de una ortodoxia de la cual sólo se pueden distanciar los ciudadanos a costa de una insólita y silenciosa excomunión. Aparte de crear acólitos, el imperio de un dogma exclusivo y excluyente ha fabricado generaciones de rehenes que deben pagar el precio del silencio y del disimulo frente a la calamidad resumida en la imposición de la autoridad de un héroe y del influjo de las ejecutorias de su época en perjuicio del entendimiento de situaciones posteriores. Una especie de acuerdo compartido desde antiguo y asumido por la sociedad como una placentera obligación, conduce a la repetición de una cartilla de la Historia Patria cuyo peso desemboca en una obligante unanimidad. La necesidad de mantener un consenso abrumador provoca la segregación de los relapsos sin que se recurra a penalidades como la que debió sufrir el comediante mexicano, mucho menos a castigos más vigorosos y visibles. Un hilo sutil hace que las criaturas de la sociedad se ajusten a la demasía del poder de un superhombre resucitado y, sin estridencias, arrojen del cuerpo místico de la República a las pocas ovejas descarriadas.

El poeta Andrés Eloy Blanco escribió en 1946:

> Bolívar es oceánico. Es el árbol: el que quiera una fruta para dar de comer a alguien, allí está Bolívar fruta; el que quiera una estaca para dar golpes a un yangües, allí está Bolívar con armazones, el que quiera una cruz para clavar a alguien, allí tiene a Bolívar con sus ramas cruzadas, el que quiera una flor para adornar la frente de la patria, allí está Bolívar florecido, y el que quiera una sombra para esconderse y ocultar una trampa o disparar un perdigón sobre algún incauto pájaro electoral, allí está Bolívar frondoso.

El libro que ya empieza confirma esas palabras tempraneras, pero llama la atención sobre cómo hacemos aquí para escalar por las extremidades del árbol y para dictar cátedra desde su sombra sin darnos cuenta del horror que la operación significa, sin siquiera pasearnos por los corolarios de las afirmaciones y las exclusiones escandalosas a los cuales conduce el personaje devenido tótem.

Las gentes sencillas, pero también las más cultivadas, no tienen problemas con la cadena que los amarra a un personaje del pasado y los lleva a satisfacerse en el yugo. Se regocijan en su rol hasta el punto de machacar actitudes disparatadas como si fueran partes de una cohabitación normal, de una sociabilidad como la de los hombres y las comunidades corrientes de la actualidad. Acaso sea tan poco evidente la anomalía que puedan tomar el descubrimiento como afrenta, o como una inconfesable conspiración contra los buenos hijos de la patria. Tal vez ni las evidencias que llenan las páginas del presente ensayo sean capaces de producir un entendimiento de la distorsión, menos aún la alternativa de su superación, debido a las maneras brillantes de disfrazarse de salud y de virtud que ha tenido la enfermedad. En todo caso, la decisión y la pasión de las letras que ya empiezan están en proporción directa con el daño que reprochan a los campaneros del oratorio. Pero también con el respeto por un pueblo merecedor de una fe que no lo castre.

Elías Pino Iturrieta
Caracas, junio de 2003

Hesíodo: Ante los dioses no podemos hacer más que inclinarnos.
Mnemosina: Deja en paz a los dioses. Yo existía cuando no había dioses. Puedes hablar conmigo.

Cesare Pavese
Diálogos con Leucó

LA NECESIDAD DE LOS HÉROES

Todos los pueblos requieren una cuna de oro. Así como los judíos han pregonado su calidad debido a que Dios los escogió como criaturas predilectas, el resto de las sociedades ha batallado por presentarse a la consideración del mundo con unos blasones que funcionen como patente de dignidad. Jehová dice en el segundo libro de Samuel:

> Le asignaré un lugar a mi pueblo, Israel; lo plantaré allí para que habite en su propia tierra. Vivirá tranquilo y sus enemigos ya no lo oprimirán más, como lo han venido haciendo desde los tiempos en que establecí jueces para gobernar a mi pueblo, Israel. Y a ti, David, te haré descansar de todos tus enemigos. Además, yo, el Señor, te hago saber que te daré una dinastía; y cuando tus días se hayan cumplido y descanses para siempre con tus padres, engrandeceré a tu hijo, sangre de tu sangre, y consolidaré su reino. Yo seré para él un padre y él será para mí un hijo. Tu casa y tu reino permanecerán para siempre ante mí y tu trono será estable eternamente.

Si la historia de Israel es la "historia sagrada" por antonomasia, el resto de las sociedades ha ocupado un tiempo precioso en la arquitectura de un pasado digno de veneración. Como no han disfrutado de la expresa preferencia del Creador, las otras colectividades han de buscar un protector que se le asemeje en algo aunque se trate de un propósito inaccesible. Pero deben mover algunos resortes para no quedar huérfanos del todo o con manchas de bastardía. Deben encontrar una garantía a través de la cual estén seguros de llegar igualmente a la tierra prometida. En consecuencia, dado que la marcha de las sociedades hacia un pináculo anhelado no cuenta con la compañía divina en el primer tramo, registran en el almacén de sus antigüedades para sentir la presencia de figuras que se le parezcan. El Dios de los israelitas es suplantado por unos ídolos susceptibles de iniciar con brillantez la genealogía. Todos los pueblos se anuncian como producto de hechos insólitos en cuyo desarrollo se encuentra un linaje especial de seres humanos. No son como nosotros, simples hombrecitos del futuro. Sus proezas son tan grandes que, así como causaron la admiración de sus épocas, son capaces de hacernos mejores y hasta parecidos a ellos. Casi parecidos, desde luego, pero jamás iguales, no en balde les hemos concedido parentesco con la divinidad.

En algunos casos, tales personajes son figuras de la vida terrena y piezas de la voluntad metafísica, a la vez. Como Juana de Arco, quien rindió servicios a Francia porque Dios se lo ordenó a través de heraldos celestiales. Como Carlomagno, amalgama de guerrero y santo, de soldado y religioso. De allí que mereciera también el honor de las estatuas y la elevación a los altares. Cuando no son producto de la influencia divina se pierden en la oscuridad de los tiempos sin que manejemos pruebas inequívocas sobre su existencia. Es el predicamento de Mío Cid Campeador, quien sale de los cantares de gesta —mezcla de fantasía popular y realidad— para convertirse en arquetipo de unas virtudes caballerescas que no siempre demostró y en raíz de una unificación territorial que no fue realmente su desvelo. La corte del rey Arturo en Camelot, sobre cuya existencia nadie guarda testimonios, ha dejado una nómina de varones portentosos que sirven de espejo a los británicos y un catálogo de prendas incuestionables para la sensibilidad occidental.

La idea procedente de Alemania de que cada pueblo poseyera un *Volkgeist,* esto es, un imprescindible espíritu nacional, influyó en las colectividades angloparlantes desde mediados del siglo XVIII y condujo a la búsqueda de un hombre viril en quien se asentaran los valores de la nacionalidad. Arbitrarias listas de héroes inexistentes, cuyas hazañas improbables remontaban a los tiempos de Tácito, reforzaron entonces el imaginario que venía del medioevo y animaron las empresas de Albión en el extranjero. El historiador germánico Justus Moser divulgó el mito de los anglosajones libres por obra de unos adalides levantados contra el yugo normando, y sugirió que se desarrollara en Alemania una versión de la misma cataduras. Sus discípulos pusieron manos a la obra hasta el extremo de colocar los pilares del racismo ario. Tanto los colonos norteamericanos de los siglos XVI y XVII como los revolucionarios de las Trece Colonias alimentaron la rutina del poblamiento y la insurgencia contra el Rey, respectivamente, en la ascendencia de esos sujetos sorprendentes cuyo resorte los impulsaba desde la antigüedad clásica. Como ingredientes de supuestos designios nacionales, nadie se atrevió a poner en duda su existencia ni su necesidad. Con esa levadura se amasó después el pan del Destino Manifiesto[1].

Pero los héroes no aparecen sólo por influencia divina, ni como consecuencia de los ensueños plebeyos, ni por la manipulación de los historiadores. La mayoría son hombres que interpretaron con fortuna su circunstancia y pudieron realizar una obra remitida a un conjunto posterior de destinatarios. Cuando tales destinatarios los requieren como suscriptores de su partida de nacimiento o como probanza de legitimidad, pero también como hilo capaz de reunirlos en cada presente, los llevan a la hipérbole. Mientras aumenta la estatura de la hipérbole, mayores son las

---

1. Para este punto, ver: Reginald Horsman, *La raza y el Destino Manifiesto,* México, Breviarios del Fondo de Cultura Económica, 1985.

posibilidades de integración afectiva y de congregación en torno a causas comunes. Sin embargo, se da el caso de que puedan los destinatarios provocar el crecimiento de los influjos perniciosos de su culto, vinculados a sentimientos e ideas sobre la patria y sobre el patriotismo. Si tales factores pudieron producir en Inglaterra las tropelías del imperialismo, en Alemania los horrores del racismo y la filosofía expansionista en los Estados Unidos, ninguna sociedad es inmune a sus perjuicios. Así como los necesita, puede convertirlos en escudos del mal y del disparate.

EL CULTO JUSTIFICADO

Si se juzga por la cantidad de retórica, de estatuas y monumentos, la Independencia es el periodo que más influye en los venezolanos. En sus protagonistas, especialmente en Simón Bolívar, se encuentra la base de nuestro culto a los héroes[2]. Pero que la Independencia pese tanto no debe sorprendernos. La liquidación del imperio hispánico y la fundación de un mapa estable de repúblicas en la primera mitad del siglo XIX, cuando aún la topografía política de occidente debe esperar para asentarse, es un hecho trascendental. La alternativa de convertir en realidad las ideas de la modernidad en un territorio dispuesto para una renovación, mientras el Antiguo Régimen pugna en Europa por el restablecimiento, obliga a un análisis diferente del mundo. La aparición de unos interlocutores flamantes y de mercados libres del control metropolitano mueve a otros usos en las relaciones internacionales. Los arquitectos del proceso, desconocidos al principio más allá de las fronteras lugareñas, se transforman en celebridades que han hecho morder el polvo a una de las potencias más influyentes de la tierra o ascienden al poder en medio de grandes expectativas.

---

2. Para una aproximación a los ritos patrióticos, tenemos una obra fundamental y pionera: Germán Carrera Damas, *El culto a Bolívar*, Caracas, Ediciones de la Biblioteca de la Universidad Central de Venezuela, 1969. He tratado el tema del "culto justificado" en *Nueva lectura de la Carta de Jamaica*, Caracas, Monte Ávila Editores Latinoamericana, Colección Monte Ávila Breve, 1999.

La república naciente, convertida en desierto por la inclemencia de la guerra, debe acudir al pasado próximo para sacar de sus hechos la fuerza necesaria en la inauguración del camino. No puede mirar hacia más atrás porque luchó contra los antecedentes remotos. En la epopeya que acaba de terminar encuentra abono un sentimiento susceptible de unificar a la sociedad, mientras se pasa de la pesadilla de los combates a la pesadilla de un contorno agobiado por las urgencias. La apología de esos paladines y de sus hazañas debe ayudar en el tránsito de una senda tortuosa. Un pueblo que al lograr su emancipación descubre que tiene un trabajo pendiente, pero que apenas posee las herramientas para realizarlo, siente que el tiempo transcurrido fue mejor. Un pueblo que deja de pelear contra el Imperio para sacarse las tripas en casa le hace un monumento a quienes, según estima, cumplieron a cabalidad su cometido. Hay suficientes elementos, pues, para encontrar apoyos a la religión de los héroes que comienza a florecer.

Tienen sentido los mitos de un país heroico y la liturgia que nacen después de la insurgencia. El santoral erigido en lo adelante no es un capricho sino una necesidad. En adelante los próceres de la Independencia, especialmente el Libertador, se convierten en símbolos patrios junto con el himno y con la bandera nacionales. Pero, ¿para qué existen ayer y hoy los símbolos de la patria? Su cometido es agruparnos y cobijarnos. La sociedad se siente reflejada en sus señales, en sus letras y colores. A nadie le parecen feos ni anacrónicos. Pueden contener figuras y lemas incomprensibles, pero no están en las fachadas de los edificios y en las ilustraciones oficiales para que la gente los descifre. Quizá anuncien cosas contraproducentes para la actualidad, o quieran algunos de sus intérpretes que así suceda —como la superioridad de unos individuos sobre otros, o la posesión exclusiva de virtudes frente a los que piensan de manera diversa, por ejemplo—, pero su discurso no está sujeto a discernimiento. La gente sólo debe sentirlos como emblema mayor en términos personales y gregarios. Así ha pasado con ellos antes de que los gobiernos los codificaran como tales y puede preverse que cumplirán el mismo rol en lo sucesivo. En la medida en que tienen un propósito de cohesión, como en todas las sociedades establecidas, los objetos-símbolo y los hombres-símbolo forman parte de una rutina cívica que no puede someterse a análisis, mucho menos a censura.

LA COHABITACIÓN CON UNA ESTATUA

A LOS FRANCESES NO LES PASA POR LA CABEZA la posibilidad de pensar que Juana de Arco estuviera chiflada, inventando tertulias con arcángeles y bienaventurados. Está la santa doncella en el lugar más encumbrado sin ninguna discusión. Un debate sobre las virtudes del Mío Cid es irrelevante para los españoles comunes y corrientes aunque tengan material para hacerlo. El personaje forma parte de sus sentimientos aunque estén ellos en contacto con una fantasía. Que fuera verdadera o falsificada la historia de la bravura contra los normandos no les quita el sueño a los británicos. Están orgullosos de esos soldados que probablemente no existieron. Entonces no vayamos a ponernos rigurosos con nuestros héroes que sin duda hicieron el tránsito terrenal, que no tuvieron la pretensión de hablar con Dios, que pelearon de veras por una causa y cumplen la misma función. Como los demás, existen para apuntalar el ego de la República, para que les recitemos jaculatorias y para que podamos respetar algo por unanimidad. En consecuencia, ni siquiera cabe la sugestión de un doméstico asolamiento de pedestales.

La posibilidad de observar con ojo crítico algunos aspectos del culto apenas existe cuando de la manipulación de sus contenidos surge una patología. En ocasiones se hace excesivamente próxima la presencia del héroe hasta el extremo de sentirlo como uno más entre los miembros de la familia, entre los amigos del bar, los jóvenes del aula y los colegas de la oficina. Una comparecencia tan anacrónica debe preocupar. Que el ilustre difunto resucite para transformarse en compañía rutinaria debe ser una incomodidad, por lo menos. No sabemos cómo establecer una comunicación adecuada con él y hasta comenzamos a dudar sobre su capacidad de remendar nuestros entuertos, esto es, empezamos a derribar inconscientemente los pilares de su devoción. De pronto entendemos que no habla como nosotros, ni conoce a nuestros verdaderos amigos, ni se acopla a nuestros gustos del siglo XX y del siglo XXI, ni sabe de nuestros anhelos íntimos, ni capta los problemas que usualmente captamos, situación que igualmente conduce al atrevimiento de verlo más pequeño de lo que era antes de la resurrección. Peor todavía: podemos llegar al extremo escandaloso de considerar que no sirve para nada. ¿Se puede vivir con tranquilidad ante un reto tan arduo? Cuando un sacerdote demasiado entusiasta se empeña en que el héroe forme parte de nuestra vida no nos ofrece una panacea, sino un incordio. El peor de los incordios, debido a que difícilmente nos atreveremos a asumirlo como tal o a alejarnos de su presencia. Si se considera que ahora no se habla de una posibilidad, de una situación probable, de algo que puede suceder en casos extremos sino de una realidad que agobia en la actualidad al común de los venezolanos, podemos captar la parte de enfermedad provocada por el culto y la necesidad de tratarla con la debida urgencia.

El fenómeno se hace más patológico cuando el sacerdote que lo ha traído de la ultratumba olímpica no procura que cumpla la función de aglutinamiento afectivo propia de los héroes y de los símbolos, sino, por el contrario, un rol exclusivamente banderizo. El héroe no ha regresado para que nos cobijemos todos en su regazo sino sólo una parcialidad de sus hijos. Sus palabras no suenan otra vez para hacer una convocatoria general, sino una reunión de un grupo de elegidos que se ufanan de su pertenencia al limitado club de venezolanos que ha escogido desde su perspectiva el animoso levita. Aquí se destapan todas las compuertas de una dolencia capaz de desgarrar a la sociedad. Además de venir a hacernos más engorroso el pasar cotidiano, el héroe retorna para representar al partido que amenaza la vida en la cual estábamos aclimatados, o su sacerdote lo hizo volver con ese propósito. Entonces el héroe y el sacerdote y sus elegidos se nos vuelven un horror y una necesidad de ponerlos en su lugar, esto es, en una remota plaza que no los haga tan amenazantes. En el caso del Padre de la Patria nos conformaríamos con que volviera con su usual majestad al sarcófago alto y profundo en el cual reposan sus restos mortales. El caso del sacerdote incumbe a las páginas del presente ensayo, debido a su rol de partero de una epidemia patriótica capaz de desembocar en un desquiciamiento. Pero, en el fondo, la aproximación que viene a continuación apenas quiere aventurarse en la búsqueda de una convivencia más llevadera con la estatua.

LOS ALTOS PONTÍFICES

Las explicaciones usuales sobre el culto a Bolívar encuentran el origen del fenómeno en la liturgia promovida por los gobiernos venezolanos después de la desmembración de Colombia. Se trata de un análisis con fundamento, si recordamos cómo salían entonces de palacio las instrucciones para la fábrica del tabernáculo y cómo fue el presidente Antonio Guzmán Blanco, a partir de 1870, uno de los arquitectos más empeñosos. Por lo menos desde 1842, cuando retornan con pompa a Caracas las cenizas del Libertador debido a las órdenes del presidente José Antonio Páez, se puede establecer una relación nítida entre esa suerte de religión cívica y las gestiones oficiales.

No en balde asegura entonces el primer mandatario:

> Los restos venerados del gran Bolívar han sido colocados por nuestra mano en el sepulcro de sus padres, convertido hoy más en el altar que recibirá las ofrendas de nuestro amor, de nuestra admiración, de nuestra gratitud.[3]

La peregrinación del cadáver del gran hombre que pronto será canonizado se debe a una decisión del Jefe del Estado, según el fragmento. Gracias a su voluntad, el promotor del aconteci-

---

3. Fermín Toro, *Descripción de los honores fúnebres consagrados a los restos del Libertador Simón Bolívar, en cumplimiento del Decreto Legislativo de 30 de abril de 1842*, Caracas, Imprenta de Valentín Espinal, 1843.

miento y el pueblo podrán exhibir la reverencia que le deben. Los vocablos *nuestro* y *nuestra* expresados por Páez se refieren a su autoridad y a la sociedad, esto es, a cómo podrá el pueblo postrarse ante el héroe porque el mandatario lo ha querido así o lo ha facilitado. Y por las disposiciones de los representantes del pueblo, si consideramos que la repatriación de los restos fue decretada por el Congreso el 30 de abril de 1842. De acuerdo con tales evidencias estaríamos frente a una decisión de las cúpulas que descendería poco a poco hacia la multitud, hasta desembocar en el templo cuyas naves hemos llenado los venezolanos hasta la actualidad.

En el proceso iniciado por Páez se pueden observar dos capítulos esenciales: la inauguración del Panteón Nacional por el presidente Guzmán y el nuevo bautismo de Venezuela, convertida hoy en *República Bolivariana* por promoción del presidente Hugo Chávez. En 1874 el Panteón Nacional se establece en la iglesia caraqueña de la Santísima Trinidad debidamente transformada[4]. El altar mayor se reemplaza por el sarcófago del Padre de la Patria. El resto de los altares y de los espacios del rito católico es ocupado por las tumbas de numerosos hombres públicos. Es evidente cómo la operación coloca a Bolívar en el lugar de la Divina Majestad, mientras lo rodea de un elenco de personajes que toman el espacio destinado a los apóstoles y a los santos más socorridos. La mudanza ni siquiera le deja trabajo a la imaginación. Es un traslado mecánico de referencias y valores, en el cual sale ganando el dios de la Nación frente al dios del Universo. Es una mutación de deidades realizada sin disimulos para que la mole de la edificación y las flamantes estatuas que la habitan anuncien, desde su antigua inspiración confesional, el reino sacrosanto de Simón Bolívar y de los sujetos virtuosos que siguieron su ejemplo.

---

4. Lucas Guillermo Castillo Lara, *El Panteón Nacional*, Caracas, Editorial Centauro, 1980.

Ahora el supremo sacerdote es Antonio Guzmán Blanco, pero también se revestirán de la dignidad los presidentes del futuro. Sólo observando su rol de custodios y oficiantes del Panteón Nacional los encontraremos en entradas usuales cada año con espléndidas comitivas cuando comienzan y terminan sus gestiones administrativas, cuando se conmemoran el natalicio y la muerte del héroe, cuando el calendario recuerda las batallas de la Independencia, cuando se proclaman la constituciones y los códigos y cuando vienen en visita oficial los mandatarios extranjeros. Además, se ocupan de seguir llenando de difuntos ilustres el lugar, para que el desfile de inhumaciones sucedido en cada lapso presidencial confirme la estelar plaza del hombre semidormido en el centro. Cada uno de esos presidentes le añade imágenes, promesas, inciensos, milagros y beatos a las hornacinas ya atiborradas.

Precedida por la manifestación de los mandatarios que entonan jaculatorias desde 1842 y promovida por el presidente Hugo Chávez, la Constitución de 1999 hace que la nación se denomine *República Bolivariana de Venezuela*. Además, en el artículo 1 del Título 1, la Carta Magna señala:

> La República Bolivariana de Venezuela es irrevocablemente libre e independiente y fundamenta su patrimonio moral y sus valores de libertad, justicia y paz internacional en la doctrina de Simón Bolívar, el Libertador.[5]

La comarca que ya había conocido la encarnación de su redentor y la había depositado en el mármol de una elocuente basílica ahora tiene su Evangelio. A través del nuevo sacramento cívico se ha encontrado en un único actor de la historia el des-

---

5. *Constitución de la República Bolivariana de Venezuela*, Caracas, Ministerio de la Secretaría de la Presidencia, 2001, pp. 11-12.

tino de Venezuela, en términos legales que nadie puede eludir. El manual de la nacionalidad ha concedido al pensamiento del gran hombre la calidad de palabra sagrada. El Libertador llega pues a la cima de la liturgia secular. Pero como acceden al altar los bienaventurados que pasan el filtro del Vaticano y reciben la bendición de los papas: sin duda y para siempre.

LOS HUMILDES SACRISTANES

Parece verosímil la explicación del culto según se ha abocetado, pero tal vez no sea suficiente. En la elevación de Simón Bolívar hasta la altura de mesías republicano han tenido una responsabilidad evidente los gobiernos desde la liquidación de Colombia, pero no detentan la paternidad del fenómeno. Antes de que los mandatarios encendieran las velas frente al insólito sagrario y redactaran los misales, unos feligreses ingenuos se atrevieron a fundar el credo sin la sugestión de un sacerdocio venido de las alturas. Después de concluidas las guerras de independencia, el pueblo que no encuentra en la realidad que lo circunda la solución de sus problemas busca el salvavidas en el protagonista más famoso del pasado reciente. Los hombres desesperados de 1830 que han peleado con éxito contra los españoles para encontrarse en la miseria sin el apoyo de los políticos y los propietarios, se inventan la ilusión del Libertador que regresará a redimirlos. En los episodios que se describirán a continuación topamos con unos sacristanes alejados de la casa de gobierno, quienes fundan los cimientos de una sacristía que se convertirá más tarde en el oratorio de nuestros días.

El ministerio no ha ordenado desde Caracas la celebración de homenajes al Padre de la Patria, cuando se organizan fiestas que miran hacia el gran hombre en una búsqueda salvacionista. De allí que quizá no resulte casual en este sentido un primer testimonio que registra en San Fernando de Apure la organización de una ceremonia republicana expresamente vinculada con una catástrofe natural.

Los acontecimientos suceden en abril de 1832 y así los recoge el jefe político del lugar:

> Muchos opinaron que no con la rogativa del Señor Nazareno, para que aplicara su misericordia por los estragos de la creciente de las aguas. Nadie quiso ofender a la sagrada imagen, ni nació del asunto mayor disputa, pero pareció mejor hacer un paseo con un dibujo del 19 de abril, porque todo calzaba en la fecha. Una niña vestida de La Patria abrió la caminata, en la escolta seis jinetes con seis banderas: y después dos niños con el dibujo de la junta de abril, y la cara del General Francisco de Miranda, entre unas nubes de el [sic] firmamento despejado, veinte compañeritos en la escolta con banderas. El paso de los empleados llevaba un cartel, de un rótulo sobre Si La Naturaleza Se Opone. El paso de las niñas llevaba un cartón del libertador Simón Bolívar haciendo seña con el dedo, ingeniosamente extendido a el [sic] rótulo. Las autoridades con una alegoría de una lanza adornada, pasamos a la Iglesia para saludar postrados ante la sagrada imagen, y vimos después, el paso de la caminata en la compañía del Señor Cura, con debido respeto; quedando todo satisfactoriamente terminado con repique de campanas y ruido de matraca.[6]

Ante la furia de las aguas los habitantes de San Fernando recurren a la primera hazaña de los patriotas. Ante el desbordamiento del Apure recuerdan las palabras que supuestamente pronunció Bolívar ante las ruinas causadas en Caracas por un devastador terremoto: "Si la naturaleza se opone, lucharemos

---

6. El Jefe Político de San Fernando para el Sor. Ministro en los DD. del Interior, San Fernando de Apure, abril de 1832, *Archivo General de la Nación,* Interior y Justicia, tomo XXXI, fol. 63. Las festividades patrióticas que se describen a continuación, ya fueron analizadas por el autor en su *País archipiélago,* Caracas, Fundación Bigott, 2001.

contra ella y haremos que nos obedezca". La gente que entonces puede opinar en la ciudad llanera, seguramente un puñado de empleados públicos, los propietarios y los vecinos importantes, dejan por un momento de mirar hacia la iglesia parroquial para invocar una protección terrenal. Lo usual era una procesión de Jesús cargando el madero, como probablemente sucedía en el pasado cuando el mal tiempo azotaba a la población, pero los ojos ahora se dirigen al templo cívico. Todavía más: inauguran el templo cívico para colocarlo al servicio de una situación que los perjudica y frente a la cual no pueden hacer nada, o piensan que no pueden. La reunión pueblerina cambia al Nazareno por Bolívar para que el sustituto cumpla una misión de misericordia.

Es probable que no se plantearan de manera tan tajante las cosas entre los parroquianos, no en balde la decisión fue acogida sin fricciones, pero no podemos dudar de que se está ante una operación simbólica en la cual se relaciona el destino de los lugareños con la obra del adalid de la Independencia, ante una maniobra metafórica que deja en las manos de un héroe del pasado el arreglo de una urgencia posterior. La imagen del Precursor observando a los juntistas del jueves santo de 1810 desde un cielo sin nubarrones es una alegoría de refuerzo. El Libertador que se asume como regulador de la naturaleza y el Precursor representado como heraldo de bonanza componen una primera alusión al pasado heroico entendido como salvación, un primer cromo distinguido por la ingenuidad que busca el rescate a través de la epopeya reciente.

El desfile patriótico de San Fernando en 19 de abril de 1832 está cargado de religiosidad. Termina en Bolívar y en Miranda pero empieza en la estatua del Nazareno. Es una actividad callejera pero arranca con unas oraciones en la iglesia del pueblo. Es una actividad organizada por los vecinos pero cuenta con la compañía del cura y con el alboroto del campanario. Pareciera que se va de una religiosidad a otra sin solución de continuidad, de un protector divino a un ángel cercano y accesible cuyo altar se ha edificado sin mayores advertencias, seguramente como resultado del impulso de unos hombres que, así como desconocen las características del hecho histórico que celebran –una elemental noticia les habría mostrado cómo ninguno de los sorpresivos padrinos participó en los sucesos de 1810– no ven problemas en relacionarlo con la crecida del Apure para procurar consuelo.

En diciembre de 1836 ocurre otro significativo acto en Guanare. Los directivos de una Sociedad Progresista que tiene entre sus planes la fundación de un colegio de enseñanza secundaria, acuden ante el Concejo Municipal para comunicar su resolución de conmemorar en acto público el aniversario de la muerte de Bolívar. Los concejales no sólo están conformes con la iniciativa, sino que también se animan a colaborar con cinco pesos para el lucimiento de la función[7]. De acuerdo los vecinos y los ediles, se realiza una ceremonia de la cual se tiene la siguiente descripción:

> Incontables personas se presentaron a saludar la efigie del libertador Simón Bolívar, encargada de sus expensas por la Sociedad Progresista y que desfilaron sus miembros en andadera de cuatro apoyos, recorrida de la casa de reuniones a la plaza. A la efigie la rodearon las ramas de cafeto y de maíz, significativas de la agricultura, y un libro abierto, en significativo de los tesoros de la educación. Los comitentes de los campesinos llevaron azadones y paletas bajo el rótulo de trabajo e independencia; y unos comitentes de la juventud llevaron un cartel con las palabras libertad y cultura. Después de un canto funeral, al lado de una pequeña ara bruñida de negro, con crespones, Gobernador y comitiva hicieron saludo

---

7. Funerales del Gral. Bolívar, Guanare, 10 enero de 1837, *Archivo General de la Nación*, Interior y Justicia, tomo CXVI, fol. 22.

a la efigie y se retiraron en silencio, acatamiento imitado por los otros hasta provocarse el caso de llegar a sacudir el llanto de las damas presentes.[8]

Estamos de nuevo frente a un evento nacido del deseo popular, cuya consecuencia es el nexo entre las necesidades del momento y la influencia del prócer y de su época. En el centro de una humilde escena la representación del héroe se relaciona con los frutos de la tierra y con los beneficios de la educación. La gesta que presidió se vincula con el trabajo y con la cultura del lugar. Los guanareños no están haciendo memoria de un personaje y de un pasado yertos, sino la procesión de un motivo que sirve para la atención de sus necesidades. Cargado en andas como las imágenes sagradas, Bolívar es un abogado en cuyas destrezas se pueden cobijar los asistentes al acto que se ocupan de labrar la tierra y desean una buena educación para sus hijos. La sinceridad de la demostración y la gratitud profesada al grande hombre por lo que hizo y por lo que puede hacer, se resume en las lágrimas de las mujeres frente al catafalco.

El 28 de octubre de 1848, el Colegio Nacional de Guayana celebra el natalicio de Bolívar en un acto que sirve para demostrar los conocimientos de los estudiantes. Hay concursos de ideología y gramática en un salón presidido por las imágenes de los próceres:

> La atención de los circunstantes era llamada, desde luego, por el retrato de Bolívar, el del mariscal de Ayacucho, el del benemérito general Urdaneta y el del ilustre general Heres. El Gobernador de la Provincia, algunos miembros del Concejo Municipal, el Comandante de Armas, el Visitador del Colegio, algunos antiguos compañeros de Bolívar, y otras varias personas; algunas señoritas presididas por

---

8. Ídem.

la Directora de uno de los establecimientos de educación, y casi toda la juventud boliviana. Tal era la concurrencia. Terminado el acto literario, se procedió a la distribución de los premios, correspondientes a los últimos exámenes.[9]

El nexo con la Independencia ahora no depende sólo de la colocación de los retratos de los próceres en un espacio dispuesto para que los párvulos muestren los resultados de la educación, sino también de la asistencia de algunos invitados que formaron parte del Ejército Libertador. Es un detalle que ayuda a otro tipo de explicación sobre estos primeros actos que estamos conociendo. La relación de la epopeya con situaciones posteriores puede entenderse por su cercanía cronológica. No se hacen referencias a fenómenos remotos sino a episodios que no han tenido tiempo de convertirse en historia, a circunstancias que acaban de ocurrir y en cuya realización actuaron personas que son el testimonio de un éxito demasiado próximo para que aparezca únicamente en los manuales de enseñanza y en los discursos de ocasión. Ese éxito es todavía parte de la actualidad.

Cuando suceden las primeras ceremonias patrióticas, los venezolanos de la época realizan la apología de Bolívar y de los campeones que comienzan a acompañarlo en los nichos pueblerinos, pero también se celebran ellos mismos. Están congratulándose por un suceso trascendental que han protagonizado, rasgo que permite pensar en lo genuino de una conducta que no requiere todavía de los tirones del gobierno, o quieren borrar sus flaquezas y asentar sus esperanzas en cosas que apenas acaban de pasar, esto es, que no son una fantasía. Aunque de veras sólo pierdan el tiempo, las ruinas del país desolado por la Guerra a Muerte, así como les sugieren una mirada hacia sucesos concretos de reciente data en los cuales pueden reconocerse, les

---

9. *Archivo General de la Nación,* Interior y Justicia, tomo CCCLXXXVI, fol. 192.

hacen sentir que tales sucesos todavía no han pasado, que pueden estirarse en el almanaque junto con el protagonista estelar para sacarlos del atolladero.

LA COMUNIÓN DE LOS FIELES

El gobierno ha alimentando el sentimiento, pero el pueblo no requerido de conminaciones para construir una plataforma afectiva que se le parece. Veamos dos detalles para aclarar el punto. Primero, otro fragmento de las palabras de Páez cuando los resto del héroe se han inhumado en la catedral de Caracas:

> Tesoro precioso de Venezuela, ornamento de la patria, estas ilustres cenizas pasarán a la posteridad, guardadas por nuestra ternura y nuestro más profundo respeto, rodeadas del esplendor de la gloria [...]. La prosperidad de Venezuela fue el primer pensamiento de Bolívar, el primer móvil de sus heroicos hechos: nada hemos omitido de cuanto podíamos hacer en honor de su memoria. Nos resta sin embargo un deber: consagrar al Libertador el monumento más digno de su gloria: la consolidación de las instituciones de Venezuela por la sabiduría de los Legisladores, por la prudencia de la Administración ejecutiva, por la integridad de los Magistrados, por la ilustración del pueblo, por la unión de todos los venezolanos.[10]

En segundo lugar, una breve descripción del alemán Ferdinand Bellermann, quien presenció la llegada de los restos a La Guaira. Escribe el famoso pintor y testigo de la época:

---
10. Fermín Toro, *op. cit.*, pp. 271-272.

El silencio, la seriedad y el orden con que se comportó aquí la clase baja del pueblo eran particularmente dignos de admiración, especialmente tomando en cuenta que a todos se les permitió ver el desembarco en el muelle y, sin embargo, no se vio absolutamente ningún desorden y todo transcurrió mucho más decorosamente de lo que hubiera sido en Europa, de darse el caso.[11]

De acuerdo con el primer fragmento, el Fundador rescata al Libertador proclamando la trascendencia de las obras que realizó y la permanencia de su presencia a través de los siglos, pero también anunciando la continuación de su magisterio. El presente es el corolario de Bolívar. La consolidación de la República es su mandamiento y una obligación con su memoria. Páez se asume y asume a su gobierno como herederos del gran hombre. ¿No es el primer anuncio oficial de una regeneración dependiente del pasado heroico y de su criatura más famosa, el lanzamiento de una salvación proclamada en el centro de la iglesia más importante del país? Gracias a la descripción de Bellermann, podemos suponer que las gentes que actúan según escribió ante el espectáculo del retorno del campeón muerto no tienen motivos para desconfiar del discurso de Páez. Al contrario, están dispuestos a refrendarlo con entusiasmo. Sienten que se ha rescatado de la historia la llave de la salvación y que es conveniente un gobierno capaz de proseguir el sendero trazado por el personaje cuyos despojos han recibido con sentida parsimonia.

---

11. Ferdinand Bellermann, *Diarios*, Caracas, Fundación Cisneros, (texto inédito con Estudio Preliminar de Helga Weissgarber), 2000, p. 24.

EL ELEGIDO Y EL PECADO

Justo cuando llegamos a pensar que las palabras del gobernante pueden relacionarse cómodamente con el sentimiento popular, Venezuela escucha la oración fúnebre del canónigo José Alberto Espinosa, penitenciario de la Iglesia Metropolitana, rector del Seminario y rector de la Universidad. Las afirmaciones que suelta desde el púlpito, el 17 de diciembre de 1842, pretenden demostrar que el Presidente y el pueblo han recibido de la mano de la Providencia un legado excepcional.

Asegura:

> Una sola señal de la Omnipotencia, cristianos, es bastante para el trastorno de los imperios, y hacer pasar los cetros de unas manos a otras. Así, pues, cuando Dios en la sabiduría y rectitud de sus consejos determina obrar esos sucesos de escarmiento y de gloria, de infortunio y de dicha, él escoge y envía a los que han de cumplir sus órdenes y llenar su beneplácito: arma sus brazos con el rayo de su poder, y escribe en sus frentes los títulos de sus respectivos designios. El Nuevo Mundo es el teatro de la última escena de esta especie, y el gran Bolívar el elegido desde la eternidad para presidirla. ¡Oh Providencia admirable! ¿Quién podría nombrar a este Héroe sin prosternarse al mismo tiempo ante vuestra diestra y quedar absorto en la profundidad de vuestros juicios? ¡Ah! La poderosa mano, que le eleva a la cumbre de la gloria, y le ofrece a la admiración del universo, esta misma le esconde hoy en la humillación

del sepulcro, y sólo deja percibir de su grandeza lo que fue, y ya no es. Espectadores sensibles, dirigid una mirada compasiva a esa fúnebre pirámide, y clamemos todos con el Profeta: Tema a Dios toda la tierra, y estremézcase todo el orbe en su presencia.[12]

Y agrega para terminar:

El Héroe es Grande y tanto como uno de aquellos gigantes que nos han quedado dibujados en las sagradas láminas; pero la altura a que le ha elevado la Providencia, apenas me permite divisarle como una estrella en la cumbre del firmamento […]. ¿Y qué nos resta sino esculpir en el bronce tanto heroísmo y recomendarlo con entusiasmo a las futuras edades?[13]

Reverenciar a Bolívar es adorar a Dios, según el canónigo. La divinidad convierte a Bolívar en arquitecto de la última hazaña de la Historia Universal y en astro que ilumina el panorama. Ahora son una misma cosa el altar de la catedral en el cual se agradece al Señor por la Independencia, el discurso del Presidente, el desfile luctuoso ante los restos de la criatura que ha actuado de acuerdo con sus dictados y el amor respetuoso de las clases bajas de la sociedad. El presbítero doctor José Alberto Espinosa, celebridad de la época y miembro de la corte arzobispal, manifiesta la existencia de una comunión entre el hacedor omnipotente y el campeador del nuevo mundo, de la cual se pueden esperar en el día los frutos que produjo antaño. La confesión tradicional mezcla el culto laico con el mensaje de las Escrituras para completar el artículo que faltaba en la codificación del superhombre. La Madre Iglesia

---

12. José Alberto Espinosa, "Oración Fúnebre que en las exequias a los restos del Libertador, pronunció en Caracas el 17 de diciembre de 1842 el Dr. José Alberto Espinosa", Caracas, Imprenta de El Venezolano, 1843. En: *Ha muerto El Libertador,* recopilación y estudio preliminar por Ildefonso Leal, Caracas, Universidad Central de Venezuela, 1980, pp. 328-329.

13. Ibídem, p. 349.

se une al coro de las voces que buscan la redención ungiendo al Padre de la Patria como herramienta del Ser Supremo. El agua bendita que arroja el canónigo en la caja del cadáver que vuelve a la tierra natal, significa el origen de una liturgia basada en las gracias de la resurrección y la infalibilidad.

La forja del culto se identifica tanto con los dogmas católicos que no puede faltar en ese Génesis la presencia del pecado original. Juan Vicente González, letrado reconocido y temido, uno de los primeros oficiantes del catecismo, hace la contribución. Los hombres de entonces no pueden marchar de Colombia a Venezuela sin sentimientos de culpa, debido a que el tránsito pasó por el desconocimiento de la autoridad de quien la posteridad está consagrando como genio tutelar. No sólo los hombres de entonces, sino aquellos del futuro que recordarán cómo sus antecesores desconocieron al Padre. En el tiempo del retorno que viene a ser como la hora de recobrar el juicio, como la vuelta del hijo pródigo hecho nación después de un extenuante rodeo, Juan Vicente González anuncia la presencia de la mácula cuando publica "Mis exequias a Bolívar", una obra de 1842 en la cual dedica párrafos fulminantes a los enemigos de la unión colombiana que declaran la autonomía en 1830:

> Asistí la noche del 31 a la Cámara de Representantes por ver lo que hacían los legisladores de mi patria con el Héroe que la creó, y mi alma quedó tan conmovida que hasta ahora no la ha dejado la funesta impresión. Yo vi escoger con esmero los colores más negros para retratarle, despedazar sobre sus sienes el laurel de la victoria, arrojar un velo de olvido sobre sus hazañas y cubrir con una nube de improperios sus eminentes glorias. En mi vida podré olvidar ese espectáculo [...]. ¡Qué confusión de sentimientos! ¡El padre de tres repúblicas abandonado en el desierto! El bramido distante de las olas que azotaban las playas: la luz fúnebre de la luna que medio alumbraba el sepulcro: el silbido del viento que se extendía por

todas partes, y que hacía caer de cuando en cuando algunas hojas secas, símbolo de la fugacidad de nuestra dicha: todo esto llenaba mi alma de una melancolía profunda, inexplicable.[14]

La crítica de la obra bolivariana, un paso comprensible en materia política, una conducta necesaria para justificar la liquidación de Colombia y el comienzo del estado nacional, es juzgada por González como traición e ingratitud. Los políticos fraguan la historia torcida del gran hombre. Los hijos abandonan al padre en inhóspita soledad. La naturaleza se entristece por el tamaño de la felonía. Ahora los fundadores de la nacionalidad autónoma y sus descendientes tienen una culpa que lavar. Acaso la culpa más grande. Heredan la gloria del progenitor excepcional pero también el crimen del parricidio. De una pluma tan provista de recursos que escribe en el periodo fundacional del culto queda un lastre que seguramente pesará en las espaldas de los venezolanos del futuro, obligados a encontrar un sacramento capaz de hacerlos transparentes de veras y de administrar con legitimidad el mayor y único tesoro de la patria.

Un joven historiador de los Estados Unidos, Cristóbal Conway, quien se encontraba entre nosotros en 1998 investigando para una tesis de postgrado sobre Bolívar, me habló de una impresión personal que se relaciona con esta fe proclamada por el canónigo Espinosa y el escritor González. En las postrimerías del siglo XX, la sensibilidad del investigador estadounidense vio en unas imágenes conocidas por casualidad los corolarios del culto en la conducta colectiva. Visitando el Museo Sacro de Caracas le provocaron especial atracción unos bultos de santos coloniales que tienen la cara y la parte superior del cuerpo sostenidas por una armazón hueca. La armazón sirve para que los fieles los

---

14. Juan Vicente González, "Mis exequias a Bolívar", Caracas, Imprenta de El Venezolano. En: *El Libertador ha muerto*, pp. 181-182.

vistan de acuerdo con la ocasión. Uno de los guías de la institución le dijo que el santo era engalanado con diversos atuendos, según fuera la efemérides celebrada por la Iglesia y especialmente si realizaban oficios en su honor.

Apenas al salir de la exposición y todavía conmovido por esas piezas vistas por primera vez, Cristóbal Conway las asoció con el objeto de su investigación. "Es lo mismo que hacen aquí con Bolívar", asintió de inmediato. Cuando me relataba el episodio no dudó en considerar como un atrevimiento lo que pensaba, pero se sentía entusiasmado con la comparación porque le explicaba muchas cosas que venía estudiando sobre la vigencia del personaje. Me confesó que, si algún día publicaba un libro sobre el héroe, pediría que tuviera en la carátula unos santos como los del Museo Sacro de Caracas. Consideraba que tales imágenes eran la clave para entender el vínculo de los venezolanos con el Padre de la Patria. "Ustedes lo visten distinto para cada ceremonia y para cada necesidad", concluyó su comentario. Tal vez no se refería a los humildes homenajes de 1832 y 1836 que ahora conocemos, sino a ferias y fiestas del futuro. ¿Estaba descaminado el observador?[15].

---

15. Desarrollé con amplitud el tema en: "Bolívar, santo de vestir", *Revista Bigott*, Caracas, Fundación Bigott, Nº 50, julio-septiembre 1999. pp. 16-23.

EL ADALID Y EL SUCESOR

En el decreto de creación del Panteón Nacional, dice Guzmán:

> Es signo característico de la vitalidad y grandeza de los pueblos el culto de su Historia. Pero no basta que la memoria de sus héroes se conserve por la posteridad en aquellas páginas, sino que sus cenizas deben guardarse con religioso respeto, levantando así el perdurable monumento de la gratitud nacional.[16]

La salud de la sociedad se relaciona con el cultivo de la memoria a través de la historiografía, según la fuente, pero especialmente con las manifestaciones que la memoria concrete en relación con la obra de los antepasados. La añoranza se debe materializar. Es buena la gratitud encerrada en el pecho y escrita en los libros, pero no suficiente. Sin embargo, la continuación del documento nos advierte sobre cómo la rememoración convertida en templo no se vincula con la dinámica colectiva en sentido panorámico, sino con un determinado tipo de acontecimientos en cuya apología tiene interés el redactor del documento.

Veamos:

> La Patria reconocida debe guardar esos restos venerados en el asilo que consagre la piedad y el amor de un pueblo, y esta Administración,

---

16. Francisco González Guinán, *Historia Contemporánea de Venezuela*, Caracas, Ediciones de la Presidencia de la República, 1954, tomo X, p. 55.

perseverante en el trascendental propósito de dejar satisfechas todas las nobles aspiraciones del patriotismo, encarnadas en la idea liberal, cumple una altísima e ineludible obligación ofrendando un digno testimonio de reconocimiento a la memoria de aquellos muertos ilustres cuyos hechos y sacrificios les presentan mancomunados con la Revolución de Abril.[17]

No establece el documento un nexo con toda la sociedad sino exclusivamente con dos elementos de la realidad desde la cual se han ordenado los honores del Panteón: "la idea liberal" y la Revolución de Abril. El pensamiento del partido del gobierno se ha encargado de traer del pasado, para mantenerlo vivo, el ideal de los próceres que pasarán al túmulo mayor. La gesta militar de Guzmán Blanco es la continuación de la obra de los venezolanos más ilustres. Es evidente cómo los fines patrióticos y cualquier noble aspiración se colocan al servicio de la bandería que viene peleando contra los godos desde 1840, fecha natalicia del partido amarillo, y con el movimiento militar que permitió cuatro años antes el establecimiento del guzmancismo.

Nadie puede asegurar que todos los políticos de entonces compartieran a conciencia la manipulación, pero muchos protagonizan en breve un elocuente episodio dentro de la misma orientación. En abril de 1874, semanas después de la suscripción del documento que nos ocupa, los miembros del Concejo Municipal de Caracas se trasladaron a la casa del Presidente para obsequiarle una gualdrapa bordada en oro que había pertenecido a Bolívar. El primer mandatario la aceptó, "vivamente conmovido"[18]. Días más tarde, el 18 de abril, Guzmán trasladó al Panteón Nacional los restos del triunfador de la Guerra Federal, su antiguo superior y amigo. Según relata el historiador Francisco

---

17. Ídem.
18. Ibídem, p. 266.

González Guinán: "El General Presidente despidió a la concurrencia, habiendo hecho antes un paralelo entre Bolívar y [Juan Crisóstomo] Falcón"[19]. Como que ya están abundando ese tipo de comparaciones.

O esta especie de yugo que le ponen en Venezuela los políticos del porvenir al pasado histórico y a su protagonista estelar. La colocación de la primera piedra de la estatua del Libertador en la plaza que llevará su nombre ofrece evidencias palmarias sobre el asunto. El 11 de octubre del mismo año, Guzmán se presentó con su esposa, sus hijos, sus amigos y sus ministros a colocar una serie de objetos en la fosa del pedestal. Entre otras cosas, depositó un ejemplar del Acta de la Independencia y una medalla con el busto del Libertador, pero también su retrato litografiado, unos escritos de su padre Antonio Leocadio, una copia del decreto sobre la erección del monumento, los datos del censo de la república que había realizado y fascículos de la *Gaceta Oficial* que testimoniaban los trabajos emprendidos durante su administración[20]. Ahora la Independencia se junta con la "Regeneración" a través de sus testimonios. La victoria contra España se hermana con la civilización del Quinquenio que se le empareja con sus cachivaches. El Libertador y el Ilustre Americano mezclan sus efigies en la base de un monumento de importancia nacional. Hasta el viejo Antonio Leocadio se filtra en la amalgama de las glorias patrias mientras la nuera y los nietos contemplan la escena, como si fuera un convite familiar. Se ha establecido la filiación legítima de la política liberal del siglo XIX, la limpieza de su sangre, pero también la genealogía de los guzmanes.

---

19. Ibid., p. 270.
20. Ibíd., p. 310.

LAS DOS TRANSFIGURACIONES

El 28 de octubre de 1876 se trasladan las cenizas de Bolívar al Panteón Nacional acompañadas por el presidente Guzmán, los ministros, los miembros de la Alta Corte Federal, el Comandante de Armas, el Arzobispo electo, el rector de la Universidad y los representantes de los gremios. Después de sacarse la urna de una fosa en la catedral, habló el doctor Jesús María Sistiaga, un fabulista y escritor satírico de renombre en la ciudad:

> ¡Oh Libertador de cinco Naciones soberanas! Tú, que ceñiste tus sienes inmortales con la diadema de la Patria, pusiste no tu brazo, sino tu corazón, sobre la pira que encendió para ti la más negra ingratitud, levántate de ese lecho y mira si basta a redimir este pueblo, que fue tu cuna y el objeto predilecto de tu amor, la veneración y el culto que te consagra el jefe ilustre que hoy rige sus destinos; el que ha rehabilitado tu memoria y la ha levantado hasta los cielos; el que ha borrado todas nuestras ignominias, nos ha mostrado todas las grandezas y completado la obra de tus sacrificios; el colaborador póstumo de tus prodigios y el genio escogido de lo Alto para hacer fecundo todo este piélago de sangre derramada por nuestra independencia y por nuestra libertad. ¡Padre!, sigue ya a tu Olimpo: álzate sobre tu trono de gloria y custodia con tu eterna mirada los portentos de nuestro progreso y la paz perdurable entre tus hijos.[21]

---

21. Ibíd., tomo XI, p.109.

En términos oficiales, Bolívar asciende al monte de los dioses. Sale del templo católico al templo cívico para continuar, también en términos oficiales, la redención de Venezuela. Pero la cruzada que el Libertador iniciará desde su nueva y notoria plaza es posible por la voluntad de otro gran hombre, su par del futuro que lo conduce a un opulento sarcófago y quien también fue seleccionado por la Providencia para concluir la tarea pendiente desde la desaparición física del héroe. Marchan dos protagonistas excepcionales hacia el ara gloriosa, el uno difunto y el otro vivo controlando el poder. Ya en el Panteón Nacional, cuando se procedía a la inhumación habló una autoridad literaria de la época, don Eduardo Calcaño:

> Apenas es mi deber en este momento cumplir uno sagrado que me impone la tradición de la tribuna. Cátedra ella de la verdad, adepto yo y servidor suyo, me toca en esta hora justificar su voz y daros testimonio para su honra del cumplimiento de sus atrevidas profecías. Vengo a deciros que hoy, que todo lo débil y lo pequeño de otros días, las pasiones, los intereses y las vanidades han desaparecido, y sólo han quedado los grandes hechos y los grandes hombres, el nombre de Bolívar se pronuncia con orgullo en Venezuela y en el mundo con veneración.
>
> La razón la da la Historia, se siente en el alma, se ve en el culto que le tributa el Nuevo Mundo, se lee en el rostro de admiración con que contempla extática la Humanidad entera, la figura olímpica del gran hombre destacada sobre los cielos de la libertad.[22]

Ahora el ascenso de Bolívar, profecía cumplida y disposición de la historia universal, sucede en las horas sublimes de Venezuela. Una especie de Arcadia distinguida por la fortaleza,

---

22. Ibíd., p. 111.

la altura de miras, la prudencia, la solidaridad y la modestia, se constituye en plataforma desde la cual reinará el oráculo animado por el oxígeno de quienes lo llevan en procesión dentro del arca cineraria. La época dorada del pasado se extiende hasta la época dorada de la actualidad guzmancista, una revolución de la cronología y una congregación de portentos capaz de cambiar el destino de la humanidad. ¿Alguien puede dudar del milagroso fenómeno? Don Calcaño es el eco de la "verdad verdadera".

En nombre de esa verdad que nadie puede rebatir, dedica el siguiente párrafo al patrono del acto:

> Sólo salva de la ineficacia [de] nuestro intento el ingenuo sentir de nuestros corazones y la grandeza del hombre que ha preparado este triunfo. Guzmán Blanco, con todas sus aureolas, con su renombre universal, con sus credenciales de inmortalidad, con su título de legítima incorporación al grupo sideral de los más grandes hombres de la época, deponiéndolo todo, rodilla en tierra y cabeza reverente, sobre el ara en que ha colocado al genio cuyas huellas de luz ha venido pisando con pasos de gigante, es la más gloriosa ofrenda que ha podido presentar Venezuela en el gran día y el espectáculo más grato en el Olimpo de las glorias americanas.[23]

Las palabras retumban en un ambiente cargado de religiosidad, pues en la mañana del día anterior, después de inaugurar y entregar a los sacerdotes la basílica de Santa Ana ordenada por su administración, había recibido el Presidente una calurosa bendición de Monseñor Ponte, Arzobispo electo, quien se atrevió a hacer un cotejo entre el siglo de Pericles y el siglo de Guzmán Blanco[24] para luego asegurar, adelantándose a los sucesos de la

---

23. Ibíd., p. 113.
24. Ibíd., p. 107.

jornada venidera: "la apoteosis dedicada al Libertador Simón Bolívar es digna del Regenerador"[25]. ¿No se transfiguran así el Libertador y el Presidente civilizador en una metamorfosis proveniente del regazo de la Madre Iglesia, para devenir "hombres siderales? Tampoco ahora se requiere de mayor imaginación para descubrir la magnitud de la maroma efectuada desde el ámbito sagrado en torno al lanzamiento de la pareja excepcional que la mitra se apresura en anunciar a los sujetos susceptibles de redención, esto es, a los feligreses venezolanos.

En breve, el culto tiene sus inquisidores, unos fiscales encargados de castigar las herejías contra los dos semidioses. Todavía no se trata de una corporación a la cual corresponde la condena de los relapsos. Sin organización previa, los hombres del gobierno o cercanos al gobierno están pendientes de perseguir las interpretaciones heterodoxas y maliciosas. Cuando está a punto de suceder la apoteosis del centenario del nacimiento de Bolívar se estrenan en el rol. El escritor José María de Rojas acaba de publicar un libro que envía desde el extranjero como ofrenda personal en la ocasión de las conmemoraciones oficiales: *Simón Bolívar, por el Marqués de Rojas, correspondiente de la Academia Española, oficial de Instrucción Pública en Francia*. Una trifulca provocada por la indignación de los ministros y los catedráticos sigue a su lectura, hasta el punto de que el historiador Francisco González Guinán lleva el asunto ante la Cámara de Diputados. ¿Por qué se ventila entre los representantes del pueblo el pormenor de un libro sobre el homenajeado? Según relata más tarde González Guinán:

> El libro en cuestión contenía apreciaciones históricas, derivadas de una falsa base, ofensivas para el carácter personal de Bolívar, para

---

25. Ibid., p. 114.

el nombre del Doctor Miguel Peña y otros patricios, para la conducta de Antonio L. Guzmán, que figuraba en aquellos momentos como entusiasta Presidente de la Junta del Centenario, y aparecía, además, el autor ostentando la posesión de un título nobiliario, contrariando así nuestras instituciones republicanas, no obstante ser en Europa un empleado diplomático de Venezuela.[26]

La Cámara dispuso que se llamara al Ministro de Relaciones Exteriores. Debía informar si el atrevido Marqués que arremetía contra Bolívar, pero también contra el padre del Presidente de la República, ocupaba un cargo diplomático. Se pensaba en solicitar su despido, seguramente, pero el funcionario comunicó que Rojas había renunciado a sus funciones antes de que llegara a nuestros puertos el impreso capaz de provocar la averiguación.

Aseguró además, quizá preocupado de que alguien sospechara de su amistad con el engorroso heresiarca, que no sabía quién era ese escritor pavoneándose con su marquesado[27]. Cualquier caraqueño de la época sabía que José María de Rojas era hijo de un famoso editor del mismo nombre y hermano del celebrado cronista Arístides Rojas, con quien había editado el *Almanaque Rojas* que se consultaba cada año en los hogares venezolanos. En 1863 había viajado a Europa con el joven Guzmán Blanco para gestionar el denominado Empréstito de la Federación, de acuerdo con lo anunciado por los periódicos[28]. Si no todos los capitalinos, los más enterados sabían que León XIII le había concedido un título pontificio, pero el Ministro se ocupaba de que no lo relacionaran con el hombre condenado a la segregación. Partiendo de "una falsa base" había ofendido "el carácter personal" del

---

26. Ibíd., tomo XII, p. 460.
27. Ídem.
28. José Guel y Mercader, *Literatura venezolana,* Caracas, Imprenta El Cojo, 1883; *Diccionario de Historia de Venezuela,* Caracas, Fundación Polar, 1997, tomo III, p. 987.

semidiós y los procederes del padre del Regenerador. ¿Acaso se podía dudar de sus virtudes después de tantas jaculatorias? Además, ¿no se presentaba el trasgresor con unos blasones contrarios a la igualdad ganada en la Independencia y recobrada durante el guzmancismo? José María de Rojas es el primer reo de una inquisición que comienza a trabajar en Venezuela.

LA APOTEOSIS COMPARTIDA

El 24 de junio de 1883, centenario del natalicio de Simón Bolívar, una multitud sale a las siete de la mañana de la esquina de Mercaderes para buscar al Presidente en su casa. Él espera en el corredor de la residencia uniformado de General en Jefe mientras en la puerta lo aguardan los miembros del Congreso, los miembros del Consejo Federal, los ministros, los embajadores y los cónsules. A su lado, unos jóvenes con las banderas de las repúblicas libertadas por el héroe. Otra procesión encabezada por doña Ana Teresa Ibarra de Guzmán Blanco sale de la calle de Carabobo hacia el Panteón Nacional con la compañía de bandas militares[29].

Ubicados los cortejos en la nave central del templo ricamente engalanado, Guzmán subió al estrado para decir:

> La paz, la libertad, el orden, el inesperado como trascendental progreso del Septenio, de la Reivindicación, la nueva Venezuela, la Venezuela transformada, esta Venezuela de hoy; esta es la Venezuela que en la mente del Eterno debía hacerle la más digna apoteosis al semidiós de Suramérica.
> Bolívar sobre el Chimborazo, allá en el fondo de los tiempos, mirando hacia el porvenir, lo que contemplaba al cabo de un siglo era esta Patria constituida, organizada y próspera celebrando su Centenario en la inauguración hasta de ferrocarriles, muestra evidente de que

---

29. González Guinán ofrece una minuciosa descripción del evento, *op. cit.,* tomo XII. cap. XL.

entramos ya en los horizontes que ilumina el sol de la verdadera y grande civilización.

Nunca la Patria se vio más sólidamente consolidada, ni tampoco alcanzó jamás semejante próspero desenvolvimiento.

Es que el natalicio de Bolívar cumple cien años y la Providencia ha querido que, plenos de felicidad y esperanzas, celebremos su gloria como la de un predestinado suyo, benefactor, instrumento de sus arcanos.[30]

El discurso ya ha sonado en nuestros oídos. Sin embargo, ofrece la novedad de establecer una relación personal entre Guzmán y Bolívar presentida por el propio Bolívar cuando pensaba en el futuro. De nuevo la Providencia ha promovido la unión de los dos personajes y de sus obras, pero la ha ratificado el propio interesado en que sus planes no se frustraran más adelante. En consecuencia, la predestinación de Guzmán es un mandato del semidiós. Dadas sus cualidades, hasta pudo adelantarse al calendario para imaginar los caminos de hierro que cambiarían el paisaje cien años después. Hay otra novedad que no se advierte en el contenido del discurso sino en la calidad del auditorio. Los ditirambos que ya eran familiares a los venezolanos ahora son escuchados por los enviados diplomáticos de Colombia, Bolivia, El Salvador, Argentina, Brasil, Costa Rica, Curazao, Perú, Haití, Honduras, Uruguay, Estados Unidos de América, Gran Bretaña, Bélgica, España, Alemania, Portugal y Grecia[31]. No estamos frente a un anuncio doméstico sino ante una proclamación *urbi et orbi*.

De acuerdo con relatos oficiales los mismos asistentes se reúnen durante la noche en el Teatro Guzmán Blanco para descorrer el velo de una imagen monumental de Bolívar, mientras toca

---

30. Ibídem, p. 465.

31. Ibíd., p.488.

sucesivos himnos la mejor orquesta de la ciudad[32]. Los poderes públicos y los miembros del cuerpo diplomático desfilan ante la imagen para colocar ofrendas y luego habla un representante de la junta organizadora de la apoteosis. "Todo allí fue admirable", asegura González Guinán, pero existe otra descripción que permite una lectura diversa. Manuel Briceño y Alberto Urdaneta, redactores del *Papel Periódico Ilustrado* de Bogotá, que se encuentran presentes y que habían criticado antes a Guzmán desde su impreso, describen la función como sigue:

> El teatro estaba colmado y en el proscenio se había figurado el templo de la Gloria, que velaba una cortina blanca. El programa decía: "A la entrada de dicho templo, el Ilustre Prócer Antonio L. Guzmán, único superviviente de los grandes servidores de Bolívar, leerá o recitará unos breves pensamientos alusivos a sus glorias, y descorriendo el velo que cubre la entrada del templo, aparecerá el monumento ofrendado por los cónsules de la República, al cual rodearán los bustos de los libertadores [...]". El prócer estaba enfermo o temió representar aquella comedia de libertador y encomendó la ceremonia a un niño. No se buscó a los descendientes de Páez, de Urdaneta, de Rivas, de Mariño, de Soublette; no se buscó a los viejos soldados que aspiraron el humo de Carabobo, de Boyacá, de Junín; se encargó de descorrer el velo que cubría el templo de la Gloria a un hijo de Guzmán Blanco, y en aquella solemnidad no se escuchó otra voz sino la de aquel niño que repitió lo que el abuelo le había enseñado de memoria. A la ofrenda de algunas coronas siguió un himno cantado por los coristas de la ópera. Un tenor de voz chillona alababa a Bolívar y alababa a Guzmán, y el coro repetía como un sarcasmo este estribillo: "Viva Bolívar, gloria a Guzmán".

La Junta del Centenario dispuso la creación de seis medallas para

---

32. Ibíd., p. 466.

perpetuar la memoria de la festividad: Una especial para el autor del Decreto de la Apoteosis de Bolívar.

La medalla se hizo en Europa, es riquísima joya adornada con piedras preciosas y representa un gran valor. Esa medalla lleva dos bustos: el de Guzmán y el de Bolívar; el de Guzmán está en primer término, el de Bolívar aparece en segundo.[33]

La descripción se ha incluido en otros libros de diversos historiadores, pero por su elocuencia ha valido la pena traerla de nuevo. Proviene de un folleto titulado *Los Ilustres*, "lleno de invenciones y calumnias contra los Guzmán" si nos atenemos al parecer de un guzmancista[34], pero muy verosímil si recordamos las ceremonias de las últimas décadas y vemos las medallas conmemorativas que todavía se conservan, en las cuales el rostro del Regenerador aplasta el rostro del Libertador. ¿No son evidencia del comienzo de un culto subordinado en los más groseros términos? ¿No reflejan cómo se ha puesto Guzmán a inflar el globo bolivariano para elevarse desde su piso hacia las alturas? Quizá no sean sólo el espejo que muestra las demasías, las chifladuras y las desvergüenzas de la religión venezolana en sus primeros capítulos, sino también en el futuro.

Unas miserias que acaso no capta la sensibilidad de los caraqueños de entonces, encandilados como debieron quedar ante la exhibición patriótica y civilizatoria del gobierno. El 23 de julio, después de una lluvia de fuegos artificiales, se encienden las primeras bombillas de luz eléctrica. La ciudad "deslumbraba" por el efecto de la desconocida energía[35]. El día 25 se pone en marcha la línea del ferrocarril entre Caracas y La Guaira. El día 26 se inaugura la Academia Venezolana de la Lengua, corres-

---

33. Según R. A. Rondón Márquez. *Guzmán Blanco, El Autócrata Civilizador. Parábola de los Partidos Políticos en la Historia de Venezuela*, Madrid, Imprenta de García Vicente, 1952, tomo II, p. 90.

34. González Guinán, *op. cit.*, tomo XII, pp. 488-489.

35. Ibíd., p. 464.

pondiente de la Academia Española, con Guzmán de Director. El día 31 se descubre la estatua de Washington obsequiada por el gobierno de los Estados Unidos. El 1 de agosto se abren las puertas del Banco Comercial y para que no falte el toque de la liturgia tradicional, Guzmán recibe las insignias de Gregorio XVI remitidas por Su Santidad. Dentro del programa se había incluido la inauguración de la Santa Capilla, construida por el gobierno en el raudo lapso de cuatro meses para que su mole se uniera a las fiestas. El pontífice lo agradece a través del envío de las joyas y el diploma de la condecoración con un Protonotario Apostólico[36].

---

36. Ibíd., pp. 464-471.

LA VITRINA NACIONAL

El 2 de agosto los caraqueños traspasan el portón de un edificio cuya construcción había creado numerosas conjeturas debido a que no se sabía exactamente cuál era su propósito. Es el *Edificio de la Exposición Nacional*, un designio que resume el concepto de progreso relacionado con patriotismo del cual se habla con insistencia en la prensa vinculada al oficialismo. Uno de sus salones contiene objetos que pertenecieron a Bolívar: un pañuelo, una camisa, un par de calcetines, un calzón de paño, un escritorio, unas charreteras, unos estribos, una par de espuelas, etc., y una reliquia extraída de su cuerpo: "La concreción fosfática calcárea encontrada por el Dr. Reverend en los pulmones del Libertador"[37]. En las paredes de otro salón cuelgan unos oleos que se convertirán en piezas imprescindibles de la iconografía republicana: *Los últimos instantes de Bolívar*, de Antonio Herrera Toro; y *La Firma del Acta de la Independencia*, de Martín Tovar y Tovar.

Hay un gran espacio dedicado a los productos de las regiones venezolanas. Por ejemplo, el estado Los Andes muestra su café, sus maderas, sus sombreros de paja, su chimó y sus tejidos. Los estados Bermúdez, Guzmán Blanco y Zamora exhiben plantas medicinales, colecciones de minerales, animales vivos y disecados, estampas de las habitaciones del campo, vajillas, instrumentos de

---

37. Ibíd., pp. 474-475

labranza, tierra de diversos tipos, textiles y granos. Por su importancia, a la Mina del Callao situada en Guayana se le concede un escaparate especial lleno de cuarzo y oro[38]. También se incluyen ejemplares de unos detallados cuadernos de investigación sobre minerales, combustibles, betunes, abonos, guano, fosfatos, piedras preciosas, café, cacao, caña de azúcar y algodón[39].

Se tiene especial cuidado en mostrar la industria que era una realidad debido al trabajo del genio nacional aguzado por el guzmancismo. Los visitantes pueden observar muchas cosas que seguramente habían visto en el pasar cotidiano, pero que la *Exposición Nacional* convierte en testimonios de la evolución constructiva que se experimenta. Entre otras muchas: un aparato telegráfico construido por el señor Villafañe, licores de la fábrica de Próspero Rey, un aparato dental hecho por Mortimer Ricardo, un aparato trillador fabricado por los hermanos Winkelmann, liencillos de los telares que tiene en Valencia Francisco de Sales Pérez, los medicamentos de Víctor Feo, los licores que hacen E. Moratinos e hijos en Puerto Cabello, los sombreros de Dohrn y Compañía, los zapatos de Delfino y Compañía, las tapicerías de Martínez Egaña, los tabacos de la famosa cigarrera *El Cojo*, las prendas de la joyería Ammé, las publicaciones de *La Opinión Nacional*, las pieles curtidas en la tenería de Bernabé Tarbes, el *Diccionario del Estado Lara* redactado por Telasco Macpherson y las pastas italianas de León Suárez. A su lado y en igualdad de condiciones están muchos objetos procedentes de los Estados Unidos, Inglaterra, Francia, España y Bélgica, pero también las manualidades de las señoritas de la ciudad, "esfuerzo del bello sexo venezolano": un mantel de altar bordado por Gilberta Peña y María Torrealba, una manta tejida por María Lares, un cuadro

---

38. Ibíd., p. 477.

39. Adolfo Ernst, *Obras Completas*, compilación por Blas Bruni Celli, Caracas. Ediciones de la Presidencia de la República, 1986, vol III.

de pelo hecho por la señorita Leicibabaza y un pañuelo bordado por Isabel González Guinán representando la batalla de Carabobo, por ejemplo[40].

El conjunto da una impresión de abigarramiento si lo comparamos con las exhibiciones de nuestros días, pero responde a un plan orquestado minuciosamente por Guzmán desde 1862, cuando comienza a enviar productos venezolanos a exposiciones del extranjero. Cuida con detalle la representación hasta el punto de que, según divulga el gobierno en las vísperas del evento que nos ocupa, Venezuela obtiene seis medallas de bronce en la muestra londinense de 1862, una presea de oro, una de plata y cinco de bronce en la muestra parisina de 1867; dieciséis menciones honoríficas en la feria vienesa de 1873, un primer premio en la exposición de Bremen en 1874, al año siguiente cinco distinciones de primera clase en Santiago de Chile, veintisiete medallas de bronce en la posterior cita de Filadelfia y, otra vez en París, cuatro diplomas "equivalentes a una medalla de bronce"[41].

Ahora se busca una representación redonda y coherente para:

> [...] dar a conocer a Venezuela de la manera más completa y ventajosa posible, y para el caso, los objetos que exhiba deben revelar cómo se alimentan, se albergan y se visten sus habitantes; cuáles son sus costumbres; como se educan y se instruyen, qué industrias ejercen para llenar sus necesidades y para contribuir al progreso general, y con qué recursos cuentan para lo porvenir. En la Exposición, pues, debe figurar todo lo que tenemos en nuestras localidades en

---

40. Francisco González Guinán, *op. cit.*, pp. 473-479.
41. "Lista de los premios obtenidos por los productos de Venezuela en las siguientes Exposiciones Internacionales". En: Adolfo Ernst. *Obras Completas*, tomo IV, pp. 59-60.

cuanto a alimentos, habitaciones, vestidos, educación, instrucción y costumbres, industrias y elementos por explotar, acompañado de estudios especiales, monografías y memorias que todo lo expliquen, y es indudable que al presentarse a tanto distinguido escritor [...] un campo tan rico y tan bello a la vez que tan fácil de cultivar, para lucir sus conocimientos en honra de Bolívar, es indudable, decimos, que no han de faltarnos esos estudios y esas monografías, puesto que es el tributo más natural y sencillo que la letras patrias pueden ofrendar en la Apoteosis del Libertador.[42]

La organización del proyecto queda en manos de Adolfo Ernst, un catedrático venido de Prusia que ha destacado por sus labores en la universidad y ha divulgado entre sus discípulos la doctrina positivista. Ernst redacta un minucioso reglamento, escribe a corresponsales extranjeros, fatiga a los obreros en las vísperas del acontecimiento y supervisa personalmente la colocación de los objetos. Veamos cómo explica la razón de sus afanes:

> Las Exposiciones, sean nacionales o internacionales, industriales, artísticas o científicas, son manifestaciones significativas del progreso moderno, y como tales pertenecen casi todas a la segunda mitad de nuestro siglo [...].
> Era pues natural que también en este sentido el país diera una prueba del sorprendente progreso que caracteriza la épocas presidenciales del general Guzmán Blanco, y que después de haber aparecido como partícipe en varios de los grandes certámenes industriales en ambos continentes, viese realizado en su capital un torneo del progreso semejante a aquellos, aunque circunscrito a las producciones del propio suelo y a las obras de sus propios hijos.[43]

---

42. "Estados Unidos de Venezuela. Centenario del Libertador. Circular para los Delegados de Sección". En: *op. cit.*, p. 65.

43. "Introducción a La Exposición Nacional de Venezuela en 1883". En: *op. cit.*, tomo III, p. 8.

Como la ciencia positiva se viene asentando con éxito desde 1866, cuando circulan en Caracas las primeras apologías del catecismo de Comte ante el auditorio cautivo y entusiasta de los estudiantes, la retahíla de máquinas, productos, folletos y labores de la *Exposición Nacional* se vincula con la búsqueda del estadio superior de la sociedad atenida a una leyes fatales que han descubierto unos laboratorios capaces de escrutar la conducta de los hombres para conducirlos a la cima, de la mano de los intelectuales dirigidos por un líder superdotado[44]. Los conceptos de evolución, raza, herencia y medio geográfico que han señalado los teóricos del positivismo como claves para la comprensión de las sociedades y para la previsión del futuro, se pueden aislar para un examen metódico en los salones de un insólito museo que acumula cosas que antes pasaban inadvertidas para los estudiosos. Saberes desconocidos como la Antropología y la Sociología, dedicados al propósito eminentemente práctico de remendar entuertos, sacarán provechosos resultados del análisis de tanto perolero. La felicidad venezolana no dependerá en adelante de planes peregrinos, sino del estudio infalible de los paisajes y de sus habitantes marcados por las leyes de la sucesión étnica y cultural. De allí la trascendencia de la *Exposición Nacional* y el empeño de Adolfo Ernst para su creación.

Ernst pretende, como Guzmán, que Venezuela se incorpore a los adelantos del siglo. Los dos saben que un enjambre de ferrocarriles y de veloces navíos para el transporte de pasajeros y mercancías produce en el mundo una sensación de novedad. Los dos saben que el alumbrado a gas y la luz eléctrica simbolizan la desaparición definitiva del atraso. Los dos saben que las finanzas vienen recibiendo impulsos de trascendencia con la aparición de

---

44. Ver Luis Beltrán Guerrero, *Perpetua heredad*. Caracas, Ediciones del Ministerio de Educación, 1965; Marisa Kohn de Beker, *Tendencias positivistas en Venezuela*, Caracas, Universidad Central de Venezuela, 1970; José Ramón Luna, *El positivismo en la historia del pensamiento venezolano*, Caracas, Editorial Arte, 1971.

las sociedades anónimas. Los dos sienten la obligación de hacer un nuevo descubrimiento del país para que ese universo de fomento material habite entre nosotros. Pero la civilización de Ernst y Guzmán tiene muchos enemigos: los hombres acostumbrados a la rutina, la multitud indisciplinada que no quiere horarios ni relojes, el temor a las sorpresas usualmente desagradables de lo desconocido[45]. En consecuencia, aparte de la literatura que pueden divulgar para apuntalar su designio les viene al pelo la cobija de Simón Bolívar.

¿Qué función cumple en la *Exposición Nacional*, "la concreción fosfática calcárea encontrada por el doctor Reverend en los pulmones del Libertador"? Legitima unas mudanzas capaces de sacar ronchas excesivas. Concede crédito a un cambio que, si es como pregonan los positivistas de moda, puede llevar a que la sociedad no se reconozca en su futuro inmediato. Más todavía: deviene soporte del poder procurado por Guzmán en medio de su vanidoso torbellino de adelantos. El Regenerador gobierna para hacernos modernos y mejores, para llevarnos al estadio positivo de la sociedad, para ponernos a trabajar, para impedir que circule un libro contra su padre, para que su hijo hable por todos los ciudadanos en la velada del Centenario, para meter a sus amigos y partidarios en las fosas del Panteón Nacional y para recibir la bendición papal, pero Simón Bolívar es el segundo de a bordo.

---

45. Ver: Elías Pino Iturrieta, *País archipiélago. Venezuela 1830-1858*, Caracas, Fundación Bigott. 2001.

EL VIAJE AL OLIMPO

En 1881 sale de la imprenta un libro destinado a perdurar en el afecto de los venezolanos. El joven Eduardo Blanco, quien ocupará también lugar predilecto en la memoria de sus nacionales, escribe *Venezuela heroica* como parte de los homenajes patrióticos que viene promoviendo el presidente Guzmán. Todavía repiten los escolares de hoy los hechos descritos en sus páginas. Seguramente esté la obra en la mayoría de las bibliotecas caseras. Es un clásico de nuestras letras debido a los sentimientos que pretende sembrar y seguramente siembra en la sensibilidad de los destinatarios. Eduardo Blanco narra las batallas de la Independencia tratando de presentar a sus protagonistas como figuras de una estirpe de soldados excepcionales debido a cuyo sacrificio se realiza una de las gestas medulares de la historia universal. La sugestiva construcción de las escenas bélicas y la manera de mostrar a sus capitanes, desembocan en una pintura mitológica que ofrece un aliento vigoroso al culto de los héroes.

Después de leer *Venezuela heroica,* el apóstol cubano José Martí dijo: "Cuando se deja este libro de la mano, parece que se ha ganado una batalla. Se está por lo menos dispuesto a ganarla; y a perdonar después a los vencidos. Es patriótico sin vulgaridad; grande sin hinchazón; correcto sin alarde. Es un viaje al Olimpo, del que se vuelve fuerte para las lides de la tierra, templado en altos yunques, hecho a Dioses. Sirve a los hombres quien así les habla. Séale loado"[46]. Acaso esa escritura sin jactancia no sólo funcione para los fines reconocidos por el líder antillano, sino también para mostrar la faz admirable de una contienda que se convierte en modelo por la indumentaria de episodios caballerescos y de gallardos campeones tras la cual se puede ocultar su contenido trágico. La sangre exhibida con elegancia, las degollinas convertidas en torneos del Amadís y la Guerra a Muerte trocada en conflagración troyana acaso impulsen la voluntad a imitar las proezas, pero igualmente permiten la elevación de un altar en el que nadie puede descubrir las pruebas de una pavorosa matanza, las señales de una hecatombe en la cual se hunde la sociedad y de la cual apenas puede salir con dificultad. De allí su conexión con el asunto principal del presente ensayo. No en balde ha dicho Martí que cerrar el libro es volver del monte de los dioses, esto es, descender sin evidencias confiables a la rutina con la cual deben conformarse los seres corrientes.

Las presentaciones titánicas de la Independencia en las cuales la naturaleza se mezcla con unos sorprendentes desafíos llenan los primeros pliegos del texto. Aparecen cuando el autor habla de los antecedentes. La explicación de los factores susceptibles de conducir a la separación de España se cambia por un arrebato que preludia la aparición de lapitas, monstruos y centauros.

> De súbito, un grito más poderoso aun que los rugidos de la tempestad, un sacudimiento más intenso que las violentas palpitaciones de los Andes, recorre el Continente; y una palabra mágica, secreto de los siglos, incomprensible para la multitud, aunque propicia a Dios, se pronuncia a la faz del león terrible, guardián de las conquistas de Castilla. El viento la arrebata y la lleva en sus alas al través del espacio como un globo de fuego que ilumina y espanta.

---

46. Citado por Nicolás Perazzo, *Presentación de Venezuela heroica*. Caracas, Ediciones de la Presidencia de la República. 1981. p. XII.

Despiertan los dormidos ecos de nuestras montañas, y cual centinelas que se alertan, la repiten en coro: las llanuras la cantan en sus palmas flexibles: los ríos la murmuran en sus rápidas ondas: y el mar, su símbolo, la recoge y envuelve entre blancas espumas, y va a arrojarla luego, como reto de muerte, en las playas que un día dejó Colón para encontrar un mundo.

[...] Al grito de libertad que el viento lleva del uno al otro extremo de Venezuela, con la eléctrica vibración de un toque de rebato, todo se conmueve y palpita; la naturaleza misma padece estremecimientos espantosos; los ríos se desbordan e invaden las llanuras; ruge el jaguar en la caverna; los espíritus se inflaman como al contacto de una llama invisible; y aquel pueblo incipiente, tímido, medroso, nutrido con el funesto pan de las preocupaciones, sin ideal soñado, sin anales, sin ejemplos; tan esclavo de la ignorancia como de su inmutable soberano; rebaño más que pueblo [...] transformóse en un día en un pueblo de héroes. Una idea lo inflamó: la emancipación del cautiverio. Una sola aspiración lo convirtió en gigante: la libertad.[47]

¿Acaso habla del inicio de un movimiento político como los que usualmente suceden, o como el que realmente sucedió entonces? Compone el prólogo de un sismo cuyo motivo es la conjugación de los ideales nobles con los impulsos de la naturaleza. Pero en el epicentro no aparecen los sujetos que debieron emprender la faena sino fuerzas superiores e incontenibles. Los resortes de la Independencia son elementos como el nevero, la ventisca y la tiniebla desgarrados por un pensamiento inmarcesible. Habla de la hija de la tormenta pero jamás de un proyecto alentado por seres humanos.

---

47. Eduardo Blanco, *Venezuela heroica*, Caracas, Ediciones de la Presidencia de la República, 1981. pp. XIX-XX.

Cuando debe poner en escena a los personajes dentro de un teatro cuyos orígenes se presentan según apreciamos, los adjetivos se ocupan de concederles una patente de clásica nobleza que les impida la vergüenza de desentonar. Cada uno porta una clámide como la de los actores de la antigüedad, no en balde deben moverse como ellos entre el Pelión, el Ossa y el Olimpo. La Guerra de Independencia es un eslabón de la bizarría clásica.

> Allí las ruinas de la patria de Príamo; allí el suelo aun palpitante de Maratón, Platea y las Termópilas; allí el Granico, Issus y Arbela; allí los campos de Trasimeno y Cannas; allí los de Farsalia y Munda; allí Actium con sus olas furiosas que proclaman la muerte de la Roma republicana [...]. Acaso no haya pueblo que deje de poseer uno de esos pedazos de tierra reverenciados por el patriotismo, consagrados por la sangre en ellos derramada. Boyacá, Carabobo y Ayacucho, hablan más alto a nuestro espíritu, que los poemas inmortales en que Homero y Virgilio narraron las proezas de los antiguos héroes: campos memorables donde aun resuena como eco misterioso el fragor del combate, las vibraciones del clarín y el grito de victoria. [48]

Hay un solo templo de Marte, pues, comenzado en Maratón y perfeccionado en Ayacucho. De allí que, como leemos en otro lugar de la obra: "acaso al gran Homero y a Virgilio y a Tasso no les falten en nuestro suelo dignos imitadores"[49]. Es evidente que consiguen sucedáneo en el autor de *Venezuela heroica,* quien después de los parangones mete a los protagonistas de su historia en los atuendos usados por los poetas de Grecia y Roma para encumbrar a sus criaturas. Veamos, por ejemplo, las descripciones de los oficiales participantes en la batalla de La Victoria:

---

48. Ibídem. pp.5-6.
49. Ibíd., p. 31.

Montilla da alto ejemplo por su valor e hidalguía, es el prototipo de los antiguos paladines [...].

Rivas-Dávila es un meteoro de fúlgidos reflejos; duró lo que el relámpago; pero la viva luz que esparce su renombre ilumina más de una página gloriosa de nuestra historia patria. Altivo, generoso, magnánimo [...]. Murió como Epaminondas, en los brazos del triunfo y de la gloria, haciendo votos por aquella patria que abandonaba cuando más necesarios le eran todos sus hijos.

Soublette es el Arístides americano. Esforzado en la lucha, prudente en el consejo; a las condiciones del guerrero une las dotes eminentes del filósofo y del hombre de estado [...].[50]

Para hablar de José Antonio Páez hace antes un par de preguntas susceptibles de incluirlo con honores en la saga: "¿Quién llena aquella página? ¿Quién el moderno Aquiles, el héroe legendario, émulo sin saberlo de los héroes de Homero?"[51]. En el caso de Simón Bolívar abundan las mismas interrogantes, pero también su ubicación en situaciones en las cuales se destaca como cabeza de la pléyade. Frente a la matanza sucedida en la batalla de La Victoria:

> Sólo Bolívar no se conmueve; superior a las veleidades de la fortuna, para su alma no hay contrariedad ni sacrificio, ni prueba desastrosa que la avasalle ni la postre.[52]

Veamos cómo lo describe cuando va a comenzar la batalla de San Mateo:

> Por sobre aquel gran episodio se cierne el genio de Bolívar, y la primera, acaso, de las dotes características de su alma viril: la tenacidad.

---

50. Ibíd., p. 16.
51. Ibíd., p. 279.
52. Ibíd., p. 9.

> "San Mateo" es Bolívar; la energía de todo un pueblo sintetizada en un hombre; el no supremo de una voluntad incontrastable, opuesto como escudo de hierro a la propia flaqueza y a la contraria fuerza; la resistencia irresistible de un propósito inmutable; la gran vibración de la fibra latente en el Decreto de Trujillo; uno de los más arduos, si no el más arduo, si no el más rudo, de los innúmeros trabajos del Hércules americano.[53]

Y después de la conclusión del encuentro asegura sin vacilación:

> Alejandro, César, Carlo Magno y Bonaparte, tienen entre sí puntos de semejanza. Bolívar no se parece a nadie. Su gloria es más excelsa. Ser Libertador está por sobre todas las grandezas a que puede aspirar la ambición de los hombres.[54]

Los hechos bélicos sirven para apuntalar la estatua del caraqueño en el pedestal más encumbrado. Los generales de renombre no alcanzan su estatura debido a la razón que lo llevó a desenvainar la espada. No organizó degollinas con propósitos de conquista ni asesinó a sus semejantes para obtener poder. Pero hizo la guerra y sacrificó al prójimo, en todo caso. ¿Cómo manejar este aspecto que puede resultar inconveniente, no en balde se está tratando de decorar un tabernáculo? ¿Cómo explicar adecuadamente el Decreto de Trujillo, por ejemplo, que ordenó la cuchilla para los españoles y los canarios? Eduardo Blanco se encarga de evitar una conexión excesiva entre el proceso de la Independencia y las tribulaciones que produce. Cubre las facetas cruentas con un carmín espartano que las disimula.

---

53. Ibíd., pp. 37-38.
54. Ibíd., p.69.

Metámonos en una de las carnicerías de *Venezuela heroica* a ver si nos salpica la sangre.

> La tierra se estremece. Las mechas encendidas se acercan al cebo de los cañones. Con un gesto imperioso el general republicano refrena la impaciencia de sus enardecidos compañeros; sacude la erizada melena como un león irritado [...] cornetas y clarines lanzan al viento provocadoras vibraciones que acogen los contrarios como un guante que se les arroja; crece el fragor de la impetuosa carga; ruge el cañón vomitando metralla; y una inmensa granizada de balas que se cruzan con fatídico silbo, rebota sobre la plaza convertida de súbito en un circo de fuego que lanza como rayos de muerte.[55]

Ahora observemos desde el palco del poeta otra escabechina:

> Entre las patas de los caballos enemigos desaparece, como tragado por un monstruo, el batallón "Aragua", y una sola masa, rugiente, vertiginosa, convulsiva, forman al confundirse republicanos y realistas. Inútil resistir; todas las desventajas están de nuestra parte; la espantosa matanza, acápite sombrío de aquella inolvidable y sangrienta jornada, se ceba en nuestro campo [...]. Los caballos de Boves echan por tierra cuanto se les resiste: vuelcan nuestros cañones, pisotean los muertos, los heridos, los que tratan de huir y los que osados se defienden [...]. La derrota gana nuestras filas, y el degüello termina tan sangriento combate.[56]

Nadie puede dudar de cómo el fabulador redacta admirables crónicas de las batallas de la época. El lector se da cuenta de cómo se enfrentan dos ejércitos hasta vencer o morir, pero con-

---

55. Ibíd., pp. 15- 16. Descripción de la Batalla de La Victoria.
56. Ibíd., p. 95. Descripción del Sitio de Valencia.

templa un grupo escultórico antes que una mortandad con toda la barba, un lienzo de museo en lugar de un exterminio capaz de sugerir reflexiones sobre las desgracias sucedidas entonces. La religión nacional se fortalece gracias a esa galería de estatuas desgarradas y poses sublimes que remplazan la estadística de funerales, la noticia sobre tropelías contiguas y el inventario de pérdidas económicas.

La obra espera todavía un análisis completo. Ahora sólo se han rastreado unos fragmentos susceptibles de mostrar cómo se relaciona expresamente la Independencia con las empresas cruentas a las cuales ha concedido supremacía la cultura occidental, y cómo se pone al Libertador en la vanguardia del célico elenco. Eduardo Blanco adquiere posiciones de privilegio en el parnaso oficial después de la aparición de *Venezuela heroica*. El presidente Guzmán lo lleva a la Academia de la Lengua en 1883. El presidente Rojas Paúl lo invita a ocupar un sillón de la Academia de la Historia en 1888. El presidente Cipriano Castro lo coloca en la cartera de Relaciones Exteriores en 1900 y lo designa como Ministro de Instrucción Pública en 1903. El 28 de junio de 1911, durante el régimen de Juan Vicente Gómez, es coronado como poeta de la nación en una velada artístico-literaria celebrada en el Teatro Municipal. Usualmente está presente en las ceremonias oficiales como orador o como invitado de postín. Ahora sus restos reposan en el Panteón Nacional cerca de las criaturas que animó con sus aclamadas letras[57]. A Bolívar también le suceden cosas auspiciosas después de la aparición del libro. La literatura sobre unos insurgentes codeándose con los campeones helénicos y la apreciación de sus estragos como naumaquia digna de aplauso hacen más expedita la travesía del semidiós.

---

57. Santiago Key Ayala. *Eduardo Blanco y la génesis de Venezuela heroica*, Caracas, s/e.1920.

EL VUELO DEL HÉROE

SIN EMBARGO, EL ITINERARIO no es solamente venezolano. Según se advirtió al principio, la Independencia de la América española y sus líderes integran una hazaña susceptible de repercutir en el extranjero. Lo eventos sucedidos en las colonias de Madrid entre 1810 y 1830 provocan cambios más allá de los linderos locales y la necesidad de considerar tales cambios en el seno de las metrópolis tradicionales. No sólo porque a partir de nuestras independencias se experimenta una vida diversa en el mundo occidental, sino también porque los requerimientos políticos hurgan en los procesos y en sus personajes para colocarlos a su servicio. O bien por las transformaciones de la historiografía europea en el siglo XIX, ahora dispuesta a incluir en sus anales los hechos de unos pueblos que, aunque todavía no se miren como pares, obtienen mayor consideración de los investigadores.

La primera biografía europea de Bolívar es de 1818 y circula en Milán como parte de una serie titulada *Vite e Ritratti dei Famosi Personaggi degli Ultimi Tempi*. Es una temprana interpretación de la Independencia hispanoamericana, pensada con el objeto de apuntalar la reacción antinapoleónica y las ideas ilustradas del siglo XVIII que podían servir de sostén a las luchas contra el absolutismo[58]. La crónica pretende imparcialidad e insiste en el

---

[58]. Asunto desarrollado en detalle por Alberto Filippi, *Sección Italiana. Introducción*. En: *Bolívar y Europa en las crónicas, el pensamiento político y la historiografía*, Investigación dirigida por Alberto Filippi, Caracas. Ediciones de la Presidencia de la República, vol. I, p. 480.

aspecto militar para presentar al biografiado como un baluarte de las batallas contra los regímenes de derecho divino. Todavía no se alcanza el triunfo sobre los españoles cuando se edita el fascículo, pero el autor vaticina que la victoria se deberá "a los esfuerzos incansables de ese intrépido guerrero"[59]. La profecía es seguida por otros papeles decididamente dispuestos a divulgar la leyenda de un superhombre.

Luigi Angeloni, un político de estirpe jacobina, escribe en 1826 desde Londres sobre "el invicto y valerosísimo Bolívar". Como está preocupado por los descalabros que impiden la formación de un estado nacional en las comarcas de su origen, mira hacia la figura de quien ha sido capaz de lograr sus objetivos políticos.

> Pero, por otro lado, ¿llegará a surgir en Italia un hombre que, libre de viejas y nuevas fatuidades de honores, de títulos y otras patrañas de corte, desee emular a Washington, a Bolívar? ¿Quedará únicamente reservada a hombres de comarcas americanas esta inmortal gloria? ¿Y nosotros, no podremos más que jactarnos de las nauseabundas vanidades y de las tiranías de Bonaparte y de sus compinches? No deseo sin embargo afirmar que no existe guerrero alguno en Italia que no se sienta inflamado por aquel nobilísimo espíritu de libertad americano, pero, ciertamente, ni cuando fueron derrocados el Bonaparte o el Beaumarchais, ni durante las últimas revueltas de Estado que tuvieron lugar allí, hubo ninguno de ellos que diera prueba alguna de amor patrio que estuviera a la altura de las pruebas tan evidentes que dieran aquellos dos valerosos héroes americanos. El segundo de los cuales –Bolívar– parece que gane con mucho al otro –Washington– por ser hombre de gran fama de civil y libre.[60]

---

59. "Biografía de Bolívar, Milán, 1818". En: *op. cit.*, pp. 501-502.
60. Luigi Angeloni, "Della Forze nelle Cose Politiche". Londres, 1826. En: *op. cit.*, p. 502.

Busca en América lo que no encuentra en Italia. La visión de la existencia de un nuevo continente de la libertad y la necesidad de tomarlo como paradigma predominan en el reproche. La ausencia de voluntades capaces de arremeter contra el Antiguo Régimen hace que dirija la mirada hacia los remotos lugares en los cuales ha funcionado la reacción contra las monarquías. Mientras la indecisión ante el dominio extranjero caracteriza a los políticos y a lo soldados italianos de entonces, insiste sobre la trascendencia del sentimiento patriótico que ha florecido en los Estados Unidos y en las colonias suramericanas hasta el punto de llegar a situaciones triunfales frente a dos coronas poderosas. Contrasta el talante trivial de sus contemporáneos con el espíritu de sacrificio que ha dado frutos en ultramar. Angeloni se duele y reta para proponer a Bolívar como la encarnación de su desafío. Resume la hazaña de libertad y el símbolo de la buena estrella en la figura de Bolívar. ¿No está sugiriendo que para salir del marasmo italiano los hombres deber parecerse a él? Debido a las carencias del entorno, el héroe es ofrecido como modelo por uno de los conspiradores más tenaces de su tiempo.

Dos años más tarde, la *Antología* de Florencia no ahorra encomios al presentar a sus lectores la biografía del personaje. Detengámonos en algunos ditirambos.

> Generosísimo, de una generosidad llevada al paroxismo desinteresado, al punto de mostrarse más pródigo que liberal; nunca vengativo, más que despreciar supo olvidar las injurias sufridas, sin altanería ni ostentación. De igual modo se portó con los desagradecidos, que nunca faltan en este mundo, y que en gran número lo rodearon. Sin desconfiar, y descuidando su propia seguridad ante la mínima manifestación de un bien; se expuso sin recelo a las bayonetas y puñales de sus enemigos en cuanto vislumbraba como posible una tregua con los españoles o una reconciliación entre bandos contrapuestos [...].

Dio también pruebas y máximas garantías de desprendimiento. Es más, esta virtud le llevó a un total desapego del dinero y a una completa falta de previsión respecto al futuro de su vida, que pudo llegar a ser infeliz. Pródigo a la hora de dar todo lo que poseía, y sería tanto más pródigo cuanto más poseyera. Ni siquiera un mayor de caballería del ejército francés envidiaría su equipaje de general y dictador. Para él eran suficientes un caballo y tres o cuatro mulas, para su equipaje, donde la parte más voluminosa la ocupaba su archivo que siempre llevaba consigo [...]. Decidió que la renta de su patrimonio familiar sirviera para el mantenimiento de sus familiares; y casi podríamos decir que en manos de aquellos no sólo se encontraba la renta y la administración sino también la propiedad de esos mismos bienes, dado que Bolívar no se ocupaba de éstos. A pesar de esta munificencia para con los suyos, no proporcionó a sus parientes cargos públicos, particularmente los lucrativos, aun cuando muchos de sus consanguíneos fueron dignos de obtenerlos y capaces de desempeñarlos.

Fue igualmente imparcial y escrupuloso a la hora de conferir grados militares. En su ejército las promociones fueron dadas exclusivamente por antigüedad en el servicio o por insignes gestas en el campo de batalla. Respetó siempre, también, las prerrogativas que la Constitución asignaba al Senado de confirmar los cargos superiores y supremos de la milicia. Sus oficiales de Estado Mayor o ayudantes de campo tuvieron como único trato de favor y privilegio el de ser más expuestos en las situaciones peligrosas o el de encargarse de las misiones más arriesgadas.

[...] La gloria es el único fin y el único sustento del alma de Bolívar. En sus escritos, y en sus discursos, predomina un cierto lenguaje rebosante, que en cualquier otro sería ampulosidad. En él este estilo hiperbólico no es industria de arte sino expresión natural. Hizo y vio grandes cosas; por ello tiene conciencia de su mérito y eminentes pensamientos. Como corresponde a quien realizó y dirige una inmensa revolución para los destinos del Nuevo Mundo y del género humano.[61]

---

61. "Cenni Biografici intorno a Bolívar". *Istoria Contemporanea. Antología.* N° 85, enero de 1828. En: *op. cit.*, pp. 506-507.

Sabemos por Alberto Filippi cómo la literatura de entonces se produce en el sigilo de la conspiración y en la angustia del exilio. Entre 1820 y 1825 la revolución se extiende por Europa. Nápoles, Sicilia, Portugal, España y aun Rusia se conmueven debido a las oleadas subversivas. La influencia del liberalismo, los ensayos constitucionales, la guerra formal y la lucha de guerrillas provocan un clima de exaltación debido al cual se establecen conexiones con los sucesos americanos, no en balde forman parte del mismo contexto[62]. Los vaivenes usualmente desventurados de los insurgentes tal vez conduzcan a la redacción de textos como el de la *Antología* florentina, cuyo contenido parece un calco de las hagiografías guzmancistas. Quizá sea más hiperbólico, en la medida en que no es siquiera capaz de advertir un defecto mínimo en el biografiado. La *Antología* mete al lector italiano de 1828 en unas páginas como las de las vidas de los santos escritas en el medioevo. Mientras los revolucionarios de la península no levantan cabeza, una fórmula para evitar el desfallecimiento consiste en escribir la parábola del soldado virtuoso buscando y encontrando la gloria.

Todavía en 1874 se vive una situación parecida en Italia, según Luigi Musini, quien contempla con desdén el ensayo monárquico desde su perspectiva de seguidor de Garibaldi y admirador de Mazzini: "Y la historia dirá que los nuestros fueron cobardes y débiles tiempos de transición sin carácter propio, tiempos en que el egoísmo y la hipocresía sentaban cátedra [...]"[63]. Rescata algunas figuras de esa época rememorada con aire tan sombrío –Mameli, Debenedetti, los fusilados de Astromonte, por ejemplo–, pero acude al mismo antídoto: *Vita di Simón Bolívar*. Para Musini Bolívar es "...la fe profunda del apóstol, la inspirada elocuencia del tribuno, la energía indomable del gobernante revolucionario,

---

62. Alberto Filippi, *Sección Italiana. Introducción.* En: *op. cit.*, pp. 479 y ss.
63. Luigi Musini, "Vita di Simón Bolívar", Borgo San Donino. 1876. En: *op. cit.*, p. 510.

la valentía que impulsa a afrontar los peligros, la constancia que alienta a perseverar desdeñando desastres y reveses [...]⁶⁴.

Pero es algo más: "Es la gloria del Partido Republicano Democrático"⁶⁵. La empresa del régimen liberal ha fracasado en 1874 pero puede recobrarse gracias al aliento del héroe. Es ahora un militante más de la bandería revolucionaria. Ha roto las ataduras del tiempo para continuar en su rol de consejero y luchador por las reformas sociales. No sólo en Venezuela sino en cualquier lugar necesario a la hora oportuna, según anunció en Caracas el canónigo Espinosa en un sermón de 1842.

En Francia corresponde al abate De Pradt la divulgación más conocida de Bolívar. La realiza a través de *El Congreso de Panamá*, una obra de 1825 en la cual incluye epítetos como los del impreso florentino ya examinado. Del trabajo sobre la reunión anfictiónica se toman los párrafos que siguen:

> Una gran fama se eleva en América del Sur: no tiene esta nada que envidiar a los Estados Unidos, y Colombia puede colocar su Bolívar, no sólo al lado de Washington, sino también en un grado superior [...]. Entre estos dos hombres hay tanta distancia como entre América del Sur y los antiguos Estados de la Unión. Compárense los auxiliares de Washington, los Franklin, Adams, Jefferson, con los compañeros de Bolívar; compárese la población americana del Norte, compuesta de ingleses iguales a los ingleses de Inglaterra, con los mestizos de América del Sur, y sus inmensos resultados, con los privativos a los Estados Unidos que su guerra ha producido.
>
> ¿Ha estado Washington once años con las armas en la mano como Bolívar, que aún no las ha soltado? ¿Ha sostenido como éste la espada con una mano, dictando códigos y leyes con la otra? ¿Ha libertado un país vecino con las tropas de su patria ya independiente como

---

64. Ibídem, p. 511.
65. Ídem.

lo ha hecho Bolívar? ¿Ha tenido éste unos aliados como Francia y España? ¿No ha proseguido la carrera empezada con un valor impertérrito, a pesar de todas las amenazas de Europa? Es muy cierto que la revolución de los Estados Unidos ha dado el primer impulso a la reforma social que se opera en el universo; pero aquélla se limitó a un país muy corto, al paso que América del Sur ha desenvuelto este gran cambio, y lo completará por la gran extensión y riqueza de los países que abraza.[66]

El abate De Pradt desarrolla un argumento aparentemente más racional que el de los italianos, en el cual coloca a las colonias dependientes de España en situación de inferioridad frente a las posiciones británicas. Por un lado, confirma la versión sobre el imperio oscurantista propalada por los ilustrados franceses del siglo XVIII. Era más ardua la salida del cautiverio desde las cavernas de la ortodoxia hispánica mientras en el norte se libraba una pugna civilizada entre ingleses. Por el otro, trata de conectar la hazaña con un líder parecido a los europeos. Como no era mestizo, sino un criollo semejante a los amos de la metrópoli, el Libertador supera las ejecutorias de Washington y la magnitud de sus reformas. Pero las supera él solo, sin la colaboración de otras potencias y debido a la mediocridad de sus colaboradores. El carisma exclusivo y determinante de una persona rodeada de ineptos y seguida por "las castas y los colores" se encumbra sobre la cultura anglosajona para abrir rutas promisorias al mundo. ¿No divulga el abate una demasía?

Bolívar es entonces el personaje extranjero cuya imagen más aparece en grabados y litografías de Francia. Hasta comienza a influir en la moda de los elegantes[67]. Tal vez no causaran asombro las exageraciones, por consiguiente, pues casi es una

---

66. D. de Fourt, abate De Pradt, *Congrés de Panamá*, París, 1825. En: *op. cit.*, p. 252.
67. Jeanine Potelet. *Sección Francesa. Introducción.* En: *op. cit.*, pp. 209-213.

celebridad familiar. Además, menudean las apologías. En una edición de 1832, Gervais Roergas de Serviez dice: "Está dotado de una gran fuerza física y de una prodigiosa actividad; sus rasgos son nobles y regulares, su mirada parece penetrar el alma [...]"[68]. De acuerdo con las *Memorias* de Persat publicadas en 1844: "Bolívar era incontestablemente el hombre superior de América del Sur"[69]. Un texto del almirante Graviere termina diciendo: "También él fue un gran hombre de Plutarco"[70]. La necrología que debemos a Mignet, exclama: "Fue grande por sus hazañas guerreras, porque tuvo en sus manos todas las fuerzas de su patria en una época y supo permanecer fiel a la libertad, como su hijo sumiso que era"[71]. En la *Histoire de la Colombie* escrita por Lallement puede leer el público de 1846: "[...] está dotado de gran fuerza y despliega una gran actividad, su mirada posee una intensidad extraordinaria, y es de una benevolencia que no implica debilidad. El tipo de lenguaje que utiliza y las virtudes que le adornan son de las que se imponen a los hombres, la influencia que él ejerce está reforzada por facultades que mandan a la fortuna"[72].

Puede existir una explicación para las plumas francesas que escriben sobre el varón digno de Plutarco. El *Grand Dictionnaire Universel Larousse* nos da una pista en su edición de 1865. En la entrada sobre el personaje dice: "Alimentado de las pujantes doctrinas de la Revolución Francesa, Bolívar soñó formar una potente confederación entre los países de las dos Américas [...]"[73]. Antes había ofrecido Serviez el siguiente comentario en el cual incluye a Francisco de Miranda: "[...] lo más que me unía a esos

---

68. E. Gervais de Serviez, *Souvenir de deux Mondes,* París 1832. En: *op. cit.*, p. 217.
69. M. Persat, *Mémoires du commandant Persat,* París, 1910. En: *op. cit.*, p. 222.
70. J. de la Graviere, *Souvenirs d'un amiral,* París, 1860. En: *op. cit.*, p. 224.
71. A. Mignet, *"Necrología de Bolívar",* Le Nationale, París, 23 febrero de 1831. En: *op. cit.*, p. 273.
72. Lallement, *Histoire de la Colombie,* París, 1846. En: *op. cit.*, p. 271.

hombres prestigiosos [...] era la necesidad, casi igual a la mía, que tanto uno como otro tenían de hablar de Francia. Ambos la amaban como una patria que había encarnado la libertad en el viejo continente"[74]. A poco aseguraba Boussingault: "Habitualmente llevaba un traje que recordaba el uniforme preferido por Napoleón, el de los granaderos de la guardia imperial. El emperador era el ideal de Bolívar y sobre él hablaba siempre con los franceses; conocía perfectamente su historia"[75]. Luego se lee en un informe de Ducampe de Rosamel para el ministro de la Marina y las Colonias: "Se expresa en francés con facilidad, vivió en París algún tiempo, en 1803 o 1804. Le place recordar a Francia. Ama a los franceses y aprecia lo generoso y elevado de su carácter. Encuentra que habría grandes ventajas si se establecieran relaciones estrechas entre Francia y América. Según él, el carácter de estos pueblos ganaría mucho con ese contacto: ama nuestras costumbres, nuestros usos, y piensa que son también adecuadas para los pueblos americanos [...]"[76]. Tanto el registro del Larousse como el resto de los testimonios vinculan la calificación del personaje con lo que es para ellos su fuente nutricia. Ciertamente se explayan en la ponderación del gran hombre pero, en lugar de referirse a un criollo adornado por las excelencias, ¿no se vanaglorian de las obras de un afrancesado?

Las segundas intenciones, en el caso de que existieran de veras, no se observan en la presentación inglesa a cargo de lord Byron. El célebre poeta ha iniciado una cruzada personal contra los absolutismos, va a luchar por la independencia griega y ha bautizado un barco con el nombre de Bolívar para molestar

---

73. *Dictionnaire Universel Larousse*, París, 1865. En: *op. cit.*, pp. 281-282.
74. Gervais Roegas de Serviez, *op. cit.*, p. 217.
75. Juan Bautista Bousignault, *Mémoires*, París, 1824. En: *op. cit.*, p. 226.
76. C. Ducampe de Rosamel, *Extractos de un informe enviado al conde de Chabrol, ministro de la Marina y de las Colonias*. En: *op. cit.*, p. 260.

a los austriacos que sojuzgan Italia[77]. En 1823 escribe *La Edad de Bronce,* una composición satírica de la cual veremos dos fragmentos.

Dice el primero:

> Mientras que Washington deja un acuñado nombre,
> en tanto un eco al aire quede, perdurable;
> mientras dé guerra y oro la sed del español
> da al olvido a Pizarro aclamando a Bolívar;
> ¡ay! ¿por qué la misma ola del Atlántico
> que un día fue de libertad asiento,
> debe bañar la tumba de un tirano,
> —rey de reyes mas de esclavos esclavo—
> que tras romper de muchos las cadenas, volvió a forjar
> los mismos hierros que quebró su brazo
> y los derechos propios aplastó y de Europa
> para volar entre prisión y trono?[78]

Más adelante:

> ¡Pero ved! ¡un Congreso! ¡Este sagrado nombre
> que liberó al Atlántico! ¿Podemos esperar
> lo mismo en pro de la agotada Europa?
> Alzaos al oírlo como de Samuel la sombra
> ante los ojos regios de Saúl,
> profetas de la joven libertad, lejos citados
> de los climas de Bolívar y de Washington.[79]

---

77. David Waddell, *Sección británica, Introducción.* En: *op. cit.,* pp. 38 3-386, 424.
78. Lord Byron, *The Age of Bronze,* 1823. Traducción de Clara Janés. En: *op. cit.,* p. 426.
79. Ibídem, p. 427.

Para censurar a Napoleón, el antihéroe, acude al contraste con Washington y Bolívar. Los presenta como frutos de una evolución hacia la libertad mientras el Corso recorre un camino contrario y deshonroso. Luego adelanta una versión de los procedimientos parlamentarios entendidos como panacea y mostrados como una creación americana en la cual influyeron los dos personajes. El poema parece lleno de las letras angustiadas que escriben los italianos de entonces en procura de salvación. Igualmente rebusca en América y en la obra de los americanos más eminentes. Igualmente siente como comunes las empresas libertarias de la América triunfante y la Europa que todavía no accede a los propósitos anunciados por el pensamiento moderno. Nada insólito, entonces. En todo caso, en la Inglaterra de la época llega lejos la voz de Byron. Así como despierta entusiasmo en los círculos liberales saca ronchas en el pellejo de los partidarios del absolutismo. Es muy alta la tribuna desde la cual se ofrece el modelo de Bolívar como para no destacarla. El caraqueño ha tenido un debut londinense por todo lo alto.

Pero ha de tener otro cimero presentador. El historiador escocés Thomas Carlyle lamenta que un personaje de tan altos vuelos no se haya considerado adecuadamente por la historiografía europea. De allí que adelante un bosquejo sobre "El Washington de Colombia" publicado en 1843.

> Melancólicas litografías nos presentan a un hombre de rostro ovalado, de frente cuadrada y de cejas pobladas, de aspecto austero y reflexivo, conscientemente reflexivo, de nariz moderadamente aguileña, de mandíbula exageradamente angulosa y ojos negros profundos, tal vez excesivamente próximos [...] éste es el Libertador Bolívar: hombre de dura lucha y larga, jinete infatigable, protagonista capaz de múltiples logros, miserias, egoísmos, heroísmos y los histrionismos que se pueda imaginar; hombre de numerosos consejeros y gran resistencia; ahora muerto y desaparecido; del cual,

a excepción de aquella melancólica litografía, las gentes cultas de Europa nada conocen. Sin embargo, ¿quién puede negar que voló raudo de un confín a otro, a menudo de la forma más desesperada, seguido de una caballería salvaje cubierta de mantas dispuesto a la guerra de liberación 'hasta la muerte'?.[80]

Carlyle se ha hecho famoso por sus biografías de Oliver Cromwell y Federico el Grande[81]. Sus libros atiborrados de grandes hombres que resumen el destino de los pueblos han influido en centenares de investigaciones. Sus pareceres sobre la trascendencia de unos pocos líderes en el destino de la humanidad, provocan la renovación del género biográfico y aumentan el caudal de lectores encandilados por un desfile de luminarias. De momento aboceta una atractiva fisonomía y asoma la leyenda de un jinete galopando en una escena bárbara para llegar a la meta de la libertad, como para provocar el vuelo de la imaginación más perezosa.

---

80. Thomas Carlyle, *Dr. Francia*, 1843. En: *op. cit.*, p. 441.
81. Ver: David Waddell, *op. cit.*

EL CURIOSO PURGATORIO

La consideración del personaje en el medio español del siglo XIX hace pensar en la inexistencia de escritos como los anteriores. La vastedad del imperio hispánico se pierde gracias a una faena en la cual tiene evidente responsabilidad el personaje. Se puede esperar que broten muchas heridas debido a la leyenda negra propalada por los insurgentes. Lo que se aprecia en otras latitudes como una hazaña gloriosa puede entenderse aquí razonablemente en términos distintos, no en balde la Independencia de las colonias hace que se esfumen la riqueza y la grandeza disfrutadas por la metrópoli desde el siglo XV, o confirma una decadencia reciente. En principio nadie puede esperar una conducta comprensiva y mucho menos apologética entre quienes pierden los dominios de ultramar y el rol de potencia mundial que han detentado.

Por ejemplo, nadie se sorprendería ante unas aseveraciones como las de Gil Gelpi y Ferro, quien asegura en sus *Estudios sobre la América*: "Bolívar se distinguió por sus actos de crueldad con los peninsulares, lo que no debe extrañarse atendiendo a su carácter ambicioso, cobarde y desagradecido"[82]. Sin embargo, muchos escritos de entonces se niegan a hablar de un villano abrasado en las candelas del infierno. La construcción de una renuente mirada que termina observando el cénit pero que se detiene antes en un examen sin miramientos exagerados, deli-

---

82. Gil Gelpi y Ferro, *Estudios sobre la América*, La Habana, 1870. En: *op. cit.*, p. 145.

mita el vuelo del héroe. Una apreciación de naturaleza cultural capaz de entender el alzamiento de los colonos como producto de un espíritu compartido y como obra de una misma comunidad destinada a permanecer en la cumbre de la historia a través de los tiempos, orienta el inesperado periplo.

El Monitor Ultramarino ofrece por primera vez estas versiones en mayo de 1822, cuando se reciben las noticias sobre la derrota sufrida por los realistas en Carabobo. Ni escándalos ni lágrimas, mucho menos insultos. Llama la atención el hecho de que salga tan temprano de la comunidad que ha perdido un encuentro crucial la siguiente información:

> [...] He creído que se desearía ver la relación de la batalla de Carabobo, que ha decidido la suerte de Colombia y fijado sus destinos. Aquella ha sido la batalla de Farsalia para todo el territorio limitado por el Darien y el Orinoco.
> Esta pieza es extractada del diario titulado Correo del Orinoco, impreso en Angostura en 25 de julio de 1821 en francés, español e inglés: la ejecución tipográfica es tan bella como podría serlo en Europa; ¿y en cuántas ciudades europeas podría imprimirse un documento en tres lenguas? Este dato sirve para juzgar del progreso de las artes en los climas que nosotros creemos sumidos en la barbarie.[83]

Estamos frente a una reseña equilibrada, en primer lugar, como si se tratara de un combate sin relación con la suerte de España. Después se detiene en las excelencias intrínsecas del *Correo del Orinoco,* órgano de publicidad creado por el Libertador en cuyas páginas se ha anunciado el triunfo. Pero de inmediato incluye *El Monitor Ultramarino* un comentario sobre "El dos de mayo" que puede ofrecer pistas en torno a los motivos de un estilo tan ponderado. La conmemoración del levantamiento de

---

83. "Batalla de Carabobo", *El Monitor Ultramarino*, 1 de mayo de 1822. En: *op. cit.*, pp. 96-97.

los madrileños contra Napoleón incluida de inmediato en el fascículo da paso a afirmaciones como éstas:

> Donde quiera que haya virtud y sangre española deben derramarse lágrimas de gratitud en este día grande y memorable; y el español que al recordar el Dos de Mayo no lance un suspiro que se repita de uno en otro pecho desde el cabo de Hornos al promontorio de Hércules, no merece ser libre, ni pertenecer a la gran familia de los inmortales que dieron los primeros sus preciosas vidas en prenda de la libertad civil del mundo entero. Hijos de España son los ínclitos varones que murieron en el Prado de Madrid como lo fueron los que expiraron en Quito, Pore y la Paz por la causa de la humanidad y la justicia, para vivir eternamente. Reunidos están todos en el seno del eterno; porque en la región de la inmortalidad no hay más que héroes, y no hombres. Allí no pueden recibir de nosotros otro acatamiento que el de vernos dignos de merecer su protección; y el modo de obtenerla es procurar ser justos, para no dejar de ser españoles. ¡Ojalá que lo hayamos sido nosotros ahora, y que no dejemos de serlo en todo el curso de una empresa concebida en el fervor más sincero, y acometida en momentos de tanto influjo en el ánimo de todo hombre que quiere ser libre respetando las leyes de la naturaleza, dictadas por el Supremo Legislador para bien del género humano reunido en sociedad![84]

Las letras sobre la resistencia de los madrileños contra la invasión de Bonaparte, colocadas después de la pulcra nueva sobre Carabobo, remiten a la idea de la existencia de una comunidad en la cual caben cómodamente los dos sucesos debido a unos valores superiores que se conectan con el espíritu español y son susceptibles de repercutir en beneficio de la humanidad. Un planteamiento de tal guisa permite lecturas desprejuiciadas

---

84. "El Dos de Mayo", *El Monitor Ultramarino*, 1 mayo de 1822. En: *op. cit.*, pp. 98-99.

de Bolívar, pero también apologías como las que se han vuelto moneda corriente.

La primera biografía dedicada específicamente al Libertador, aparecida en el Madrid de 1837, apunta a la primera de tales orientaciones hasta el punto de convertirse en una pieza singular que no navega en los ríos de la liturgia usual ni abona el terreno de la detracción. Expresa, por ejemplo:

> [...] La historia de Bolívar se confunde con la de aquella guerra, que duró hasta 1821, y cuya narración aún reducida a los más estrechos límites excedería los de un artículo biográfico. El campo de los españoles, lo mismo que el de los insurgentes, vio alternativamente a la fortuna mirarle risueña y volverle sañuda las espaldas en muchas y diversas ocasiones, y uno y otro partido quedaron también más de una vez reducidos al último extremo, y volvieron a reponer sus considerables pérdidas. De estas vicisitudes participaba Bolívar el primero, ya entrando triunfante en las poblaciones, ya viéndose obligado a huir vencido, a desterrarse a sí mismo y a contemplar la muerte bien de cerca. Sin embargo, sus expediciones y hazañas hicieron que no tuviera rival entre los jefes de la insurrección.
> [...] El mérito principal de Bolívar, particularmente si se atiende a los resultados, más consistió en sus empresas militares que en las tareas legislativas. Sus marchas atrevidas y continuas de muchos centenares de leguas desde las playas áridas y abrasadoras de Cartagena hasta los confines de la Guayana, desierta, pantanosa y atormentada por calores terribles [...] serán por lo menos tan dignas de admiración y recuerdo, como las batallas que se ganan según las reglas de la táctica ordinaria.[85]

Sobresale aquí el tratamiento de la Guerra de Independencia hispanoamericana como una guerra más, sin el carácter colosal

---

85. *Semanario Pintoresco*, Nº 77, 20 de agosto de 1837. En: *op., cit.*, pp. 109-110.

al cual nos ha acostumbrado su descripción más generalizada. La guerra sube y baja como la mayoría de las contiendas mientras los enemigos ganan y pierden sucesivamente. No hay un líder capaz de colocarse siempre por encima del vaivén, sino un capitán que muchas veces no las tiene todas consigo aunque termina dominando por sus dotes de conductor de tropas. Se reconocen las cualidades de un estratega brillante y esforzado pero no se ponen laureles en la frente de un superdotado. Y algo todavía más excepcional: la biografía se postra al final ante la espada del soldado mientras niega sus logros de legislador.

Pero estamos ante un análisis insólito. La España que no puede permanecer aislada de sus antiguos vasallos ni puede solazarse en el fracaso prefiere participar de una parte de la gloria y, por consiguiente, sumarse a los coros de admiración. Un texto aparecido en el *Repertorio Estadístico* de Madrid puede resumir la postura cuando suelta a sus destinatarios:

> [...] La raza que en todos aquellos vastos territorios ha proclamado la independencia es la española; porque la americana originaria de ellos ha ido desapareciendo de toda la parte civilizada a medida que los pobladores europeos la han ocupado, no por haberla éstos vejado ni perseguido como muchos presumen [...], la España podrá gloriarse de haber difundido en aquel vasto continente su semilla de héroes; es indudable que el carácter nuestro se ha mejorado y afinado en aquellas regiones; que habiendo recibido solamente con la mano de sus conquistadores los usos, idioma y leyes de Castilla, tienen también la imponderable ventaja de poseer todos un mismo idioma, un mismo rito, y un mismo sistema uniforme de monedas, pesos y medidas; en lo cual, como en otras muchas cosas, llevan una excesiva ventaja a la metrópoli que les dio el ser, y a la cual siempre se gloriarán de habérselo debido.[86]

---

86. *Repertorio Estadístico*, Madrid, 1823. En: *op. cit.*, pp. 99-100.

La madre trasmite su carácter a los hijos y les entrega instrumentos a través de los cuales pueden formar una comunidad de iguales, pero el vínculo se perfecciona debido a la calidad del ambiente en el cual crecen las criaturas bendecidas por una ascendencia generosa. En América se desarrolla una cultura semejante a la peninsular y aún superior, debido a que el proceso no cuenta con la asistencia del elemento indígena. El fenómeno permite la reproducción de una cultura única cuyo espíritu puede desembocar en hazañas como la Independencia. El heroísmo de los conquistadores viaja en las carabelas y se aclimata en las regiones de ultramar para provocar, con el auxilio del entorno, una revolución que termina formando parte de la historia familiar.

Gracias a estos postulados sobre la hispanidad acuñados después de una derrota que se convierte en éxito, o en algo que se parece poco a las derrotas, puede circular con comodidad una visión beatífica como la que revisan los lectores catalanes de 1839. En efecto, pasan entonces frente a los ojos de los suscriptores de *El Museo de las Familias* unas muestras de santidad como las siguientes:

> Rarísima vez llevaba el Libertador en su maleta seis camisas regulares, y todo su guardarropa estaba allí; pues no tenía domicilio fijo en ninguna parte. Su casita de campo, cerca de Bogotá, no hubiera satisfecho la vanidad de ninguno de nuestros comerciantes regularmente acomodado. Cuando Bolívar iba a habitarla por algunos días, la municipalidad la amueblaba provisionalmente, pidiendo prestado todo el ajuar a las familias de la ciudad [...]. Bolívar no tenía arca particular, y nunca traía un peso en el bolsillo: a sus ojos no tenía valor el dinero sino cuando lo daba a los que acudían a él. La pensión que tenía señalada por la ley era de treinta mil pesos. Jamás pedía nada a las arcas públicas que no fuese a cuenta de lo devengado; y cuantos le rodeaban vivían sin opulencia, lo mismo que él, sobre los treinta mil duros.

> [...] En su ejército se obtenían los ascensos por rigurosa antigüedad o por alguna acción distinguida sobre el mismo campo de batalla y la confirmación de todos los empleos, desde el grado de teniente coronel inclusive hasta el de general en jefe, estuvo constantemente reservada al senado, conforme a lo prevenido en la constitución [...]. Es indudable que nunca trató Bolívar de formarse paniaguados ni en lo militar ni en lo civil [...]. La gloria era el único objeto de Bolívar, el alimento de todas las facultades de su alma.[87]

Se ha establecido que el escrito es una reproducción de la prensa francesa[88], pero el detalle no incumbe a nuestro asunto. Ahora sólo conviene insistir en cómo se publica en Barcelona el mito de una suerte de eremita de la política, de un bienaventurado sin relación con los bienes de este mundo, de un soldado justo quien apenas pretende acceder a la gloria. Si el Libertador estuvo sujeto a un comentario despectivo y a un análisis hecho sin el influjo del tabernáculo, de nuevo los españoles recurren a las salmodias. De allí que en breve se enreden en el culto promovido por Guzmán desde Venezuela.

En julio de 1883, el *Diario de La Guaira* recoge un comunicado de la Sociedad Española de Escritores y Artistas en relación con las celebraciones del Centenario organizadas en Caracas.

> Puede darse como un hecho que los escritores españoles tomarán parte en la fiesta del Centenario. No puede ser de otra manera: Bolívar no es el héroe de una generación, ni de un pueblo; su nombre no está circunscrito a los que hablan el castellano, ni sus glorias son propiedad de la cuidad donde vio la luz, ni de la lira americana.

---

87. *El Museo de las Familias*, 1839. En: *op. cit.*, p. 189.
88. Manuel Pérez Vila, *Una biografía del Libertador publicada en Cataluña en 1839*. En: *op. cit.*, pp. 184-186.

Bolívar es el padre de cinco pueblos que hizo libres y ciudadanos [...] es el hombre proclamado héroe por medio mundo; es una figura que el lente de los tiempos hará ver cada vez más grande. Su nombre es propiedad de todo pueblo libre [...] sus gloria son glorias del mundo americano, de la noble y honrada España, y de cada una de las naciones de este viejo continente, que levantan altares de admiración a las grandes glorias.

Por eso es que en la Sociedad Española de Escritores y Artistas se acogió con entusiasmo una nota en que el señor Presidente de la Junta del Centenario excitaba a sus miembros a tomar parte en la gran fiesta del próximo 24 de julio; por eso es que Núñez de Arce se presta gustoso a cantar a Bolívar, por eso es que no ha habido un no, cuando el Dr. Calcaño, ministro de Venezuela en esta Corte, ha invitado a sus amigos los afamados literatos españoles a templar sus liras y a cortar sus plumas para entonar cantos a la gloria del Libertador [...].

Todo será, pues, digno de Bolívar, y tan digno, como que a Guzmán Blanco, y no a otro, es a quien ha tocado la gloria de decretar y celebrar la apoteosis del Libertador. Decididamente, la estrella del regenerador de Venezuela, ni se ha eclipsado, ni piensa bajar a su ocaso.[89]

Las liras templadas para el encomio encuentran en el carácter universal del homenajeado el resorte de su exaltación. Bolívar trasciende a la hispanidad y por eso hay que ponerse a cantar. Su gloria pertenece a la mitad del universo y por eso Gaspar Núñez de Arce será el tenor. Los miembros de la Sociedad Española de Escritores y Artistas acuden a encumbradas razones para dar el sí ante el programa del Centenario. Pero súbitamente parece que han recibido un dedal para la puntada. El hilo de sus loas empieza en la madeja tejida por el Regenerador. Tal vez no hayan sido

---

89. *La Sociedad Española de Escritores y Artistas. Centenario de Bolívar.* En: *op., cit.*, pp. 159-160.

convocados sólo por las proezas del grande hombre sino también por la diplomacia del dictador. Un curioso vericueto los relaciona con la red tramada desde la casa de gobierno en Caracas, no en balde se felicitan por un fasto que no viene al caso o que no les atañe directamente: la brillantez del lucero guzmancista. ¿No volvemos así de nuevo a la raíz torcida del culto?

LOS AUTOS DE FE

Un juicio sobre la complicidad de esos autores con la secta bolivarera-guzmanera requiere un examen detenido de la comparsa. Debemos quedarnos entonces en el campo de la sospecha. De momento sólo se puede presumir que el impulso de cada una de las realidades del extranjero y la búsquedas particulares de los interesados terminan apuntalando la basílica. Tales escenarios y tales motivos individuales alimentan el fenómeno sin que se pueda imaginar la existencia de una presión oficial capaz de convertir en feligreses a los políticos, los periodistas, los editores y los intelectuales europeos.

Sólo en el caso venezolano topa el investigador con coacciones susceptibles de meter por un carril unilateral la literatura sobre el héroe. Después del ataque del marqués de Rojas que conocemos, la Academia Nacional de la Historia y la Sociedad Bolivariana de Venezuela saben mover las piezas de una intimidación capaz de silenciar o mediatizar muchos pareceres.

La Academia Nacional de la Historia no nace con la obligación expresa de custodiar al Libertador. Fundada por el presidente Juan Pablo Rojas Paúl en 28 de octubre de 1888, tiene la misión de coleccionar objetos y documentos antiguos, fomentar investigaciones, dictar conferencias, juzgar sobre manuales o redactarlos[90]. En el acto de inauguración el mandatario apenas

---

[90]. "Decreto disponiendo la creación de la Academia Nacional de la Historia". En: Germán Carrera Damas, *Historia de la historiografía venezolana (Textos para su estudio.)*, Caracas, Ediciones de la Biblioteca de la Universidad Central de Venezuela, 1961, p. 274-275

desembucha una censura pasajera del periodo hispánico: "La Colonia fue para nosotros una proscripción del movimiento científico del mundo [...]"[91]. Nada más. Pero mete sigilosamente gato por liebre, como descubriremos a continuación.

El 8 de octubre de 1939, cuando la corporación cumple cincuenta años, en nombre de sus colegas el numerario Luis Correa habla con Bolívar en el Panteón Nacional para decirle:

> Libertador:
> Hace cincuenta años, en un día como el de hoy, quedó solemnemente instalada la Academia Nacional de la Historia. Con ello está dicho que nuestra Institución quedaba consagrada al culto de tu grandeza, al amor de tu gloria y a la guarda de los anales que dan a tus enseñanzas permanente vigencia de actualidad en el proceso de nuestra evolución histórica.[92]

Ahora caemos en cuenta. Rojas Paúl había fundado la Academia en el día de San Simón de 1888. Tal vez anunciara así la faena de cuidar al patrono que ahora expresa el orador, o así lo creyeron los académicos en la fiesta de San Simón de 1939. Sea como fuere proclaman ahora su resurrección —no en balde Correa habla con el personaje del pasado como si no hubiera muerto el 17 de diciembre de 1830— y se comprometen a guardar las evidencias que pueden sustentar la temeridad. A partir del compromiso se hace recurrente un trabajo inquisitorial del cual veremos algunos testimonios.

Así, por ejemplo, la reacción de J. A. Cova frente a lo que considera una rebelión bolchevique contra el varón de mirada profunda quien descubrió su maldad. Marx había negado

---

91. Juan Pablo Rojas Paúl, "Discurso con motivo de la inauguración de la Academia Nacional de la Historia". En: Germán Carrera Damas, *op. cit.*, p. 418.

92. Luis Correa. "Palabras en el Panteón Nacional el 28 de octubre de 1939". En: Germán Carrera Damas, *op., cit.*, p. 157.

las cualidades castrenses de Bolívar y lo había presentado como encarnación del "sistema semifeudal de explotación de los campesinos", una categórica afirmación que reitera sin rectificaciones la Enciclopedia de Moscú en 1955. Los hechos obligan al académico a escribir un artículo titulado "El Libertador y el odio soviético", con el objeto de poner en su lugar al "Sumo Pontífice del Materialismo Histórico" y a sus partidarios. Para justipreciar las hazañas militares de su defendido acude a la autoridad de dos historiadores prestigiosos, el alemán Gervinus y el general Mangin, triunfador en la Gran Guerra, pero encuentra que no es suficiente una compañía tan calificada. El propio Bolívar se convierte en testigo principal de su causa debido a que los escritos rojos, según estima, son parte de una venganza cobrada en la posteridad. De acuerdo con Cova, en una correspondencia de 1828 escrita en Bucaramanga, el Libertador previó el poderío capaz de convertir a Rusia en una amenaza del siglo XX: "Para destruir la Santa Alianza he tenido la idea de dividir luego a Rusia cortada en cuartos por toda Europa entera para prevenir su opresión. Si en estas circunstancias no se logra este grande resultado, difícil será dividir, como debe ser, en partes proporcionadas esa quinta parte del globo, que ocupa todo el norte del mundo y que por lo mismo es una especie de semillero de Titanes"[93].

La misiva de 1828 provoca la siguiente conclusión:

> He allí, pues, en el párrafo de esta carta, escrutadora del porvenir, el origen del odio soviético al Libertador, quien desde 1828 había visto claro el peligro que para el mundo occidental implicaba Rusia. Bolívar en esa carta, ciertamente profética, como en Cartagena de Indias, como en Jamaica, como en Angostura, como en Panamá, penetraba las fuerzas ocultas que el mundo tenía en gestación.[94]

---

93. J. A. Cova, "El Libertador y el odio soviético". En: Germán Carrera Damas, *op. cit.*, p. 162.
94. Ídem.

Un historiador menos perspicaz, como quien escribe, apenas capta en el documento de Bolívar una observación somera sobre la geopolítica de un tiempo conmovido por la restauración de los absolutismos. Enterado a medias de los sucesos y preocupado por la posibilidad de que el zar y el rey católico junten sus fuerzas, el insurgente sueña con la disminución de los aliados y suscribe unas palabras que son un deseo, antes que un meditado plan. Nada más, porque carece de recursos para convertir en realidad un modesto anhelo. Nada más. Sin embargo, Cova proclama la aparición de un augur infalible que ha transformado cinco textos en cinco bolas de cristal. Descubiertos en su maldad ciento cincuenta y cinco años antes, los comunistas reaccionan en 1955 contra el Profeta. Existe una guerra entre el buen oráculo y "las fuerzas ocultas", en suma. De allí la censura de estilo inquisitorial. De allí la posibilidad de imaginar que serán en adelante excomulgados por la Academia los autores marxistas. ¿No son ateos pecando públicamente contra el Evangelista de la Nación?

En poco tiempo, catorce académicos protagonizan una contienda contra Salvador de Madariaga, destacado autor español quien redacta un *Bolívar* que según sus rivales es un anatema capital[95]. El libro se sale de los cánones debido a que maneja fuentes generalmente subestimadas y opina libremente sobre el biografiado y la Independencia, como no había hecho nadie hasta la fecha. Los hallazgos comunicados en buena prosa capturan abundante lectoría, ruidos y eco capaces de atormentar las orejas acostumbradas a voces menos estridentes. Pero el tormento no desemboca en una crítica razonable sino en una acusación de perfidia.

---

95. Son estos académicos: Antonio Álamo, Juan José Mendoza, Lucila de Pérez Díaz, José Nucete Sardi, J.A. Cova, Pedro Manuel Arcaya, Vicente Lecuna, Santiago Key Ayala, Nicolás E. Navarro, Cristóbal L. Mendoza, Mario Briceño Iragorry, Ambrosio Perera, Enrique Bernardo Núñez y Pedro José Muñoz.

Los celadores manejan la causa partiendo de las virtudes bolivarianas y del ataque general de sus émulos.

> Por lo mismo que la figura histórica de Bolívar es central y decisiva en el grande acontecimiento de la emancipación hispanoamericana; por lo mismo que su acción continuada y enérgica [...] tuvo por fuerza que rozar con prejuicios, mezquindades, incomprensiones, ambiciones personales, resentimientos, despechos, y una multitud de abusos tradicionales, arraigados por un régimen secular; por todo ello y por la brillantez y originalidad intrínsecas, hubo de suscitar –como los suscitó en vida, como los suscita aún, a los ciento y veinte años de su muerte– entusiasmos desbordantes e inquinas reconcentradas, panegiristas insignes y detractores más o menos mediocres aunque vehementes con la vehemencia de los odios.[96]

Como el párrafo se incluye en una *Declaración sobre el "Bolívar" del señor Madariaga,* no estamos frente a una distribución panorámica de centellas sino ante una andanada con nombre y apellido. Don Salvador es el sujeto mezquino, mediocre, reaccionario, prevenido y oscuro que se levanta contra la calidad de su antípoda. Representa la detestación de una brillantez que no puede alcanzar desde una medianía producida por los nexos con el coloniaje. Es la maldad de antaño reproducida en un libro de hogaño. Es la oscuridad antigua y moderna frente a una luz resplandeciente. La *Declaración* parece una actividad misionera, pero jamás un análisis bibliográfico; aunque los catorce mosqueteros sí lo pretenden. Veamos cómo:

> [...] El libro del señor Madariaga está viciado desde luego por su finalidad y en seguida por los recursos empleados en su ejecución.

---

96. "Declaración sobre el 'Bolívar' del señor Madariaga". En: Germán Carrera Damas, *op. cit.*, pp. 269-270.

El señor Madariaga se ha inspirado de preferencia y casi en exclusivo, en los testimonios más sospechosos, en las más desacreditadas invenciones del rencor, que la crítica ha venido desvaneciendo en numerosos trabajos de análisis. El señor Madariaga pretende infundirles nueva vida y sobre deleznables bases erige su estructura no histórica sino fantástica, en su propósito, no logrado, de desacreditar la grande y noble empresa de los libertadores, comparable en esfuerzo y constancia a la de los conquistadores, y superior en alteza de miras y trascendencia humana.[97]

No se está juzgando a un historiador sino a un conspirador. Los académicos presumen que Madariaga se impuso una tarea de terrorismo acompañado por oscuros secuaces a quienes ha sacado de la tumba para que le ayuden con los explosivos. El complot hace que terminen peleándose con la hispanidad al iniciar un careo entre la Independencia y la Conquista, para concluir en un juicio lapidario sobre la biografía convertida en emboscada: "Es un libro perdido para la crítica elevada y la verdadera historia"[98].

Debido a un pretexto baladí recibe después los dardos José María Pemán. Los académicos juzgan que él y Madariaga "carecen de dignidad patriótica" porque han atacado el honor de la Gran Colombia[99]. Pero, ¿qué han hecho para mancillar la honra de una nación ya desaparecida? Conocemos el designio del primero. ¿Por qué la airada reacción contra Pemán? Publicó en el *ABC* de Madrid un artículo titulado "El Gol de Ayacucho". Les parece terrible la comparación de un hecho bélico de trascendencia con un evento deportivo. El cotejo tan irreverente demuestra "estulticia

---

97. Ibídem, pp. 269-270.
98. Ibídem, p. 270.
99. "Por la gloria de la Gran Colombia". En: Germán Carrera Damas, *op. cit.*, p. 271.

en materias históricas"[100], se atreven a decir, sin cavilar siquiera brevemente sobre la importancia que puede tener para los españoles una patada afortunada en el partido crucial del campeonato. Gracias al tono de la respuesta, insultante como la anterior y ocupada de la bagatela de un rótulo colocado por Pemán desde su albedrío a una nota para el periódico, se puede medir el tamaño de la intolerancia que impera en materia bolivariana.

El libro de Madariaga pone sobre el tapete la actuación de un venezolano de la Independencia que destaca por sus servicios a la causa del rey: el médico José Domingo Díaz, cuyos *Recuerdos sobre la rebelión de Caracas* apenas habían tenido una edición restringida. Debido a que el biógrafo lo ha utilizado como socorrida fuente ahora sale de la imprenta bajo el patrocinio de la Academia. Un auspicio que el doctor Díaz no hubiera deseado, según podremos imaginar después de revisar el Estudio Preliminar de la impresión. Es una muestra de cómo trata la institución a los malvados originarios, de cómo condena a los ciegos y a los perversos negados a la virtud en el momento de su epifanía. Después de un pasajero apoyo a la revolución, Díaz ayuda a Domingo Monteverde en la aniquilación de la Primera República, trabaja en la secretaría del mariscal Pablo Morillo, destruye documentos de los republicanos, falsifica partes de guerra, exalta la Constitución de Cádiz, denuncia a muchos revoltosos y ataca sin compasión a Bolívar en textos redactados para la *Gaceta de Caracas*. Escapa después de la batalla de Carabobo y termina escribiendo su relato como parte activa de los sucesos que lo obligan al exilio[101].

"Testigo ocular de la revolución de Venezuela en casi todos sus acontecimientos; condiscípulo, amigo o conocido de sus

---

100. Ídem.

101. Ver: Elías Pino Iturrieta, *La mentalidad venezolana de la emancipación*, Caracas, Eldorado Ediciones, 1991.

execrables autores [...] debo al honor de la nación española, al bienestar del género humano, al interés de mi patria y al de mí mismo, recordar, reunir y publicar sucesos que comprueban la injusticia, el escándalo, la bajeza y la insensatez de aquella funesta rebelión, y que deberán servir algún día para su historia"[102]. Así explica José Domingo Díaz el cometido de sus páginas. Nadie se puede llamar a engaño ante las letras, especialmente si quien las analiza es un historiador. Sin embargo, el Estudio Preliminar de Ángel Francisco Brice es un tendencioso apunte cuyo objeto consiste en el descrédito del testigo debido a la enemistad que profesó a Bolívar. Pareciera que saca de la imprenta una fuente para que nadie beba de ella, tal es su empeño en el desprestigio del contenido. Un par de extractos de la presentación puede bastarnos para conocer una curiosa estrategia de permitir y aplastar la disidencia a la vez, sin que nadie pueda acusar al inquisidor de silenciarla plenamente.

Ataca Brice:

> Para poder apreciar la intención del odio de José Domingo Díaz para con los libertadores bastaría el recuerdo de aquel desgraciado suceso acaecido en La Guaira, durante el mes de febrero de 1818, cuando pereció el menor de sus hijos a causa del embarco y desembarco en dicho puerto de gentes llenas de pavor, entre las que se encontraba Díaz y su familia, con motivo de haber circulado la noticia de la muerte, en Calabozo, del General en jefe de las fuerzas realistas; asimismo debe agregarse el hecho, también infausto, de que en el viaje que lo llevó a España, huyendo de la tierra nativa, murió la mayor de sus hijas [...]. Hay un viejo adagio jurídico, de perfecta aplicación aquí, que a confesión de parte, relevación de

---

102. José Domingo Díaz, *Recuerdos sobre la rebelión de Caracas,* Caracas, Academia Nacional de la Historia, 1961. p. 43.

pruebas. Y este es el caso de José Domingo Díaz con sus *Recuerdos de la rebelión de Caracas*, porque en sus páginas encontramos juzgada su obra por él mismo cuando dijo: "Han pesado sobre mí todos los males que han sido inseparables de aquella feroz e insensata rebelión. Sólo ha faltado terminar mis días por el veneno o por el puñal, pero la misericordia de un Dios infinitamente justo me ha puesto siempre a cubierto de las asechanzas del pérfido Déspota". Ya podrá juzgarse de la imparcialidad del historiador Díaz si se toma en cuenta que trató de escribir la historia de una lucha que, según él, pudo mover la mano que lo envenenara o terminara su vida con el puñal y que de no haber sido por el Ser Supremo, son sus palabras, hubiera caído al golpe de las asechanzas del Jefe de esa revolución, a quien, como se ve, califica de Déspota.[103]

Proverbial perla de incomprensión. Brice juzga como historiador a quien es un actor interesado de la época. Subestima el tránsito del protagonista sin pasearse siquiera por la magnitud de su tragedia personal ni por las sensaciones que pudo producirle. No capta el drama capaz de provocar conmiseración o simple consideración. Tal vez no lo quiera captar, pese a su envergadura y a que él mismo relata algunos de sus episodios. Se desentiende de la existencia de una guerra susceptible de engendrar terribles y explicables desencuentros. No se toma la molestia de conceder la atención que usualmente presta el investigador a un "testigo ocular" que mira desde su perspectiva cargada de subjetividad y pasión. No utiliza un filtro para seleccionar el trigo del relato, sino una afilada guadaña podando sin vacilación. El abogado viene a condenar al reo sin oír sus argumentos. Está lleno de ira porque llama a Bolívar "El Sedicioso", "El Inhumano", según dice a continuación[104], o el "Déspota" como ya vimos. Sólo la

---

103. Ángel Francisco Brice, Estudio Preliminar de *Recuerdos sobre la rebelión de Caracas*, pp. 16-17.
104. Ibídem, p. 18.

reacción provocada por los epítetos puede explicar la miopía del presentador.

Así como puede llevarnos también a encontrar el fundamento de otro extravagante reproche. En diversos pasajes Díaz fustiga el pensamiento moderno. Llama "gavilla de sediciosos" a los filósofos ilustrados. Considera que sólo escribieron "pestilentes papeles". Piensa que los Derechos del Hombre y del Ciudadano fueron "una funesta conjuración"[105]. Detengámonos otra vez en el parecer del académico:

> Si Díaz hubiera empleado esas expresiones en los momentos de la lucha, como arma de combate, era explicable y no merecía censura, porque él formaba parte del bando contrario; pero publicar semejante libelo infamatorio, después de terminada la guerra, es sencillamente un innoble y repugnante desahogo; un denuesto que no tiene justificación; lo que viene a dar pábulo para descalificar la labor histórica del autor de *Recuerdos...*[106]

Ahora la fidelidad a los principios se convierte en una conducta monstruosa. Ahora la uniformidad del pensamiento es sinónimo de infamia. Para pasar el examen de virtudes hecho por su perseguidor, el ultramontano de la contienda debió de ser el moderno de la posguerra. Para conseguir la licencia de historiador que no está buscando, José Domingo Díaz debió de echar de los anaqueles las publicaciones de orientación conservadora leídas bajo la influencia de las bajas pasiones y recoger los libros despreciados para aprovecharlos en la paz de los sentimientos constructivos. Quizá pudiera entonces Brice balbucear una palabra justa.

---

105. Ibídem, p.19.
106. Ídem.

En el caso de Juan Bautista Boussingault, otro actor de la Independencia, ni siquiera cabe una señal dirigida a la comprensión. Augusto Mijares, biógrafo de Bolívar y ensayista digno de atención quien es Ministro de Educación en 1949, ordena la incineración de una parte de sus *Memorias* incluida en la Biblioteca Venezolana de Cultura. Era un "honor excepcional" que no podía merecer el personaje debido a que debían publicarse antes los papeles de Miranda y Sucre, según el ministro. El Estado no podía promover un testimonio torcido mientras esperaban en la imprenta unos originales imprescindibles para el mejor entendimiento del pasado[107]. Acaso tenga sentido la explicación del funcionario encargado de manejar unas publicaciones dependientes de su despacho, pero sólo en un ambiente de férrea intransigencia se puede observar la operación con ojos apacibles.

Juan Bautista Boussingault es un científico francés que viene a América invitado por el gobierno republicano. Aparte de adelantar unas investigaciones colabora en el ejército y se introduce en la corte íntima de Bolívar. Recoge sus impresiones en un libro de recuerdos entre los cuales están los que pasan a la hoguera. Tiempo después de la quemazón, Mijares explica como historiador su actitud. A continuación, veremos algunas de sus razones. En primer lugar, encuentra motivos para encender la tea en el hecho de que el extranjero careciera de "honradez profesional" en sus análisis del medio geográfico.

> [...] no tiene la menor vergüenza en narrar que durante una excursión científica con otros colegas, también extranjeros, "comenzamos a preparar la descripción de las maravillas de la América Meridional; cada quien ponía su parte... el Cauca se transformaba en un río de limonada.., por los torrentes ruedan con abundancia pepitas

---

107. Augusto Mijares, "Un auto de fe muy reciente". En: *Longitud y latitud*, Caracas, Ediciones HH, 1971.

de oro que se transforman en mica al secarse... se hace pastel de hormigas, cubriendo con harina hormigueros grandes como casas. Pero en medio de tantas maravillas, la mayor, sin contradicción, era el árbol de la vaca. Este árbol milagroso permitirá suprimir las nodrizas" etc., etc.[108]

Ciertamente estamos ante un asunto de "honradez profesional", pero quizá desde una perspectiva diferente. Los próceres de la Independencia no sólo procuran la observación de la geografía atendiendo a criterios objetivos. Se interesan por el conocimiento del entorno pero también por el paisaje deseado. Miran el paisaje que existe, pero también el negocio del paisaje que será cuando el hombre lo modifique. Partiendo de una primera observación quieren vender a los extranjeros un paraíso de riquezas que circula a través de la publicidad y apenas existe en la imaginación. El trabajo de los analistas complementa la búsqueda de inversiones cuando lanza el anzuelo de la opulencia ambiental con el objeto de atraer capitalistas. Una consideración de tales intereses acaso hubiera detenido el funcionamiento del encendedor.

En segundo lugar, Mijares juzga escandaloso que el autor incluyera invenciones y tergiversaciones en su relato. He aquí un par de casos que le preocupan.

> Ni siquiera los horrores sufridos por Venezuela a causa del terremoto de 1812 lo obligan a ser comedido y veraz. Encontrándose en Bogotá, allí, escribe, "referí la destrucción de Caracas según noticias recogidas de entre sus ruinas. Para atenuar la tristeza del relato inventé un personaje, un gordo fraile franciscano que el Jueves Santo del año 12, borracho como un suizo, había ido a sitios donde precisamente no se celebraba el servicio divino, debiéndole a su libertinaje el haberse salvado. Todos sus hermanos y los fieles

---

108. Ibídem, p. 204.

quedaron sepultados bajo los escombros del convento; de la orden sólo quedó él. El sermón que yo le atribuí tuvo mucho éxito".

¿Podía consagrarse oficialmente como fuente histórica digna de crédito un hombre que es capaz de tales sarcasmos contra la religión, a costa del sufrimiento humano y sin compasión alguna por el país que veía destruido?

Pero admirémoslo también cuando pretende hablar en serio. Sobre don Simón Rodríguez, a quien dice haber tratado personalmente, escribe: "Robinson. Tal era el seudónimo del padre Antonio, verdadero excéntrico, fraile franciscano de Caracas y antiguo preceptor de Bolívar. A los comienzos de la revolución ahorcó los hábitos [...]. Pero un buen día reapareció en Bogotá [...]. El Libertador lo recibió bondadosamente [...] lo propuso para Obispo de Chiapa, en Bolivia".

Un folleto donde figuran tales inexactitudes, ¿podía ser repartido en América como parte de la "Biblioteca Venezolana de Cultura"?[109]

No, seguramente, pero pudo tener un destino diverso. El propio Boussingault confiesa su primera inexactitud. Dice que es de su invención el monje salvado del sismo por el cachondeo. El caso del maestro Simón Rodríguez, figura ampliamente conocida en la época y estudiada después con meticulosidad, se pudo solucionar con una nota al pie de la página. Era fácil enmendar la estrafalaria patraña. En consecuencia, un resorte más vigoroso debió de mover la mano de Agusto Mijares. Algo como lo que revela después de un par de páginas: Boussingault estaba enamorado de la mujer de Simón Bolívar, lo cual puede significar que se mete con el santo porque se quería meter con la limosna. De allí su inverosímil desprecio de la realidad y su proclividad hacia la mentira, para Mijares. De ahí que escribiera:

---

109. Ibídem, pp. 205-206.

[...] bloqueada su mente de anormal por las atormentadoras imágenes lascivas que le sugiere su frustrada pasión por Manuelita Sanz; sin otra curiosidad intelectual que la de ir recogiendo, o inventando, chismes y cuentos chocarreros.[110]

Entre tales historias Mijares recoge una realmente ofensiva en relación con los últimos momentos del grande hombre. Bolívar agoniza en San Pedro Alejandrino lejos del poder y en medio de inmensas privaciones. El francés lo visita en su lecho de moribundo y se conmueve ante el declive de su salud. Su desgarramiento crece cuando ve a unos escolares del vecindario llorando por el héroe próximo a la tumba. ¡Viva el Libertador!, gritan los niños. Pero he aquí cómo concluye el episodio que viene describiendo en términos respetuosos:

> –Don Francisco –le dije al maestro de escuela que venía en el cortejo–, sus alumnos son muy patriotas.
> –En absoluto. Fíjese en el hombre que está detrás de ellos, con el látigo por si no gritan con más fuerza.[111]

Cualquier conocedor del derrumbe bolivariano puede mostrar sorpresa e indignación ante el episodio carente de fundamento. No existen los elementos capaces de sostenerlo siquiera remotamente. Un ligero contraste con la documentación relativa al suceso descubriría la protuberancia del artificio. Ahora Boussignault dispara un cañonazo que hubiese podido abrir un boquete en la muralla del culto, de tener la pólvora adecuada. Por fin aparece un motivo probablemente capaz de explicar la incineración de una parte de sus *Memorias*, si se tiene vocación de censor.

---

110. Ibídem, p. 208.
111. Ibídem, pp. 210-211.

LA SALUD DE HÉRCULES

La necesidad de conocer el grado de exaltación que puede mover a los censores, pero también el tratamiento de un asunto medular para la liturgia, aconseja un análisis independiente de la reacción provocada en 1916 por unos apuntes del médico Diego Carbonell sobre la probable epilepsia de Bolívar. La respuesta de célebres académicos y más tarde una catarata de improperios volcada desde numerosos lugares a través de las plumas más disímiles, da cuenta de cómo se protege con truenos la reputación del héroe frente a un tema juzgado como fundamental. La tremolina se inscribe en el marco de los autos de fe ya examinados, pero su peculiaridad sugiere una consideración especial.

Carbonell apenas publica en el semanario *La Revista* un "Cuadro Sintomático del mal comicial en Bolívar", cerca de dos cuartillas de apoyo para un libro en preparación. La lectura del bosquejo provoca una acritud capaz de descalificar de inmediato lo que escribirá más tarde. Para los contrincantes el "Cuadro Sintomático" es el prefacio de la maldad de un texto susceptible de vituperio antes de su aparición. El hecho de condenar lo desconocido nos pone ante un ataque singular, pues en los episodios anteriores actúa la Inquisición sobre casos procesados como pecados de acción cometidos a plenitud. Ahora se trata de perseguir al hereje partiendo de un extravío inexistente que por razones obvias no se puede todavía probar. Bastan unas escuetas líneas, no sólo para pelear contra un demonio sin corporeidad sino también para pedir que el gobierno despida de su empleo como Cónsul General de Venezuela en París al individuo que prepara el pecado mortal[112].

Las líneas lesionan un aspecto vital del culto al héroe. Un ceremonial fundamentado en el cúmulo de cualidades personales del ocupante del sagrario, se siente amenazado en sus bases cuando alguien plantea que el organismo depositario de las prendas no funcionó de acuerdo con los paradigmas de normalidad aceptados por la ciencia médica y por la mentalidad predominante. La imagen del equilibrio físico debe respaldar la exposición de enseñanzas emanadas de su interior. La noción de un desarrollo perfecto de la anatomía y la fisiología es el puente capaz de comunicar una lección sin altibajos ante la cual no cabe reparo. De la perfección nace la perfección, y como ahora se trata de virtudes excelsas han de provenir ellas de una absoluta excelencia interna y exterior. Tal perfección absoluta es como el estuche capaz de guardar un evangelio expresado de forma absolutamente lineal ante cuyas certezas se rinden los acólitos. Si el Dios de la Nación se debe parecer al Dios del Universo no caben las deformaciones, las malformaciones y las disfunciones que pudieran convertirse en señales susceptibles de disminuir la pureza de su magisterio. La maquinaria funciona sin fallas en todos los sentidos. Ni siquiera existe en sus extremidades una debilidad como la que provocó las cavilaciones del dios forzudo de la mitología clásica. Ninguna parte del cuerpo funciona como las partes del cuerpo de los mortales. El semidiós venezolano es la edición corregida de Hércules. De allí la necesidad de excomulgar en la víspera a Diego Carbonell.

Ciertamente el futuro autor desembucha una hipótesis capaz de sacar una epidemia de ronchas. En el par de páginas de su

---

112. María de Lourdes Carbonell, "Introducción" a Diego Carbonell, *Psicopatología de Bolívar*, Caracas, Ediciones de Biblioteca de la Universidad Central de Venezuela, 1965.

"Cuadro sintomático del mal comicial de Bolívar (de un libro en preparación)" ofrece testimonios que pueden probar, según espera, conductas anómalas y terribles estados de exaltación y depresión anímicas en el encumbrado paciente. Copiemos la primera parte del "Cuadro sintomático".

AURAS
- Carta a Juan Jurado: 1814.
- Carta a José F. Blanco: 1817.

DELIRIOS
- Casacoima: 1817.
- Chimborazo.
- Delirio febril en Santa Marta.

VÉRTIGOS
- Acción de los soroches: 1824.

CRISIS DE SUEÑO
- Estado Letárgico en el Chimborazo.

ACTOS IMPULSIVOS
- Actitud en el terremoto de Caracas: 1812.
- Banquete en Angostura.
- Despropósitos al saber la victoria de Ayacucho.

ACTOS VIOLENTOS
- Dictados a Martel.
- Imposición de Lamar: 1826.

CÓLERAS
- Confesión a Urdaneta y observaciones de Perú de Lacroix.

ACTOS DELICTUOSOS
- La Guerra a Muerte: 1813[113].

Ahora veamos la segunda parte:

ESTADO MENTAL y ESTIGMAS EPILÉPTICOS
- Romanticismo, melancolía
y apatía propia de los comiciales.

SICOLEPSIA
- Señálanse intermitencias en el carácter.

1. Todavía es tiempo, amigo, de salvarse... yo temo mucho que *Santafé sufra una catástrofe espantosa...* Simón Bolívar, 8 de diciembre de 1824.
2. El general Piar no ha podido revocar mis órdenes, ni alterar el sistema ya establecido... es prudencia sufrirlo todo, *para que no se nos disloque nuestra miserable máquina.* Bolívar, junio 12 de 1817.
3. El Capitán Martel, al escucharlo en Casacoima, fue a decir a sus compañeros, según Restrepo, que *Bolívar estaba loco...* En aquellas circunstancias sus proposiciones parecían el *sueño de un delirante.* Restrepo.
4. El mismo Bolívar escribió su *Delirio.* En éste sorprenden todos los datos clásicos del fenómeno.
5. El doctor Reverend, médico del Libertador durante la gravedad y agonía de éste, en diciembre de 1830, habla de los *delirios en la noche.*
6. Este país con sus soroches en los páramos, me renueva dichos ataques, cuando los paso al atravesar la Sierra.

---

113. Ibídem, p. XVII.

Bolívar, enero de 1824. Soroche es el *mal de montaña,* con vértigos, etc.

7. Absorto, yerto, por decirlo así, *quedé exánime* largo tiempo... Resuelto, me incorporo, *abro con mis propias manos los pesados párpados,* vuelvo a ser hombre y escribo mi *Delirio.*

8. Bolívar ordena a un monje que se calle, y con vehemencia dice que si fuere necesario se luchará contra la misma naturaleza.

9. Camina sobre los manteles de un banquete y asegura que así se le verá trasladarse del Atlántico al Pacífico.

10. Se dio a bailar solo por el salón dando gritos de ¡Victoria! ¡Victoria! Carlos A Villanueva.

11. ¡Martel es más torpe que nunca!, dicta Bolívar al propio Martel.

12. En febrero de 1826, celébrase en Lima la entrada triunfal de Bolívar. Como alguien dijese al Libertador que él era el único digno de ocupar la Presidencia, Bolívar, *cogiendo por un brazo a general Lamar y sentándolo en la silla que el ocupaba,* dijo: ¡Este es, señores, digno de mandar al Perú! *Restrepo.*

13. ... no tengo quién me escriba, dice a Urdaneta. y yo no sé escribir. Cada instante tengo que buscar nuevos amanuenses y que sufrir con ellos las más *furiosas rabietas...* Perú de Lacroix habla de las cóleras silenciosas de Bolívar.

14. ¡Españoles y Canarios! Contad con la muerte, aun siendo indiferentes. *Bolívar,* 15 de junio de 1813[114].

El conjunto de las proposiciones más adelante probarán la tesis, de acuerdo con la postura de Carbonell. No se requie-

---

114. Ibídem, p. XVIII.

re formación médica ni tampoco pupitre de historiador para realizar una réplica sensata. Se trata simplemente de mirar las piezas y el conjunto del *Cuadro* para medir las posibilidades de su éxito. La misma intrepidez de la hipótesis ponía en los émulos las posibilidades de liquidarla sin salir de su contexto, o de atacarla siguiendo los mismos parámetros relacionados con la medicina y con testimonios inconexos de la Independencia, en el caso de que pudiera la ciencia del siglo XX diagnosticar con precisión los males de los difuntos decimonónicos. Estaban allí las fragilidades propias de una presentación preliminar hecha como retahíla. Pero la propuesta se toma como una provocación, no en balde se mete en terrenos harto movedizos. No olvidemos, por ejemplo, que considera el Decreto de Guerra a Muerte como un acto delictuoso. ¿Delincuente el Libertador? Ni siquiera en un borrador pueden plantearse esas sugerencias en el país que edificó el Panteón Nacional para colocarlo en la habitación principal.

Inicia la batalla Luis Razetti, Secretario Perpetuo de la Academia de Medicina y uno de los catedráticos más renombrados de la Universidad. De un galeno reconocido en su tiempo puede esperarse una reacción según se planteó antes, pero prefiere levantar la lanza tajante del patriotismo. Dice frente a sus colegas de corporación:

> Esto parece indicar que el doctor Carbonell está escribiendo un libro para demostrar que Bolívar fue epiléptico; pero como del cuadro sintomático publicado por el autor y que acabo de leer, como sumario o resumen de su obra, no creo que puede deducirse tan grave y trascendental diagnóstico retrospectivo, el cual vendría a destruir por completo toda la gloria del Libertador, el patriotismo

---

115. Ibíd., p. XXV.

más elemental nos impone a nosotros los médicos venezolanos el deber de demostrar que semejante suposición es arbitraria, antes de que el libro del doctor Carbonell aparezca arrojando una nueva sombra sobre la obra excelsa del Padre de la Patria.[115]

Es evidente que no habla un profesional tras la dilucidación de un negocio relativo a su carrera. Además, parece que no se dirige a unos colegas sentados en los sillones de la Academia de Medicina para atender el negocio de su especialidad. Ciertamente comienza hablando de medicina pero termina con una invitación al patriotismo. El ataque del "diagnóstico retrospectivo" no importa por razones intelectuales sino por una obligación con el pasado histórico. Carbonell quiere exhibir los defectos físicos del héroe para manchar su reputación, asegura sin fundamento Razetti. De ahí la obligación de entender que el libro que escribirá será dañino y de comenzar una cruzada médico-patriótica antes de que circule el engendro.

El censor apenas se detiene en lo que de veras importa, esto es, en la fragilidad del *Cuadro Sintomático*. Prefiere partir de las glorias codificadas para después bajar del Olimpo a pelear con el relapso usando argucias sacerdotales. Veamos cómo:

> No tuvo nunca intermitencias el carácter de Bolívar, quien desde el juramento en el Monte Sacro hasta la apoteosis de Lima, desde la profecía de Casacoima hasta su entrada al Cuzco y desde la campaña de 1813 hasta su muerte, no tuvo sino un pensamiento y un propósito: la libertad de América.
> No pudo ser melancólico y apático Bolívar, uno de los raros superhombres que han pasado por la Tierra marchando siempre sobre las altas cumbres del heroísmo; que atravesó la América como un meteoro luminoso envuelto en los resplandores de la Victoria; que

---

116. Ibíd., p. XXVI.

fue el incansable exterminador de los tiranos, la Luz y la Fuerza de la Revolución, el símbolo de la Libertad, de la justicia y del Derecho. No son los epilépticos melancólicos y apáticos los hombres capaces de llevar a cabo tales empresas [...].[116]

Ahora sólo importan las generalidades de devocionario. Los estereotipos ocupan el lugar de la crítica. Las afirmaciones generales que han servido para la arquitectura del templo se sobreponen a unas ideas con las cuales está en capacidad de experimentar un especialista. No interesan tales ideas sino una reafirmación del añejo sermón establecido. El contenido de las propuestas de Carbonell ni siquiera se examina superficialmente, porque la misión consiste en reiterar la imagen de perfección que prohíbe tratar al semidiós como un enfermo. En realidad sólo se quiere insistir en la custodia de unas cualidades, encomienda que pasa por el trance de condenar un libro que se desconoce. No en balde agrega el Secretario Perpetuo:

> Repito que considero fácil destruir en su germen la argumentación del futuro libro del doctor Carbonell resumida en su Cuadro Sintomático; pero como al mismo tiempo considero de suma gravedad el hecho de que un escritor venezolano que por su talento y su ilustración está muy lejos de ser un desconocido en el mundo de las ciencias y la letras, publique un libro para demostrar que el Libertador de América, el Fundador de Cinco Repúblicas, el Padre de nuestra Patria, la Gloria más pura de nuestra epopeya y el más legítimo orgullo de nuestra raza, no fue un superhombre sino un epiléptico melancólico y apático, es decir, un enajenado, creo que mis deberes de médico y de patriota me imponen acudir a esta Academia, para que sea ella quien, con su autoridad científica y moral, demuestre ante el mundo que Bolívar fue el cerebro más fecundo y mejor equilibrado que ha producido el Continente americano [...].

> ¿Cómo es posible que un venezolano joven suba hasta el Empíreo para separar a Bolívar del lado de César y colocarlo en el Averno al lado de Calígula? ¿Qué sería de nosotros, de nuestra historia, de nuestra epopeya, de nuestras glorias, de nuestra influencia en la libertad del Nuevo Mundo, si llegáramos a demostrar que el director de aquella magna revolución que conmovió todo el Continente, desde Behring hasta Magallanes, había sido la obra de un epiléptico melancólico y apático?[117]

Existe un inexplicable heresiarca atacando a la deidad, en suma. No es otra cosa lo que plantea Razzeti, atribuyendo al autor del "Cuadro Sintomático" unas perversas intenciones que no expresó en la simpleza de un bosquejo y subestimando la perspectiva científica desde la cual pretendía trabajar. Lo único que importa es sacar a Bolívar de su lecho de enfermo, que nadie lo imagine con las señales del Gran Mal, ni actuando por impulsos incontrolables, ni balbuceando frases incomprensibles, ni sumido en los abismos de la melancolía cuando la realidad lo pone a prueba.

Antonio Álamo, de la Academia de la Historia, se une a la cruzada para proponer a sus colegas una acción contundente que no debía esperar la aparición de un texto perjudicial de antemano. Bastaba el bosquejo para descubrir la avalancha infernal del futuro.

> No estamos con aquellos que fundados en que la obra no ha sido publicada tachan de prematura la crítica que se le hace. Pensamos que los que públicamente han desaprobado ejercen un derecho, conocida como es en sus fundamentos y tendencias por el cuadro sintomático que su autor adelantó, y cumplen a la vez un deber de velar así por los fueros de la ciencia y las glorias de la Patria.[118]

---

117. Ibíd., pp. XXVI-XXVII.
118. Ibíd., p. XLIII.

Acaso los valores patrios quedarían en buen recaudo, de acuerdo a como los entiende el ilustrado Álamo, pero seguramente el lector observe cómo recibe aporreos la ciencia que descalifica con excesiva prisa y sin ninguna evidencia el intento de crear nuevos conocimientos hecho por uno de los suyos.

La acusación de los académicos es secundada por cuarenta artículos de opinión aparecidos en Caracas y en ciudades de provincia entre febrero y mayo de 1916[119]. Uno asegura[120] que Carbonell [...] "hiere de la manera más inicua la memoria del Libertador"[121]. Otro hace profesión de fe bolivariana, "religión augusta, adorable y excelsa"[122]. Una señora llamada Luz deplora que se esté frente a la lectura de "notas parricidas"[123]. J. Marcano Villanueva escribe desde Coro para asegurar que el autor sólo busca celebridad[124], una posición que comparte el famoso humorista Job Pim. Dice Job Pim en uno de sus "Pitorreos":

> A mi ver, lo que busca nuestro hombre
> es que suene su nombre;
> pues claro está, si escribe alguna obra
> poniendo a Don Simón en el Parnaso,
> como eso lo sabemos ya de sobra,
> nadie le haría caso.[125]

Quizá en los "Pitorreos" pueda leerse entre líneas y con las cautelas del caso una crítica del culto bolivariano. A lo mejor,

---

119. Ibíd., p. XX.
120. Ibíd., p. LXX.
121. Ibíd., p. XLVI.
122. Ibíd., p. XLVII.
123. Ibíd., p. XLVIII.
124. Ibíd., p. LXX.
125. Ibíd., p. LXXI.

pues sólo en ultramar se analiza entonces con ecuanimidad la situación. En Madrid y a través de la revista *Medicina y libros médicos,* el doctor R. Álvarez Salazar lamenta haberse enterado "de algo insólito y verdaderamente terrible en pleno siglo XX: [...] el Dr. Diego Carbonell fue acusado en plena Academia de Medicina de *¡ateísmo patriótico!,* por un profesor de la Universidad de Caracas"[126]. El médico español se sorprende por el trabajo de los afilados colmillos de uno de sus pares convertido en Savonarola. Pero seguirán sucediendo hechos insólitos con nuestros descreídos, tal vez menos estentóreos y aunque resulte trabajoso descubrir la sangre derramada en el río.

---

126. Ibíd., pp. XLII-XLIII.

LA IGLESIA MILITANTE

La Sociedad Bolivariana de Venezuela se funda el 23 de marzo de 1938 por decreto del presidente Eleazar López Contreras. Estuvo antecedida por pequeñas agrupaciones del siglo XIX y ahora deviene corporación oficial[127]. Para su creación, el gobierno parte de dos razonamientos cuyo propósito implica la resurrección del héroe, también de nuevo oficialmente.

> Considerando:
> Que el pueblo de Venezuela alienta indestructibles sentimientos de gratitud y veneración hacia los Fundadores de la Patria, y cumple al Gobierno Nacional estimular ese culto, mediante la creación y la tutela de instituciones que tengan por objeto expreso el de honrar la memoria de aquellos varones meritísimos, de tal manera que los ideales generosos que ellos sustentaron encuentren forma y correspondencia en la realización de beneficios directos para la república.
>
> Considerando:
> Que el país aguarda una acción social y cultural informada precisamente en el ideario político del Libertador y de los Próceres que

---

127. Eleazar López Contreras, *El triunfo de la verdad. Documentos para la historia venezolana*, México, Edición Genio latino, 1949, p. 309.

lo secundaron en la magna obra emancipadora, porque ese ideario contempla la mayor suma de bienestar para los pueblos; y que propender desde la esfera oficial a la efectividad de aquella acción, es dictado de patriotismo; de acuerdo con lo resuelto en Consejo de Ministros y de conformidad con la atribución 14 del artículo 100 de la Constitución Nacional.

Decreta:

Artículo 1.- Se crea la Sociedad Bolivariana de Venezuela.[128]

Como el pueblo ama a Bolívar y a los próceres de la Independencia, el presidente López Contreras actúa en consecuencia. Como el pueblo entiende que las ideas de esos personajes, relativas a tres décadas del siglo XIX, se deben usar en el país petrolero del siglo XX el gobierno crea la institución capaz de ponerlas en práctica. Algo como lo expuesto por el general Páez y el canónigo Espinosa, pero marchando veloz hacia la aplicación ochenta y ocho años más tarde. Lo que sirve para la comarca arrasada de la guerra de Independencia y de la posguerra funciona en la república de los hidrocarburos. El presidente López Contreras decreta otra vez la existencia de un pensamiento obligante, ilimitado, ubicuo y útil. Deberemos volver sobre el significado de su declaración cuando topemos con los corolarios estrambóticos a los cuales conduce en la conducta colectiva. Ahora trataremos de ver cómo la Sociedad Bolivariana, aprovechándose de un Decreto que no provoca la alarma de nadie, lanza una red sutil para reprimir la creación intelectual y debido a cuyo constreñimiento nos vamos acostumbrando los venezolanos a una inspiración indiscutible pese a su anacronismo.

La red no funciona para escritos como uno del peruano Teodosio Cabada, aparecido en la *Revista de la Sociedad Boli-*

---

128. Ibídem pp. 307-308.

variana en 1959. Es una letanía que conviene ver. Así nos asomaremos a una categoría estrafalaria cuyos adjetivos se reciben como asunto común.

> Prócer Máximo del Continente; Héroe Excelso de la Historia del Mundo. Inteligencia cumbre, Corazón óptimo, Voluntad primera. Epónimo de América. Tu gesta superó al ciclo de Manco-Capac y al Periplo de Colón. Alma de Washington, Genio de Bonaparte, Probidad de San Martín, Osadía de Tupac-Amaru en tu espíritu se aúnan. Semidioses de Homero, Varones de la Biblia, Guerreros del Mahabarata, Héroes de Plutarco, Adalides del Romancero. Paladines de la Epopeya, venerad al Primogénito; Manumisor de tu Raza, Hacedor de Pueblos Libres. Simón Bolívar, Magno Libertador, Tu Gloria no tiene paralelo porque es la única que asciende perpendicular hacia *Dios*.[129]

Textos de esta suerte pasan el filtro para que la feligresía se familiarice con salmodias como las tributadas a la madre de Dios. Nada más parecido a un canto mariano que el *Elogio a Bolívar en cien palabras,* gracias al cual se anuncia la ubicación del héroe a la derecha del Creador. Pero la Sociedad Bolivariana no ataca como los académicos mientras divulga las preces. Prefiere una manera más delicada de promover su fe, según se deduce de *Un llamado al patriotismo venezolano* hecho por el mismo conducto un año más tarde.

> La Sociedad Bolivariana hace un llamamiento a los escritores nacionales de todos los estilos y tendencias para que observen una pauta de reverencia en sus escritos sobre el Libertador, sin perjuicio de la más libre expresión de sus ideas. Está, desde luego, muy bien que se

---

129. Teodosio Cabada, "Elogio a Bolívar en cien palabras", *Revista de la Sociedad Bolivariana*, Caracas, octubre 1959. En: Germán Carrera Damas, *El culto a Bolívar*, p.197.

censure, pero está muy mal la violación de obligados sentimientos para con el autor de nuestra libertad.[130]

Para la apreciación del llamamiento, conviene recordar las penalidades sufridas por Madariaga y Pemán, cuyas plumas no obedecían a ataduras filiales y aún así fueron sometidas al escarnio. Si dos autores españoles reciben venablos envenenados porque hablan desde su aire sobre Bolívar, pueden esperar peores reprimendas los historiadores, ensayistas, cronistas, poetas, compositores de cantos, periodistas, profesores y estudiantes de Venezuela independientemente de su tendencia literaria. Bastaría la memoria de la suerte de Carbonell para poner las barbas en remojo. En Venezuela existe una instancia superior a la libertad de expresión. Están primero la libertad de la patria y los fueros del hombre que la consiguió. Constituyen una norma mayor e inapelable. La Sociedad Bolivariana propone una regla de afecto y respeto a la cual deben atenerse los autores venezolanos. No puede encerrar a los infractores en una ergástula, como en los tiempos del Santo Oficio, pero está sugiriendo la posibilidad de un arrinconamiento capaz de generar consecuencias palpables en la cotidianidad. ¿Cómo verá la gente desde sus solidarios sentimientos a los hijos ingratos, extraños y desobedientes quienes se ponen a escribir como les parece del Padre que nos dio el ser republicano? ¿Cómo los juzgará el gobierno que ha realizado una nueva canonización?

El aspecto medular de este tipo de invitaciones es el tratamiento de la actividad intelectual, en cuanto se coloca bajo la dependencia del culto sin que la Sociedad Bolivariana ni los interesados adviertan la magnitud del fenómeno. La Sociedad piensa que está cumpliendo con su misión y que lo está hacien-

---

130. "Un llamado al patriotismo venezolano", *Revista de la Sociedad Bolivariana*, Caracas, julio, 1960. En: Germán Carrera Damas, *op. cit.*, p. 265.

do bien, desde luego. Los intelectuales y los creadores parecieran no sentirse reprimidos, en la medida en que no reaccionan con el énfasis que se pudiera esperar de unos profesionales dedicados a la producción de conocimientos y a la creación artística. Salvo algunos casos excepcionales que recoge Germán Carrera Damas en *El culto a Bolívar*, en especial algunos novelistas quienes tocan el punto de manera tangencial, la mayoría entiende el llamado como asunto de rutina ante el cual ni siquiera cabe la alternativa de levantar la voz. Mario Briceño Iragorry, un destacado historiador quien más tarde se alarmará por los efectos negativos del culto, entiende al principio cómo: "El bolivarismo societario constituye, junto con una línea de conducta cargada de inflamado patriotismo, una actitud respetable, severa, que da distinción a sus adeptos"[131]. Seguramente sientan lo mismo los autores invitados a la congregación de personas respetables y varoniles del "bolivarismo societario", no en balde continúan trabajando como si tal cosa.

Los escritorios habitualmente útiles para rellenar papeles devienen así sacristías para pensar en el Libertador sin expresar después en público lo pensado en soledad. Los archivos se vuelven claustros en los cuales se dan vueltas sobre la misma clase de materiales. No se animan los usuarios a buscar en los rincones para encontrar sorpresas o para leer de manera diversa las fuentes trajinadas. Quienes se arriesgan a dejar el gremio de los respetables no logran abrir siquiera un agujero en los postigos de la basílica debido a que sus aportes circulan apenas entre las élites ilustradas. Un hermetismo acordado mayoritaria e inconscientemente reduce la divulgación de las contribuciones. La bondad y la maldad de los próceres ya están codificadas. Hay un solo "hombre sideral", un elenco de bienaventurados y una muchedumbre de

---

131. Mario Briceño Iragorry, "El fariseísmo bolivariano y la anti-America". En: Germán Carrera Damas, *op. cit.*, p. 254.

villanos consumiéndose en el averno republicano. También se sabe qué documentos funcionan y cuáles no. Cualquier variante en el libreto se torna obra ciclópea o tiempo perdido. Llegamos entonces a una parálisis merced a la cual se piensa hoy del héroe como se pensó en 1842, por ejemplo, con ligeras variantes, mientras la versión sobre la Independencia sigue pareciéndose a *Venezuela heroica*.

Pero no se busca ahora reprochar a los autores su apocamiento. Simplemente se desea plantear que tampoco ellos son inmunes al llamado del Padre y a la matraca de los oficiantes. Si desde los hogares y las escuelas se les ha formado para monaguillos de una celebración nacional, reaccionan como la gente sencilla sin que pesen en la conducta sus diplomas o su talento. Forman parte de la iglesia militante de San Simón como el vecino sin luces. Quizá no se animen a copiar las letanías del peruano Cabada, pero han escuchado y recitado composiciones parecidas. No han aguado ninguna fiesta patronal ni han expresado alarma por las exageraciones, debido a que forman parte de una república en la cual se hicieron familiares las oraciones promovidas por los gobiernos y por el amor del pueblo. Tal vez jamás leyeran la invitación de la Sociedad Bolivariana, pero casi la siguen al pie de la letra debido a la rutina de vivir entre patrióticos vicarios. Quizá sientan que no nacieron para convertirse en iconoclastas, decisión que nadie estaría en capacidad de censurar si ya sabemos cómo un héroe le hace falta a la sociedad.

Y un héroe siempre es igual. Ha de mantener sin mudanzas la estatura gigantesca hasta la consumación de los siglos. No puede tener defectos ni flaquezas según sucede con todos los héroes del mundo. Nadie puede igualar sus hazañas debido a que la sociedad las considera sobrehumanas, imitando el ejemplo de todas las sociedades del universo frente a los trabajos de sus héroes. Traspasará los confines domésticos y ocupará plazas estelares en otras latitudes como merece su entidad intrínseca. Tendrá los enemigos nacidos de la pequeñez de las criaturas ordinarias pero nadie lo expulsará del Olimpo. Así como la gente lo necesita para una explicación de su natalicio, igualmente debe sufrir su despotismo. La gente debe saber que siempre estará allí para la veneración y que debe participar en sus misterios. El problema surge cuando los párrocos de la posteridad quieren estar a su lado en el tabernáculo. Trasforman la liturgia en el basto manoseo iniciado por Guzmán Blanco que pareciera no acabar jamás.

EL ÁRBOL DEL SEÑOR

Juan Vicente Gómez protagoniza uno de los capítulos más toscos de la parejería. El dictador se muestra convencido de su rol de albacea y heredero de las glorias bolivarianas, hasta el punto de entregarle al culto uno de los fetiches más reconocidos. La conexión resulta abominable debido a los horrores padecidos por la sociedad durante el mandato del nuevo pontífice[132].

El tirano que promueve sepulcrales silencios, tortura, roba y ordena asesinatos sin cuento no vacila en presentarse como continuador y protector de Bolívar mientras el pueblo contempla la asociación en medio del mutismo propio de las tiranías. Quién sabe qué enfermizo límite traspasan las gentes sencillas cuando comienzan a confundir en su sensibilidad la memoria del gran hombre con las obras de un verdugo inhumano. Tal ves se muevan hacia terreno pantanoso. La amalgama alimenta perversiones como la de relacionar el gobierno enfático con el régimen propuesto por el personaje durante la Independencia. O como la vinculación de la prepotencia de los mandatos personales y la trascendencia de los fenómenos militares con su ideario.

Ramón J. Velásquez, uno de los historiadores que ha estudiado con mayor propiedad a Gómez, pone en sus labios la siguiente afirmación:

---

132. Existe abundante bibliografía sobre el régimen de terror impuesto por Gómez entre 1908 y 1935. Ahora sólo se sugiere la consulta de un testimonio elocuente e ineludible: José Rafael Pocaterra, *Memorias de un venezolano de la decadencia*, Caracas-Madrid, Edime 1966. 4 vols.

> Todos [los venezolanos] son hijos de un mismo padre, que es el que da la representación. Sí señor. Así se forma entre todos los hijos una sola familia que ayuda en todos los trabajos y ve en el padre una representación. El padre es como un samán, sí señor. Un samán que da sombra a todos.[133]

De origen campesino y rudimentaria educación, utiliza el símil para mostrar el papel que representa en un país uniformado a la fuerza sin partidos políticos ni voces disidentes. Cree ser el compendio genuino de la nacionalidad merced a la buena marcha de una parentela acogida a una sola representación y a una sola protección de las cuales dependen los premios y los castigos.

Según otro estudioso el dictador agrega unas expresiones complementarias: "Cuando yo estaba en el Táchira –decía minimizándose– nosotros éramos unos samanes pequeños entre tantos samanes grandotes como eran los generales Mendoza, Rolando, Vidal, Riera, Solange, Monagas y otros. Ahora –concluía–, la situación ha cambiado, pues el Samán de Güere soy yo y los samancitos son ellos"[134]. La sombra protectora ha crecido debido a la eliminación de los viejos y pequeños escudos que antes servían de resguardo a la población e impedían la formación de un régimen fuerte, se puede deducir de la declaración. Pero no habla del crecimiento de una protección cualquiera.

Fernando González, un escritor colombiano quien llega a hablar algunas veces con el mandamás, se asombra ante la reverencia de los venezolanos de la época por una planta convertida en monumento. "Este árbol es el Dios de los venezolanos", llega a decir[135]. Se refiere al Samán de Güere, varias veces centena-

---

133. Ramón J. Velásquez, *Confidencias imaginarias de Juan Vicente Gómez*, Caracas, Ediciones Centauro, 1979, pp. 43-44.
134. Luis Cordero Velásquez, *Gómez y las fuerzas vivas*, Caracas, Editorial Doneme, 1971, pp. 66-67.
135. Fernando González, *Mi compadre*, Caracas, Editorial Ateneo de Caracas, 1980, p. 165.

rio, en cuya copa se refugia Bolívar con sus tropas durante las campañas de la Guerra a Muerte. De acuerdo con una antigua leyenda, también encuentra cobijo bajo sus ramas el conquistador Lope de Aguirre, el famoso *Tirano Aguirre*, quien representa a su manera un mensaje libertario frente al rey de España. El dictador ve en el espejo de la "histórica" planta la esencia de su misión, dentro de una concepción expuesta en el siguiente monólogo recogido por el autor:

> Allá en mis montañas, en mi juventud, yo tenía tres deseos muy grandes. El primero era ver a San Mateo y al Samán de Güere, en donde tanto sufrió por nosotros el Libertador y donde acampó con sus ejércitos. El segundo era conocer 'La Puerta', donde fueron siempre los fracasos de las armas republicanas, y el tercero era conocer al general Luciano Mendoza. ¡Imagínese! ¡Luciano Mendoza, el que había derrotado a Páez! [...].
> Pues cuando vine de mi tierra y llegué al Samán de Güere, no pude contener mi tristeza al ver cómo le habían cortado las ramas; tenía machetazos en el tronco... Estaba herido [...].
> Cuando llegué a San Mateo, me senté al frente de la casa de Bolívar, a la orilla del camino, en un barranco, y me puse a pensar: ¿Conque este es San Mateo? ¿Aquí fue donde el Libertador sufrió tanto por nosotros? ¡Cuántas noches terribles pasaría aquí; sus ayudantes creerían que dormía, pero cuantas cosas pensaría él! Conque éste es San Mateo y está cubierto de cenizas. ¡No ven! [...].
> Y al General Luciano Mendoza lo conocí al lado del General Castro [...] quien me lo presentó pues conocía mi gran deseo. Yo oí cuando Mendoza le dijo al general Castro: "Usted nada tiene que temer mientras yo esté a su lado ". ¡No ven! Cuando dijo esa frase lo conocí más.
> Y ahora verá. Después me tocó restaurar y cuidar a San Mateo [...] Me tocó resguardar al Samán de Güere, en donde deposité las armas de Venezuela, porque ya no habrá más guerras; le hice una verja de bayonetas, con los colores nuestros... y me tocó ven-

cer a Luciano Mendoza precisamente en La Puerta, cerrándole la entrada a las revoluciones.[136]

Peculiar breviario de la historia nacional en la cual ocupa el sitio de protector de las reliquias bolivarianas y fundador de la paz, mediante la fábrica de un teatro influido únicamente por los hombres de armas y por las proezas militares. El país guerrero que da testimonio de sus angustias en las ruinas de la casa de los Bolívar y Palacios rememorada como vestigio de una epopeya y no como mansión familiar, en los combates desdichados de La Puerta y en el abandono de una simbólica prenda natural, se levanta de sus cenizas cuando el *Benemérito Rehabilitador* cancela el ciclo en un hecho bélico. Las faenas civiles y cívicas, los aportes intelectuales, la marcha de las instituciones, la vida cotidiana y el esfuerzo de los hombres sencillos no caben en el monólogo. La crónica elemental comienza y termina en batallas sobre las cuales cementa su autoridad el hombre fuerte. De cómo esa autoridad tiene orígenes trasparentes quiere ofrecer una prueba palmaria su enfrentamiento con Luciano Mendoza. Como ha roto la espada que triunfó sobre el adalid de Carabobo, el legendario *Centauro de los llanos,* Gómez es el último protagonista de *Venezuela heroica.*

Quienes no tienen ocasión de escuchar el cuento pueden leer las obras de los intelectuales a cuyo cargo está la justificación del "patriarca fuerte y bueno"[137], o visitar el sitio de Güere marchando por una cómoda carretera que antes era un camino de recuas. El general ha colocado allí unos bancos para que el público se pueda sentar a contemplar el monumento. Ha puesto en lugar destacado el lema de su administración: "Unión, Paz y Trabajo"[138]. La cerca de bayonetas sin filo que rodean el samán

---

136. Ibídem, pp. 169-170.
137. Ver: Elías Pino Iturrieta, *Positivismo y gomecismo*, Caracas, Universidad Central de Venezuela, 1978.
138. Fernando González, *op. cit.*

pintadas con los colores de la bandera nacional, representa el sosiego del pueblo cuyo líder acabó con el caudillismo y con los conflictos civiles. También pretende ser una garantía de que la sociedad seguirá sin padecer el antiguo salto de mata. Es la línea que marca el tránsito del pasado sangriento a la pacificación impuesta por la fuerza. La guerra de Bolívar se perfecciona para bien de Venezuela porque desemboca en la armonía gomecista y en el propio Gómez resumido en un tótem vegetal.

En 1982 ocurre una sigilosa reunión en Güere. Una logia militar encabezada por el teniente coronel Hugo Chávez Frías ha fundado una organización política denominada MBR-200 para hacer la revolución. Los oficiales quieren sellar su compromiso con un juramento solemne. Después de un conmovedor silencio se quitan las cristinas y repiten ante el samán unas palabras pronunciadas por el jovencito Simón Bolívar en Roma:

> Juro delante de Usted. Juro por el Dios de mis padres. Juro por ellos. Juro por mi honor. Juro por mi patria que no daré descanso a mi brazo ni reposo a mi alma hasta ver rotas las cadenas que nos oprimen por voluntad de los corruptos y los poderosos. Tierra y hombres libres. Elección popular. Horror a la oligarquía. Patria o muerte.[139]

Completan el voto del todavía desconocido Simón José Antonio con unos lemas de la historia posterior. Para continuar los parangones bucólicos han barruntado una doctrina denominada "El Árbol de las Tres Raíces". Comienza otra peripecia de hombres de armas conectada con el bolivarianismo sobre la cual se volverá más adelante, no en balde alcanza su propósito de tomar el poder. Antes visitaremos otras procesiones del santo de vestir.

---

139. Ver: Alberto Garrido, *La historia secreta de la revolución bolivariana*, Mérida, Editorial Venezolana C.A., 2000.

LA TÚNICA DE CÉSAR

En el fascículo 206 del *Corriere Diplomatico e Consolare* de Italia, año 1930, L. Franzi escribe sobre la conexión entre Gómez y Bolívar. Una primera impresión sobre el texto puede sugerir vínculos con una diplomacia especializada en engrasar plumarios, pero es eco de una justificación del personalismo moderno que domina la escena. El discurso, más elaborado si se contrasta con el que han podido inspirar los aires rurales de Güere, dice en una de sus partes:

> Si el Todopoderoso concede a los espíritus magnos, que dominan la vida de los pueblos y la guían e iluminan como faros, el privilegio de seguirlos en su devenir, la sombra gloriosa de Simón Bolívar ha de haber tenido en estos días frémitos de alegría al ver en cuáles condiciones de paz laboriosa, de seguridad externa e interna y de prosperidad fecunda, Venezuela, su dilecta patria, ha podido cerrarse unánime y compactamente [...].
> El hombre que sintetiza este periodo feliz de la historia venezolana y que le ha imprimido la huella indeleble y el sentido totalitario de su fuerte e inteligente personalidad, S.E. el Gr. Juan Vicente Gómez, Supremo Mandatario de la República por treinta años y actual Comandante en Jefe de sus Fuerzas Armadas y de la defensa nacional, tuvo en el cabal y arduo transcurrir de su gestión de soldado, político y diplomático, el séptuplo escudo del pensamiento y

las metas bolivarianas: el amor a la patria y una incoercible voluntad de unión, paz y trabajo.[140]

El Libertador debe estar inmensamente satisfecho por la obra de un mandatario del futuro, apunta como otras filípicas conocidas. Ahora sólo toma turno el Benemérito. Sin embargo, contiene la peculiaridad de referir como una excelencia la fortaleza y el "sentido totalitario" del gobernante, y de relacionar expresamente tales cualidades con un actor importante del pasado. La apología de las características y la búsqueda de su origen en la historia forman parte de una vasta campaña, cuyo objeto es el descrédito de los sistemas democráticos y la justificación de las autocracias imperantes en Italia y en otras naciones europeas. El símbolo del designio es la figura de Julio César pero también quienes imitaron su conducta a través del tiempo.

Las referencias a César se vienen repitiendo desde la aparición de su biografía escrita por Carlos Luis Bonaparte en 1864, en la cual se presentan las ejecutorias del aniquilador de la república romana como parte medular de la latinidad[141]. En adelante abundan los comentarios positivos sobre individuos como Carlomagno y Napoleón quienes preparan con su valioso ejemplo, según se propala, el camino de los dictadores del siglo XX. La publicación del *Manifiesto Comunista*, las algaradas de la plebe y la pretendida inconsistencia de los regímenes parlamentarios alimentan la tendencia. Spengler, una voz con vasto auditorio, clama por la desaparición de las débiles políticas de su tiempo a través de la resurrección de "las legiones de César"[142]. Colocados

---

140. L. Franzi, "En paz, en progreso floreciente, Venezuela invoca los auspicios del gran hombre para su luminoso porvenir". *Corriere Diplomatico e Consolare*, Nº 206. En: *Bolívar y Europa, en las crónicas, el pensamiento político y la historiografía*, vol. II, 1992. pp. 587-588.

141. Alberto Filippi, *Sección Italiana. Introducción.* En: *op. cit.*, p. 558.

142. Ibídem. p. 559.

al servicio de Benito Mussolini y del Partido Nacional Fascista, los preludios se vuelven un formulario en el cual termina enredado Simón Bolívar.

El ensayo más denso sobre el cesarismo bolivariano es desarrollado entonces en Italia por Gioacchino Volpe, teórico del fascismo e historiador respetado por sus profundos aportes. En 17 de diciembre de 1930 diserta sobre el personaje frente a Mussolini y ante sus colegas de la Real Academia. Para relacionar a Bolívar con el pan-latinismo se ocupa en primer lugar de ubicarlo entre los discípulos de la cultura clásica.

> No sabemos muy bien en qué cosas fijó más su mirada y sus oídos en Italia. Es probable que se aproximase a Italia con las mismas prevenciones de los extranjeros, en especial de aquellos instruidos en la cultura ilustrada: por ejemplo, poca simpatía tuvo Bolívar desde entonces por Maquiavelo, él lo consideró y condenó –como en general lo hicieron los hombres del siglo XVIII– como consejero de la tiranía y la política fraudulenta. Es probable que en Milán, Venecia, Florencia y Nápoles, le llegase la voz de algunos de aquellos exjacobinos convertidos en patriotas italianos que orientados hacia una concepción liberal y nacional, pedían a Napoleón disposiciones propias e independencia frente a los extranjeros. En Roma se oían voces más altas, surgiendo de las ruinas: las voces de la Roma republicana, que, para el joven entusiasta, hablaban de pueblo, de libertad y grandeza.[143]

Volpe nos habla de un joven involucrado en un ambiente espiritual del cual recibe influencias fundamentales que no asume en su totalidad. La afirmación sirve para presentar a Bolívar como parte del contexto que se viene reivindicando en cuanto

---

143. Gioacchino Volpe, "Discurso de orden de Gioacchino Volpe en la Real Academia de Italia, el 17 de diciembre de 1930". En: *op. cit.*, p. 611.

plataforma de un proyecto político, como parte de la familia, pero también para distanciarlo de las determinaciones del Renacimiento y el liberalismo. La desconfianza frente a Maquiavelo y el conocimiento lejano de los pensadores modernos que pretenden negociar con Napoleón, lo llevan a la fuente cristalina de la cual dice beber el fascismo. Gracias a ese alimento encontrará después la clave para soldar el rompecabezas de una sociedad disgregada.

La orientación que pretende dar a las ideas del héroe lleva a Volpe a proponer un panorama caótico de la sociedad hispanoamericana en el periodo independentista.

> ¡Qué variedad tan grande de estirpes en aquellos países! Españoles y otros europeos, criollos, mestizos, indios, negros. Cuánta inorganicidad sobrevive en aquella vida social constituida por núcleos urbanos pequeños, habitados por llaneros y gauchos de la vasta llanura dominada por las aguas semi salvajes; por grandes propietarios casi señores, y por indios, esclavos y negros. Cuán endeble cohesión, cuánta diversidad de intereses y de tendencias hallamos aun entre los elementos más elevados y afines. Así como existen españoles en pro y en contra del dominio de España, también hay criollos fieles a la corona y otros que piden la independencia [...]. Entre los mismos, divididos por rivalidad y celos, están las ciudades las cuales querían convertirse en repúblicas o capitales de repúblicas, sin contar con el acuerdo de los habitantes de la ciudad y el campo. Hay quien proclama la república, otros la monarquía, están los que quieren el centralismo político-administrativo y los que buscan la autonomía local.[144]

Repite la lectura de los positivistas sobre la existencia de la barbarie necesitada de civilización, pero el aspecto que más

---
144. Ibídem, p. 610.

destaca se refiere a la "inorganicidad", esto es, a la necesidad de una fuerza capaz de liquidar o contener la disgregación rampante. Variedad de razas, recelos lugareños, diversidad de opiniones políticas y ausencia de unanimidad ante el divorcio de España componen el heterogéneo panorama. Por fortuna existe un hombre capaz de juntar las piezas dislocadas.

> Y he aquí a Simón Bolívar, representante de una corriente de opinión que, salvando los principios, o por lo menos, ciertos principios, que se consideraban los aún sagrados, comenzaba sin embargo a reflexionar; parcialmente al comienzo y luego más intensamente sobre los principios mismos y a invocar un gobierno más fuerte, una concentración mayor de los poderes, una organización militar en serio, una disciplina más robusta: esto representa Bolívar.[145]

El historiador pone a Bolívar ante el dilema del sacrificio de los principios liberales –son esos los más sagrados de la época– o la permanencia de la "inorganicidad". Gracias a un entendimiento profundo de la realidad y después de un estudio meditado prefiere la hegemonía salvadora. ¿No se convierte así en seguidor de Julio César y en antecedente de Mussolini?

Pero el entusiasmo llega al clímax cuando toca el tema de la Constitución de Bolivia, manual precursor del cesarismo al cual sirve como teórico. Veamos:

> [...] proclama una república independiente que adopta el nombre de Bolívar, luego Bolivia; él mismo prepara la constitución de la nueva república, con un presidente vitalicio autorizado para designar el vicepresidente como sucesor, con una cámara de censores, para velar por la constitución y los tratados, una cámara de senadores, para los códigos, y una de tribunos para la iniciativa de las leyes.

---

145. Ibídem, p. 611.

¡Reminiscencias clásicas! Con esta constitución, Bolívar persigue el objeto de instaurar y de mantener un mayor poder central y más firme, garantizándole al Estado una autonomía mayor y una mayor personalidad respecto al legislativo, él la anhela y ama como sangre de su sangre, como Síntesis de todas sus ideas políticas, es republicana pero también un poco monárquica.[146]

Volpe está feliz con este documento poblado de censores, senadores y tribunos de estirpe romana cuya función es la custodia de un régimen medio republicano y medio monárquico. Se regocija al ver cómo puede predominar la figura de un líder debido a cuyo mandato vitalicio disminuye la presencia de la legislatura para que el Ejecutivo se encumbre sobre el resto de los poderes y sobre la sociedad toda. Le agrada que el proyecto no sea solamente un designio meditado en la biblioteca, sino también el producto de un deseo surgido de las entrañas de su creador. "Esto representa Bolívar", pudo agregar como antes. La sinonimia establecida entre la autoridad del primer mandatario y el fortalecimiento del personalismo disfrazado de Estado Nacional, en medio de tantas maromas le cae del cielo a los pergaminos de Mussolini.

El propio Mussolini lo agradece a través de un discurso en la inauguración del monumento al héroe. El acto sucede en una explanada frente al Estadio del Partido Nacional Fascista. En *Il Popolo D'Italia* se recoge *La alta palabra del Duce*:

> Honesto héroe, empujado por una energía incontrolable y a veces cruel, semejante a la que animaba a los primeros conquistadores, digna de su propia alcurnia, contribuyó con una obra verdaderamente revolucionaria y creadora, a sentar las bases de la América Latina de hoy en día.

---

146. Ibídem, pp. 614-615.

Con ánimo y valentía de comandante en jefe condujo a sus hombres más allá de cimas inalcanzables: concibió un Estado unitario garantizado por las fuerzas de la nación, libertó las energías dormidas de su raza, no se dejó arrastrar por sectas ni por ideologías abstractas.[147]

El líder de un partido que ha hecho de los hombres de acción un simbolismo inapelable se rinde ante la memoria del caraqueño. El líder de un proyecto en el cual importan más los hechos que el pensamiento celebra a un supuesto antecesor poco interesado en las abstracciones ideológicas. Quizá llegara a imaginarlo estrenando una camisa negra.

La expansión que le atribuimos al *Duce* dejaría de ser caprichosa, si nos detenemos brevemente en España para descubrir cómo un escritor falangista llega a asegurar que Franco hace en su país lo que Bolívar realizó a medias desde América contra el trono. Como el dictador interrumpió el hilo de la monarquía con el propósito de permanecer en el poder hasta su muerte partiendo de elementos de fuerza, Ernesto Giménez Caballero considera que convirtió en realidad "el auténtico pensamiento bolivariano". Para que no existan sorpresas la Constitución de Bolivia socorre al admirador de *El Caudillo*:

> Había que sustituir una monarquía hereditaria –planteó Bolívar– que era la estabilidad, la continuidad y el orden de tres siglos, por un sistema republicano que era lo contrario, lo que el llamó "el Hemisferio de la anarquía". Y para ello sólo cabía un presidente vitalicio (continuador del Rey) con derecho de elegir a su sucesor (continuidad del príncipe) y con el Senado hereditario (transformación de la antigua aristocracia). Y éste fue el gran triunfo político

---

147. "La alta palabra del Duce", *Il Popolo D'Italia*, 22 abril de 1934. En: *op. cit.*, p. 642.

de Franco al encarnar tal pensamiento: presidente o jefe de Estado vitalicio, con un Senado o cortes orgánicas.[148]

Es una lástima que el señor Giménez Caballero no demostrara cómo la Constitución de Bolivia, texto debatido con acritud en América, se estableció en España debido a la misma influencia que garantizaba la estada del *Generalísimo* en el Palacio del Pardo: la gracia de Dios. Hubiera sido la voz sobresaliente de un cortejo que ahora regresa a Venezuela para continuar sus tercerías.

---

148. Ernesto Giménez Caballero, *El parangón entre Bolívar y Franco*. En: *op cit.*, vol III, p. 55.

EL PRESIDENTE MÍSTICO

Sucesor de la dictadura gomecista, el general Eleazar López Contreras accede al poder en 1936 en medio de difíciles enigmas. Después de un secuestro nacional de 27 años en el cual colaboró, no sabe cómo lidiar con una sociedad dispuesta a incorporarse a las novedades de la historia contemporánea. Desconfía de los partidos que comienzan a aparecer después de largos exilios o de una lucha clandestina contra la tiranía. Le aturden los ruidos de las ideologías procedentes del extranjero. Descubre provocaciones en todos los rincones[149], pero cree encontrar el antídoto de sus tribulaciones en Simón Bolívar. Una figura familiar en su personal caso, pues le ha quitado tiempo al cuartel y a la obediencia del *Benemérito* para escribir cinco libros de historia en los cuales aparece como un devoto del personaje y de la Independencia. A través de *Bolívar conductor de tropas*, *Vida militar de Sucre*, *Páginas de historia militar*, *El pensamiento de Bolívar Libertador* y *El Callao histórico*, se ha empeñado en conectar a los lectores con unos protagonistas ejemplares y con la gesta insuperable de la patria. De nuevo acude a esas páginas y a la edificación encontrada en sus actores para ver cómo se las arregla con los desafíos de la administración. Pero acude con fervor inusitado hasta el punto de convertirlas en brújula exclusiva.

---

149. Una constante que el lector captará revisando: Eleazar López Contreras, *El triunfo de la verdad. Documentos para la historia venezolana*, México, Editorial Genio Latino, 1949.

En 1966, cuando publica una justificación de su régimen, dice López Contreras:

> [...] la verdad es que mi gobierno creyó necesario levantar el adormecido culto por nuestro Héroe Máximo, Bolívar, por su Obra de Liberación Continental y por sus principios doctrinarios, para oponerlos a las nuevas doctrinas, llámense nazista, fascista o comunista, que han estado tratando de infiltrarse y dominar todas las actividades humanas, espíritu, mentalidad y conciencia. Aún más, con una doctrina patriótica y nacionalista se podría contener y eliminar las tendencias a que cada grupo triunfante en nuestras contiendas civiles y políticas, volviera con la funesta tradición de imponer una nueva Causa Sectaria con su correspondiente Caudillo y organizador de otro gobierno arbitrario y despótico.
> Acusarme, pues, de bolivarianismo en beneficio de una política personalista o sectaria, es desconocer mis antecedentes de fervor bolivariano y mi probada actuación pública sin arrestos o pretensiones descabelladas de creerme caudillo militar o político.[150]

Quizá no existan elementos para dudar de la sinceridad de la intención. De veras cree el nuevo Presidente en la solución bolivariana. Uno de sus servidores asegura que fue "un místico de Simón Bolívar"[151] y ahora no se trata de desmentir la afirmación. Si no existe en Venezuela la tradición de la convivencia partidista mientras acaba de morir un terrible mandón y mientras llegan alarmantes rumores sobre los fascistas y los bolcheviques, un oficial de la cúpula gomecista que ha querido meterse desde sus luces de autodidacta en los terrenos de la historia, puede pro-

---

150. Eleazar López Contreras, *Gobierno y administración, 1936-1941*, Caracas, Editorial Arte, 1966, p. 14.

151. "La mística bolivariana en América". En: Eleazar López Contreras, *El triunfo de la verdad*, pp. 297-298.

fesar con fe de catecúmeno la religión del Padre que vuelve de la tumba con su faro contra la incertidumbre y con su voz frente a la maldad. Más aún, ha de querer que el resto de la ciudadanía participe en la confesión con el mismo entusiasmo y la estime como un práctico lenitivo. La familiaridad que se empeña en establecer con unas virtudes curativas sobre las cuales se vienen dando toda suerte de avales desde el nacimiento de la república, seguramente alimentará el desarreglo que nos preocupa. ¿No las convierte en parte de la cotidianidad como si indudablemente pudiesen actuar sobre ella en términos benéficos?

La máquina encargada de la terapia es la Sociedad Bolivariana de Venezuela, cuyo origen ya conocemos. Para el cumplimiento de su labor la Sociedad Bolivariana tiene una sede principal en Caracas y sucursales en las capitales de los Estados, en las cabeceras de distritos, municipios, departamentos y parroquias. Cada gobierno regional organiza entonces un comité de promoción en el cual participan los comerciantes, los industriales, los artistas, los letrados y los científicos de la comarca. El Departamento de Relaciones Interiores corre con los gastos a través del Capítulo VII de la partida presupuestaria[152].

El 3 de marzo de 1938 el primer mandatario envía una misiva circular a los Presidentes de los Estados para comunicar sus exhortaciones:

> Una preocupación constante por hacer perdurar en la mente de nuestro pueblo el ideario político del Libertador, nos llevará sin duda alguna a desarrollar por medio de limpias ejecutorias la obra que como un legado inestimable nos encomendara con su certera visión ciudadana quien dio el más alto ejemplo civilista, pues en dicho ideario político se contemplan con clara percepción las previsiones inmediatas de los vitales problemas que confronta nuestra nacionalidad.

---

152. Ibídem, pp. 308-309.

Unificar por medio de la Sociedad Bolivariana de Venezuela todas las fuerzas vivas del país, es procurar estrechar los nexos que nos unen a los venezolanos y es, a la vez, una invitación a deponer viejos rencores y odios lugareños para ir rectamente hacia la conquista de normas constructivas, por las que clama la totalidad de las regiones del país, para su mejoramiento, para la alteza de su dignidad y para el propio prestigio de la República [...].

La Sociedad Bolivariana de Venezuela, como usted habrá podido comprender, tiene fundamentos espirituales, morales y materiales que buscan arraigo y perdurabilidad a través de todo el territorio nacional, alimentados por un culto activo al Libertador y a los Próceres de la Independencia, proyectándose hacia los pueblos hermanos del Continente que tienen con el nuestro una historia común. Y en ese terreno deben responder con los que en su jurisdicción tienen la preocupación patriótica de obtener para el país la armonía, la unificación, la integración y el progreso que se deriva de los pueblos cuando estos procuran seguir el ejemplo de los que constituyen el patrimonio civil y político de la nación.[153]

Parece un llamamiento como los usuales, pero resulta realmente diverso debido a que toma en serio la tarea de poner en marcha un mecanismo oficial para el funcionamiento de la panacea. La reiteración de las cualidades prácticas del pensamiento bolivariano deja de ser retórica, en la medida en que el Presidente de la República pone a cada gobernación como traductora del ideario del héroe en la jurisdicción de su mando. Si cada Presidente de Estado llama a los habitantes más representativos de la región para que busquen las paces y el fomento material siguiendo la cartilla, se mueven las influencias más altas con el objeto de provocar una resurrección cada vez más habitual o para que la gente lo entienda así.

---

153. Ibíd., pp.310-311.

Como el Presidente no se limita a poner en tal movimiento a las gobernaciones sino que también organiza dos Congresos Bolivarianos a escala nacional con delegados de las regiones y miembros del gabinete ministerial, se apuntala el designio hasta extremos jamás imaginados. Un primer Congreso Bolivariano se reúne en agosto de 1938. Otro sucede en julio de 1940. No están allí los notables y los empleados públicos para discutir planes de gobierno sino para ver cómo se aplica el pensamiento del Libertador. De acuerdo con el anfitrión están congregados para:

> [...] desarrollar una campaña de depuración y de enseñanza, para fomentar diariamente el culto a los genitores de la nacionalidad, no sólo en forma reverencial, sino tomando su ejemplo como estímulo para el avance, como deber sagrado de conservar su herencia y acrecentar el tesoro que nos legaron y que nos reclama trabajo, voluntad creadora, realizaciones concretas; a intensificar una acción social y cultural inspirada en el credo político del Libertador; a auspiciar de uno a otro extremo del país, cuanto se dirija al bienestar general; a propiciar movimientos cuyo norte sea la mejora del medio venezolano; la aplicación de remedios a los perentorios problemas que confrontan las clases menesterosas; al estudio, desde el punto de vista práctico, de esa serie de dificultades que entorpecen nuestro progreso moral y material; y, en fin, a servir de fuerza de cooperación al Programa que el Ejecutivo Federal realiza en su afán de cambiar la fisonomía nacional y devolver al país el lustre a que es acreedor por su glorioso pasado. Considero que la Sociedad Bolivariana de Venezuela debe constituir un Poder Moral que, irradiando su acción dentro de su propio seno, abarque también el conglomerado de la nación y, principalmente, los hombres que han de ejercer la dirección de los asuntos públicos; que sea, en fin, guía e instrumento de perfección individual y colectiva.[154]

---

154. Ibíd., pp. 319-320.

Pareciera que la Independencia no ha pasado debido a la proclamación de su contigüidad. Pareciera que su máximo representante no hubiera muerto, si consideramos los constantes llamados a su presencia. El pasado heroico y las urgencias del futuro son una misma cosa, aun en el examen de problemas sujetos a modificación con el transcurrir del tiempo como las penurias de los humildes y los retos de la economía. La administración se reduce a relacionarse con la gesta de los insurgentes de 1810 entendida como razón de la existencia republicana y como otorgante de una herencia susceptible de multiplicación. Éstos ayer y hoy confundidos no desfilan por primera vez frente a nuestros ojos. Sin embargo, jamás se habían mezclado en una cruzada única que el gobierno promueve con insistencia y dinero como si de ella sola dependiera la salvación nacional.

Pero no observamos al caviloso general aumentando el espacio del tabernáculo para colocar su efigie, sino a alguien parecido a un niño que repite con esperanza sus oraciones frente a un Dios de quien se considera dependiente ante las señales de un inminente cataclismo. Actúa con la sinceridad de los hombres de fe rendidos ante la única potencia capaz de salvarles el alma en el borde del precipicio y como laborioso apóstol de La Palabra. Quiere que los discursos patrióticos dejen de ser la letra muerta de las ceremonias viejas para convertirse en recetas para la salud con el sostén del erario. Como se trata de un discurso aceptado desde antiguo por las mayorías y sintonizado con el sentimiento popular, la conducta seguramente cala sin dificultad. Quizá nadie piense entonces que se machaca un despropósito, mucho menos un plan perjudicial, especialmente cuando la mayoría de los venezolanos puede experimentar las vacilaciones del jefe del Estado ante un panorama incierto. En consecuencia, acaso estemos ante el crecimiento de un nexo que ha de tornarse riesgoso por un inadvertido anacronismo que no descubre cómo regresan con las manos vacías quienes le piden peras al olmo, o que les hace sentir cómo la generosa planta efectivamente se las da.

Un atisbo de la posibilidad de tal fenómeno se puede encontrar en el Decreto de 18 de abril de 1938 sobre el Día del Obrero. El presidente López Contreras resuelve que la celebración se realice cada 24 de julio, aniversario del nacimiento de Bolívar. Veamos la parte inicial del documento:

> Considerando:
> Que es norma del Ejecutivo Federal fomentar el culto por el Libertador y Padre de la Patria; y que la clase obrera del país contribuye con su esfuerzo personal al progreso de la Nación y al desenvolvimiento de su economía, y que en ella arraigan firmemente las gloriosas tradiciones que sirven de fundamento a la nacionalidad, ha dictado el siguiente
>
> Decreto:
> Artículo 1.- Se establece el Día del Obrero, y se fija para su celebración el 24 de julio, natalicio del Padre de la Patria.[155]

Más abajo, el texto ordena la entrega de reconocimientos en dinero a los obreros que tengan mayor número de hijos. El premio se inaugura con la distribución de doscientos cincuenta mil bolívares en todo el territorio nacional, con cargo a la Partida de Rentas y Gastos Públicos del Ministerio de Relaciones Interiores[156].

¿Pudo alguno de los beneficiarios imaginar que el dinero salía de la bolsa de Simón Bolívar para celebrar su cumpleaños en el hogar de los proletarios más proletarios del país? Cabe en lo posible dentro de una escena tan íntimamente conectada con

---

155. Ibíd., pp. 326-327
156. Ibíd., p. 327.

el héroe, pues en breve el Presidente de la Unión General de Trabajadores no vacila en manifestar su alegría por la coincidencia de las fechas. Aparte de juntar a sus afiliados con la hazaña de la libertad, con "sus aspiraciones nobles", los aleja de "ideologías y doctrina políticas internacionales"[157]. El *culto activo* puede desembocar en conductas estrafalarias, no en balde relaciona las tradiciones de la Independencia con un segmento de la sociedad que apenas está naciendo. Así como reúne lo que no tiene posibilidad de yunta y provoca un enfrentamiento con aquello que no es necesariamente antípoda –la nacionalidad versus las ideas políticas del extranjero– puede mover la imaginación hasta el extremo de que cualquiera vea al héroe metamorfoseado en benefactor de los pobres distribuyendo un cuarto de millón de los billetes marcados con su nombre.

O puede sospechar que busque sufragios en las elecciones de 1940 para la renovación de las legislaturas estadales y los concejos municipales. El gobierno funda una bandería llamada *Agrupación Cívica Bolivariana* para participar en el acto electoral[158]. Mueve sus fichas mientras cacarea un supuesto mandato procedente de la doctrina del Libertador y termina ganando en todas las circunscripciones. Ahora la utilización del héroe para un propósito de control político es evidente, pero traspasa los confines de la grosería debido a que ocurre entonces un fraude cuya magnitud le concede celebridad. Los testigos más equilibrados de la época y los dirigentes de la oposición denuncian la desfachatada manipulación de la voluntad popular sin que el gobierno pueda ofrecer respuestas convincentes. Simplemente guarda silencio mientras llena con sus acólitos los organismos

---

157. Ibíd., p. 328.

158. Ver: Alfredo Tarre Murzi (Sanín), *López Contreras. De la tiranía a la libertad*, Caracas, Editorial Ateneo de Caracas, 1982; Juan Bautista Fuenmayor, *Historia de la Venezuela política contemporánea*, s/e. 1976, tomo III.

de representatividad. De lo cual se desprende cómo el arcipreste abandona el misticismo para mezclar a su numen en un chanchullo de proporciones descomunales. No sólo en el hecho de usarlo como gran elector dentro de una pugna signada por la deshonestidad sentimos la retorcida presencia de Bolívar en la posteridad, una presencia precursora de mayores anomalías, sino también en la ausencia de alarmas ante el bautismo de un partido oficial que rellena papeletas en el nombre del Padre para terminar pateando las urnas.

EL SACERDOTE PREOCUPADO

Ya topamos antes con Mario Briceño Iragorry pregonando las excelencias del "bolivarismo societario", pero ahora lo veremos en la manifestación de sus prevenciones sobre la escolanía. Hombre público de destacada trayectoria, escritor de obra voluminosa, futuro miembro de la Academia de la Historia y figura próxima a los gobernantes del posgomecismo, ha formado parte de los entusiastas de la religión patriótica. Sin embargo, observa de pronto la alternativa de una primera enfermedad provocada por la excesiva adoración del héroe. No pretende abjurar de la confesión ni que los feligreses abjuren, pero se siente obligado a llamar la atención sobre el primero de sus corolarios perniciosos. Parte de la influencia de las glorias históricas en un presente aferrado excesivamente a su coyunda y no termina separándose de la privanza, pero asoma un primer testimonio de enfermedad vinculado con el culto. Acaso lo que ha visto durante la gestión de su amigo López Contreras lo anime a abocetar la observación de un desarreglo cada vez más presente en la conducta de los coetáneos.

Toca el tema en una conferencia pronunciada en la inauguración del Instituto Libre de Cultura Popular, el 9 de septiembre de 1942. Comienza la disertación insistiendo en la devoción de los venezolanos por el pasado, especialmente por la épica de la Independencia, un vínculo que lo llena de admiración pero que también lo conduce a proclamar el mal que ha producido:

Somos, nadie habrá de negarlo, un pueblo de marcada vocación por la Historia. Más corrientemente vamos hacia la Historia en busca del placer y de la emoción del relato y del prestigio que creemos lucrar con las acciones gloriosas de nuestros antepasados. "Somos de la tierra que dio a Bolívar", es titulo que muchos creen suficiente para presentarse a la consideración del mundo. Más o menos lo mismo de quienes se crean mejores que otros diz que por descender de un Conde o de un Marqués, sin pensar que bien pueden ser ellos unos degenerados sifilíticos o unos pobres diablos víctimas del alcoholismo.

Ese peligro tiene la Historia cuando, como la nuestra, está llena de relatos que lindan con la leyenda. Se siente el calor de la epopeya, se vibra ante los vítores y se llega a creer que con esa gloria pasada basta pare vivir el presente. Que Bolívar sea el más grande personaje de América nadie lo niega, pero de eso a pensar que hoy nosotros podamos conformarnos con tal recuerdo y sentarnos a esperar que se nos tenga, por tan ilustre y límpido abolengo, como el primer pueblo de América, hay una distancia que muchos no comprenden, hay un abismo en que muchos pierden pies y cabeza.

[...] Nosotros hemos desviado el valor de la Historia y hemos llegado a creer posible que se viva de ella sin sumarle nada. Y por eso anda Bolívar metido en todo. Mejor dicho, por eso hemos metido a Bolívar como complemento de todo.[159]

En lugar de resorte para la acción de las generaciones posteriores, la Independencia y Bolívar devienen excusa para la inacción. Los venezolanos de la cuarta década del siglo XX no hacen nada porque todo lo hicieron el Padre y sus contemporáneos en la primera mitad del siglo XIX, hasta el punto de sentir que sólo corresponde después la descuidada administración de un legado

---

159. Mario Briceño Iragorry, "La historia como elemento de creación". En: Germán Carrera Damas, *Historia de la historiografía...*, p. 73.

inagotable. Como no lo ha hecho ninguno de los voceros de la cúpula hasta la fecha, Briceño Iragorry se detiene en un problema de trascendencia relacionado con la historia considerada cual fuente de la vida posterior. De acuerdo con su reproche, la consideración de uno de los protagonistas de esa historia como manadero inagotable de trabajo, riquezas y enseñanzas desemboca en una apatía generalizada que detiene la fábrica del país. El pueblo se ha hecho abúlico de tanto contemplar la epopeya bolivariana porque la considera suficiente para habitar en el paraíso. A nadie escapará cómo el conferencista establece una relación susceptible de provocar alarma, pues atribuye a la basílica una consecuencia perjudicial que afecta la vida entendida como reto sucesivo a través del tiempo. No asegura que Bolívar fomente la inutilidad de sus descendientes republicanos, ciertamente no llega ni quiere llegar a tanto, pero señala que la contemplación de su retablo ha formado una sociedad parasitaria.

Después toca otro punto espinoso: la búsqueda de justificaciones metafísicas para el clientelismo y para la entronización de los personalismos. La mirada hacia la divinidad como explicación de la serie de hombres de presa que ha sofocado la sociabilidad ciudadana destaca en el argumento.

> [...] a nuestro pueblo se ha explicado su misma existencia republicana como si se tratara de revelar un proceso de brujería. Porque no otra cosa que brujos serían los hombres que de la noche a la mañana lograron hacer un pueblo sobre una masa de esclavos, y los otros que, a su debido turno, han "salvado" de sus continuas caídas al País, víctima del 'brujo' anterior. Esta afición a la magia sirvió para levantar los pedestales de los "hombres providenciales" que rigieron en otra hora los destinos de la República y, en consecuencia, para explicar el profundo abismo que existió entre la voluntad de los "brujos" que mandaron el país y la voluntad del pueblo desprovisto de expresión en su vida pública.

A todos se les dijo lo mismo, con sentido hasta ingenuo y con la emoción de quien cumple un deber impretermitible. Recién instalada la dictadura caudillesca de Juan Vicente Gómez, por diciembre de 1914, en una Orden General del Estado Mayor del Ejército se disponía una misa para agradecer al Altísimo (y son palabras de aquel documento) "por haber conservado fuerte y enérgico al hombre providencial que de la más honrosa humildad llegó triunfador a la más alta posición de la República". Ese mismo voto se hizo por Castro y por Crespo y por Guzmán y por Falcón y por Monagas y por Páez, y lo más triste, se hizo también por Boves y por Monteverde. Ha sido el voto del pueblo que mira la Providencia en el brazo del señor de turno, cuando no tiene conciencia de que ese hombre gobierne en nombre suyo. Cree en la función providencial de los hombres que mandan, porque no cree en sí mismo.[160]

Elocuente y curiosa reflexión, en cuanto forma parte de una conferencia dedicada a dilucidar una parte negativa de la relación de los venezolanos con Bolívar, esto es, con un personaje a quien también se ha presentado como un mensajero de la divina providencia.

No parece probable que pretendiera atacar por los flancos la relación proclamada en el caso del grande hombre, pues no duda un momento de sus excepcionales cualidades –es realmente el gran hombre frente a un elenco de simples hombrecitos que acceden al poder más adelante– pero refiere una manipulación que un lector de imaginación despierta pudo relacionar no sólo con su irresponsabilidad personal frente al bien común, sino también con las celestiales impulsiones que habían acompañado la explicación de la peripecia bolivariana.

De veras no es poco lo que dice cuando apenas está terminando el régimen de López Contreras. De allí que sólo se atreva a

---

160. Ibíd., pp. 76-77.

matar el tigre para después tenerle miedo al cuero. Oigamos las siguientes palabras de su conferencia denunciando a los fariseos y a los publicanos de la religión nacional, pero retornando al manantial del superhombre:

> En mi ciudad de Trujillo y en los años de mi niñez [...] aprendí a recitar el corrido infantil del "Real y Medio" en la siguiente forma:
> *Cuando Bolívar murió*
> *real y medio me dejó,*
> *compré una pava,*
> *compré un pavito*
> *y el real y medio*
> *quedó enterito.*
> Yo he encontrado un valor documental muy expresivo a esta variante trujillana del popular corrido [...] Nosotros todos, grandes y chicos, hemos tenido y tenemos la sensación de que Bolívar nos dejó real y medio, con que podemos comprar pavas, pavitos y todo lo que se nos ocurra, en la seguridad, o al menos con la esperanza, de que nos quede siempre "enterito", sin pensar que a ese real y medio debemos agregar algo, algo apenas, para tener el bolívar completo. Debemos sudar un poco para hacer nuestro cívico bolívar; de lo contrario no tendremos sino el real y medio que se va, que se acaba, que no alcanza para empezar a trabajar con éxito en el campo de la dignidad humana. Parece que en realidad muchos se han conformado con el real y medio de la herencia de Bolívar, mientras otros han rebajado al mismo Bolívar a un valor de real y medio para hacer negocios. Real y medio para comprar cualquier cosa. Una pava o una conciencia.[161]

---

161. Ibídem, p.74.

Ahora llega a la intrepidez de denunciar la manipulación de la figura del héroe a quien se mezcla en operaciones deleznables, un paso fundamental para quien viene pretendiendo el descubrimiento de una patología en el experimento de santificación, pero no abandona la sombra capaz de provocar el apocamiento y las triquiñuelas. La historia de Venezuela también arranca ahora en el capital atesorado por Bolívar, y para rectificar la ruta ha de poner a trabajar a sus criaturas en el adecuado fomento de esa primera e ineludible inversión. Es, en el fondo, el mismo tránsito anunciado por Guzmán y López Contreras aunque orientado hacia frutos más dinámicos como resultado de la actitud diversa que pueda originar. O el anuncio de una forma diferente de culto, susceptible de cambiar a los parásitos por gente laboriosa.

Seguramente el apegarse a la sombra del frondoso samán no obedezca sólo a la protección que su corpulencia ofrece, sino también a la idea que tiene sobre el infalible magisterio de los hechos pasados. Para Briceño Iragorry la historia es: "como el libro mayor de los pueblos. Debemos estudiarla para saber lo que estamos obligados a hacer. Del recuento del pasado llegamos a la conclusión de lo que nos falta en la hora presente, porque nunca nos sobra nada sobre lo hecho por nuestros antecesores. Hay que saberlo bien y no olvidarlo: siempre se trata de un balance desfavorable. ¡Y desgraciada la generación que imagine que tiene sus cuentas arregladas con el tiempo! ¡Todos los días aumenta nuestra obligación de servir y de mejorar! Y hecho el balance, sabremos el rumbo que debemos marcar a la línea de nuestro proceso social"[162].

Un entusiasmo desbordante en relación con los efectos pedagógicos de la historia y la propuesta de un nexo excesivamente mecánico entre el pasado y el porvenir, fortalecen la atadura que pretende mudar. Las respuestas frente a las solicitaciones del

---

162. Ibíd., p. 75.

ambiente no dependen de una postura ajustada a los tirones de la actualidad, sino de una búsqueda en los antecedentes de la cual siempre se quedará en deuda, una obligación de continuar el viaje sin dejar de revisar la ruta transitada para no quedar jamás en paz. El servir y el mejorar no son asuntos del pasar cotidiano sino sólo relativamente, debido a que el éxito de la sociedad depende de remachar los eslabones de la cadena de la antigüedad de la cual nadie se desprenderá hasta la consumación de los siglos, especialmente si se trata de un yugo constituido por venerables capítulos de oro. Sólo busca el denunciante un nexo diverso con Bolívar que lo convierta en una herramienta más productiva, en un acicate realmente beneficioso del futuro y en el tratamiento de una ceguera provocada por su propia brillantez. La sociedad del mañana debe observarlo de manera diversa pero sin dejar de tenerlo como guía, sugiere el primer sacerdote inquietado por el aroma del incensario.

LOS TIEMPOS DEL DERRUMBE

PERO LA INQUIETUD NO SE CONFORMA con la consideración de la Independencia y su héroe como pivotes de lo que sucederá. Igualmente subestima cuanto pueda pasar luego en Venezuela. Sabemos que la guerra contra España es susceptible de un análisis orientado a destacar su entidad en relación con los cambios introducidos en el contexto colonial y con las perspectivas de vida diversa que abre. Ya antes se insistió en la importancia de los hechos que conducen a la quiebra del Imperio, pero ahora se debe llamar la atención en torno a la mirada despectiva de los fenómenos posteriores que puede producir. Del parecer exageradamente apologético se llega al desprecio de los pasos dados por la sociedad en adelante, a divulgar la sensación de cómo sobreviene el diluvio después del tránsito del héroe. Se trata de un trabajo de historiadores que no ha de confinarse en sus gabinetes y en el cenáculo de sus discípulos. Puede influir en la imagen de la existencia de un pináculo inaccesible cuya grandeza apenas permite a los sucesores ensayar retos imposibles.

La imagen formada por la historiografía sobre el siglo XIX está saturada de matices oscuros. Las interpretaciones usuales ven un eclipse después de 1830. Para el sentimiento más común las hazañas de los libertadores se malogran cuando desaparece Colombia en medio de un teatro manipulado por personajes menores.

Los grandes manuales machacan sobre el desafortunado cauce que toman las cosas al fundarse el Estado nacional. En cualquier discurso de rutina se buscan en el lapso, desde el gobierno fundacional de José Antonio Páez (1830) hasta la administración del presidente Ignacio Andrade (1899), ejemplos de desatinos y tropelías. La subestimación llega al extremo de excluir el proceso de la Independencia como parte del conjunto. Pese a la vecindad cronológica y a la parentela de los sucesos, en los intentos de periodización se presenta la guerra de emancipación como pieza de un fenómeno diverso[163]. Tal vez no estemos solamente frente a unas apreciaciones profesionales que merecen rebatimiento, sino también ante ópticas capaces de alimentar la frustración que puede desarrollar un pueblo a quien se presenta como incapaz de continuar el plan del Padre arquetípico.

    Los autores que han gozado de mayor acatamiento en el gran público son responsables de la postura. Desde comienzos del siglo XX, la respetabilidad de un elenco de historiadores divulgó un sentimiento de vergüenza ante los episodios ocurridos después de la épica bolivariana. Es el caso de los positivistas, por ejemplo, cuyo largo pontificado debió de influir en el entuerto. Al ocuparse de analizar las raíces próximas con el objeto de justificar un régimen centralizado y autoritario, trazan un lúgubre panorama del pasado inmediato. Venezuela envuelta en guerras y sujeta a desenfrenados apetitos labra su destrucción. La sociedad guerrera se suicida progresivamente mientras las instituciones apenas existen en el papel. Ninguna alternativa de fomento material ni de atención colectiva destaca en un tiempo cuya única salida es la dictadura. De acuerdo con Pedro Manuel Arcaya: "Los principios del legalismo repu-

---

163. Ver, para un tratamiento más pausado del tema: Elías Pino Iturrieta, "El siglo XIX en Venezuela: sugerencias para una nueva interpretación". En: *Cincuenta años de historia en México*, Coordinación de Alicia Hernández Chávez y Manuel Miño Grijalva, México, El Colegio de México, 1991, vol. I, pp. 57-76.

blicano quedaban [durante el periodo] en el piso superior en las regiones superficiales del instinto [...] ocupando el fondo inconsciente, ora las tendencias hereditarias al sometimiento absoluto a un caudillo, ora la necesidad de la actitud tumultuosa de los campamentos, ora algo como vaga nostalgia de la vida libre nómada, por lo cual a la postre en vez de la República soñada debía imponerse la monocracia"[164]. José Gil Fortoul también llama la atención sobre el desarrollo moroso y la inestabilidad como elementos predominantes del periodo: "En tanto que la vida social se iba transformando lentamente por la acción pausada del tiempo y por las comunicaciones más frecuentes con la civilización extranjera, la vida política iba a seguir su curso fatal entre las trabas del personalismo y el huracán de las revoluciones"[165].

Pero no sólo las claves del positivismo desembocan en la descalificación. Los autores de la generación posterior ratifican el penumbroso boceto pese a que, en lugar de escribir como sus antecesores para sustentar a los tiranos, pretenden abrir el camino de la democracia. Es el caso de Augusto Mijares, quien escribe las siguientes líneas:

> El país sólo exhibe su desorden político, un vaivén desesperante entre la tiranía y el despotismo, pobreza, rutina administrativa, la frustración, en suma, de casi todos los propósitos que animaron su emancipación y que debían ser la justificación moral de nuestras repúblicas.[166]

---

164. Pedro Manuel Arcaya, *Estudios de sociología venezolana*, Caracas, Editorial Cecilio Acosta, 1941, p. 60.
165. José Gil Fortoul, *El hombre y la historia*, Caracas, Ministerio de Educación, Colección Obras Completas de José Gil Fortoul, 1954, vol. IV, p. 374.
166. Augusto Mijares, *Lo afirmativo venezolano*, Caracas, Editorial Arte, 1966. p. 60.

Como podemos observar, no se limita a insistir en el decaimiento general sucedido en el proceso sino también a machacar sobre cómo se malogran entonces los ideales de la Independencia. La Independencia no encierra sólo una propuesta susceptible de seguimiento sino que de ella igualmente depende el fundamento moral de lo que haga después la sociedad. La república sin concierto, sin un republicanismo eficiente y sin fomento económico muestra la falencia de su inmoralidad.

Un historiador tan lúcido como Mariano Picón Salas parte de la misma referencia cuando reflexiona en términos negativos sobre la vida intelectual. Llega a afirmar de forma categórica, después de encarecer los paradigmas culturales de la insurgencia:

> Después de Bello y Bolívar no hay mucho que leer en la literatura venezolana del siglo XIX. La literatura, lo que ellos llamaban literatura, se confundía con la pequeña política parroquial, con el discurso de ocasión, con la lección de gramática o la novelita y el cuento irrealmente sensibleros.[167]

Pareciera que hay un afán de descalificación cuya pertinacia sólo se basa en el entusiasmo despertado por las figuras mayores de la Independencia, capaz de conducir a una negación tan enfática que oculta la existencia de medulares faenas del pensamiento, de autores de obra digna de encomio y de relevantes plumas para cuyo descubrimiento sólo basta un examen somero. De la apreciación se desprende la existencia de un desierto espiritual en el cual ni siquiera hay un oasis mientras antes predominó la abundancia paradisíaca.

Arturo Uslar Pietri, una de las plumas más reverenciadas del país, se suma al coro con un juicio lapidario:

---

167. Mariano Picón Salas, "Venezuela: algunas gentes y libros". En: *Venezuela Independiente*, Caracas, Fundación Mendoza, 1962, pp. 10-11.

La guerra civil endémica desarticula y destruye las escasas fuentes de producción a partir de 1831. El campesino miserable se convierte fácilmente en merodeador y en soldado de montonera. El fenómeno del caudillismo político se asienta sobre la base de la pobreza tradicional, del orden feudal y de la inestabilidad económica y social. La única forma de orden era la que podía imponer temporalmente el hombre armado a caballo seguido de su montonera.[168]

Para uno de los introductores del materialismo histórico, Carlos Irazábal, las cosas son idénticas. Maneja la vista usando el prisma del marxismo más acartonado, pero acompaña a sus colegas en la opinión: "Continuó como antes la explotación de la masa rural sin tierra, atada al latifundio y sometida a la opresión y a la explotación semifeudal [...]. Los nuevos detentadores del poder político se valieron de él para extender o construir su base económica y enfrentar el espíritu revolucionario de las grandes masas populares defraudadas"[169].

Un debate historiográfico permitiría demostrar la miopía de estas versiones mínimas, pero ahora sólo corresponde plantear el problema que pueden producir en torno a la estima de la historia que comienza con el Estado nacional. ¿No dejan en las generaciones posteriores el sabor de las obras mal hechas, del fracaso constante, del sumidero en el cual se arroja la república por la incapacidad de sus hijos? En un ensayo ocupado de estudiar las anomalías provocadas por el culto patriotero no se pueden pasar por alto estas penumbrosas lecturas sobre los sucesores de la *Venezuela heroica*, especialmente cuando las han hecho unos intelectuales fundamentales en su tiempo. Debido a su prestigio,

---

168. Arturo Uslar Pietri, *Materiales para la construcción de Venezuela*, Caracas, Ediciones Orinoco, 1959, p. 73.
169. Carlos Irazábal, *Hacia la democracia*, Caracas, Catalá Ediciones, 1974, p. 88.

la mayoría de cuanto escribieron pudo penetrar en el ánimo de amplios sectores.

Cuando se debe trazar un panorama de la época, uno de los manuales de mayor circulación coloca el asunto bajo el título de "La contrarrevolución", acaso la manera más franca y simple de criticar a los actores del periodo por su alejamiento de los insignes antecedentes. J.L. Salcedo Bastardo asegura en su *Historia fundamental de Venezuela:*

> El desarrollo de todos los elementos desorganizadores devuelve a Venezuela hacia un estado lamentable, y su efecto comienza por percibirse en el orden más delicado, el de los principios, donde queda indeleble quién sabe hasta cuándo. Porque la lesión material, el atropello, el despojo económico y el daño físico son poca cosa en comparación con el irrespeto a la ley que se hace habitual, y con la desnaturalización de las altas concepciones políticas que entonces campea. Por mucho tiempo, la paz y el derecho se volatilizan y reducen a simples palabras. La desconfianza cunde, y el recelo, el sarcasmo y el escepticismo dan su tono a la actitud del venezolano sobre los ideales que antes lo guiaron hasta el holocausto. Ruina plural domina a Venezuela en el periodo de la contrarrevolución. Ruina política con la sucesión de autocracias, de variadas formas y estilos, que frustran e imposibilitan cualquiera práctica de regularidad institucional; ruina política, además, por las asoladoras luchas fratricidas. Ruina económica [...] porque las mayorías venezolanas son más pobres que antes: la miseria cébase en ellas [...]. Ruina social: la esclavitud recobra su vigencia y ni siquiera la ley de abolición significa que llegue la igualdad tan pregonada.[170]

Si se sigue la obra en cuestión, el siglo XIX venezolano es tiempo de oscuridad en relación con las conquistas del pasado

---

[170]. J.L. Salcedo Bastardo, *Historia fundamental de Venezuela*, Caracas, Ediciones de la Biblioteca de la Universidad Central de Venezuela, 1970, pp. 395-396.

inmediato. Un pueblo rudimentario sufre los extremos de la explotación. Las instituciones llegan al colmo del menoscabo. El control del poder sólo se dirime en las guerras civiles. No hay espacio para el pensamiento ni para las letras y las artes, mientras sobran lugares para la desesperanza. Ni la lumbre de una vela ilumina el crepúsculo. Ni un solo hombre destaca. No es tiempo de construcción nacional, en suma. Pero no lo es porque inexplicablemente se abandona la brújula de la reciente gesta para que la sociedad se precipite en el barranco de la pérdida de los ideales. De allí que Venezuela corra sin freno hacia las postrimerías coloniales o hacia otros momentos opacos que no se mencionan, en vez de adelantarse en su actualidad y proyectar con sabiduría el mañana. La crítica no depende de las peculiaridades del tramo histórico, sino de su alejamiento del faro.

¿Qué pensará el lector desprevenido sobre los protagonistas de esa historia presentada en términos tan despectivos? ¿Y un lector más preparado para distinguir el grano de la paja? Lo más probable es que terminen lamentándose frente al cortejo de enterradores de la república que han puesto los historiadores en larga marcha, y anhelando la vuelta del hombre más preclaro de todos. Tal vez miren con conmiseración hacia una fila de hombrecitos a quienes se han levantado estatuas inexplicables, hacia una comparsa indigna de la herencia graciosamente depositada en sus manos. Especialmente cuando nadie les ha ofrecido un paseo alrededor de los problemas originados por la Independencia y por su líder, cuya acción no se muestra como parte de una carnicería de gigantescas proporciones, como la desoladora borrasca que realmente fue, sino como una olimpiada más benévola que sangrienta y más civilizada que bárbara de cuyo seno manan los ejemplos, pero jamás las dificultades.

Un juicio hecho en tales términos propone a los venezolanos una patética negación cultural. Pone en sus manos una herramienta cruenta para que ampute una parte de su conciencia nacional, en la medida en que sugiere el encarecimiento de un pedazo del todo mientras invita a arrojar el resto al basurero. Los desperdicios no merecen otro destino, puede pensar cualquiera. ¿Debe la memoria de la nación ceder su precioso espacio a unos sujetos incompetentes que encabezaron el suicidio de la sociedad, y a esa misma sociedad capaz de cambiar a los gigantes por una chusma de pigmeos? La respuesta puede ser un no entusiasta, cuando del trabajo de los próceres apenas se ha ofrecido la crónica más indulgente en relación con lo que de veras fue la guerra. No es aventurado imaginar cómo muchos de nuestros abuelos pudieron pensar de esta guisa partiendo del mensaje de los letrados coetáneos quienes, tal vez sin pensarlo a cabalidad, construían con sus tendenciosas contribuciones el atrio de un adoratorio capaz de terminar en desvarío.

LA CARGA DE LA INIQUIDAD

El Cardenal José Humberto Quintero es una de las voces medulares de la iglesia venezolana. Primer purpurado del país, famoso como orador sobre temas píos y miembro de las Academias de la Historia y de la Lengua, también gozó de prestigio por sus virtudes de pastor y por sus vínculos con los gobernantes del periodo democrático. En consecuencia, su palabra no es un sonido cualquiera para las ovejas. Pero no llega a nuestras páginas por su actividad como religioso en sentido estricto, sino por su utilización del púlpito en el tratamiento de uno de los aspectos más preocupantes del culto bolivariano, capaz de apuntalar las versiones desastradas de la historia que se acaban de examinar. El prelado renueva la noción del pecado original desarrollada por Juan Vicente González en 1842, hasta el punto de presentarla como única explicación de las catástrofes que supuestamente sufre la sociedad en el futuro. Como el nuevo anuncio de la infracción y de sus corolarios se remite a la vida de los laicos partiendo de la influencia de los paramentos episcopales, seguramente ha de pesar en la cuestión que nos ocupa.

En una conferencia leída en el Club Mérida el 18 de diciembre de 1930 con motivo del primer centenario de la muerte del Libertador, el futuro Cardenal renueva la tesis del pecado de sus connacionales cuando habla de las trabas encontradas por el héroe después de realizar su último viaje a Caracas. Su versión de los hechos llega al escandaloso extremo de condenar el imperio de los principios doctrinarios debido a su antagonismo con los planes del héroe.

> A tiempo que el Libertador se ocupa en echar firmes bases de prosperidad para Colombia en uno de sus más importantes departamentos [el departamento de Venezuela], la envidia y las mezquinas rivalidades –que siempre disparan proditoriamente, a distancia– se esmeran en atacarlo desde Bogotá: acaba de dominar el caudillismo en su más alta y temible encarnación, el felino señor de las llanuras [Páez], y entonces insurgen contra el Pacificador los idealistas, los teorizantes, los idólatras del fetichismo constitucional, aquellos mismos que escribieron en lo alto de los arcos de triunfo "¡Viva la Constitución inviolable por diez años!", aquella turba sonámbula y cobarde que se mantuvo oculta y temblando en escondidos retiros mientras Bolívar y los suyos exponían su tranquilidad, sus bienes y sus vidas en la tremenda campaña emancipadora y que, cuando ya no oyó más disparos que los del cañón anunciando tonitruoso la victoria final, salió de su escondite con la necia pretensión de que los héroes, a nombre de la libertad y por respeto a una toga incapaz de proteger hasta la más clara justicia en momentos de peligro, le entregaran la Patria para ella, la turba de cobardes, moldearla a su antojo y convertir en provecho propio la obra de tanto sacrificio.[171]

Refiere una contienda entre un justo y los demonios que terminará por derrumbar la obra de Colombia. Pero mete en la horda luciferina a los defensores de las instituciones vigentes y a quienes pensaban distinto sobre el destino de la república. ¿Acaso no hace una clasificación arbitraria de los protagonistas de la época para pulir la aureola del mártir acosado? ¿La descripción no con-

---

171. José Humberto Quintero, *Ante la tumba de Bolívar,* Mérida, Tipografía El Vigilante, 1930, p. 37.

duce a la exorbitancia de condenar sin remedio a unos hombres que, según se deduce de la conferencia, usaban las armas de las teorías políticas, de las ideas republicanas y de la Constitución de Cúcuta que habían proclamado los padres fundadores?

Pero se harán más sólidos el fundamento de la condena y la raíz de la maldad, debido al dolor que causan en el angelical antagonista. Las consecuencias del martirio son capaces de provocar el llanto, o eso puede pretender el conferencista.

> Es por aquellos días cuando una desalentadora decepción empieza a oprimir con sus fúnebres manos cadavéricas el corazón, todo ideales, del Libertador: ve claramente que cuanto lo rodea conspira en contra de sus magníficos ensueños: en su mente se fija desde entonces una figura trágica que se le presenta como el símbolo perfecto de su propia vida: la figura conmovedora de Sísifo. Las cartas íntimas que en aquel tiempo dirige a sus amigos nos revelan la secreta tortura de aquel espíritu que, con imposibles esfuerzos se empeña en llevar solo sobre sus espaldas, hasta las alturas de la grandeza, la enorme pesadumbre de todo un pueblo y, cuando ya está cerca de la suprema meta, siente que los mismos obligados a ayudarlo lo empujan en sentido contrario, le entorpecen la ardua vía y aún hacen violencia sobre la carga tan preciosa para que ruede de nuevo al abismo de donde acaban de sacarla sus hombros salvadores.[172]

El mal hace que el gran hombre rumie el fracaso en su Monte de los Olivos, como Jesús antes de llegar al Calvario para volverse Cristo. De cómo predomina la inspiración evangélica en la composición sobre la arremetida de los relapsos, da cuenta el siguiente fragmento:

---

172. Ibídem, p. 38.

En su camino hacia el sepulcro, aún le darán alcance dos noticias fatales: la del asesinato de Sucre, que es al propio tiempo el asesinato de la única esperanza de gloria con que podía ya contar la gran Colombia; y la de la infamia que perpetra el Congreso de Venezuela al exigir de la Nueva Granada, como condición previa e indispensable para un muto avenimiento, el destierro del Padre de la Patria. Este dolor es tan profundo que paralizará la lengua y la pluma del Héroe: ante ese grito infando, comparable al rabioso "¡Crucifícale! ¡Crucifícale!" del pueblo deicida, el Libertador —imitando al Divino Maestro— guardará un digno, impresionante, doloroso silencio. Los ingratos y perversos hijos, no satisfechos aún con ver que el padre a quien inicuamente persiguen se marcha ya, dejándoles sus bienes, su heredad y la suntuosa casa paterna por él a fuerza de sacrificios levantada, se empeñan en hacerle trasponer cuanto antes los umbrales a bárbaros y sacrílegos empellones.[173]

Por fin aparece la palabra *deicidio,* aunque referida de manera indirecta a la desaparición física y política de Bolívar. Pero la sinonimia entre el suceso de la crucifixión y la caída del personaje es evidente, porque reprueba la conducta *sacrílega* de los hijos que arrojan al padre del hogar que ha edificado. Son *sacrílegos* quienes atacan o profanan personas, cosas o lugares sagrados, explica el diccionario. El prelado nos coloca frente a una torcida historia, frente a hechos horrorosos cuyos autores han reaccionado contra elementos dignos de veneración por su relación con la divinidad o con fuerzas sobrenaturales. Una torcida historia que apenas está empezando, no en balde hará que los venezolanos paguen en el futuro su malignidad.

El 18 de diciembre de 1980, cuando oficia en la catedral de Caracas los funerales para conmemorar el sesquicentenario de la desaparición del Libertador, el sacerdote elevado al cardenala-

---

173. Ibíd., p. 52.

to termina de elaborar el argumento que adelantó en 1930. Ha transcurrido medio siglo después de su conferencia de Mérida, tiempo suficiente para hablar sin vacilaciones del castigo que Dios nos reservó por el crimen del parricidio. Vale la pena detenerse en una parte de la oración fúnebre. No tiene desperdicio, debido a que ahora relaciona directamente al grande hombre con una determinación metafísica y habla sin ambages del pecado colectivo de los venezolanos.

> Puesta la mano en el pecho, hemos de confesar que Venezuela, al declarar en 1830 al Congreso de la Nueva Granada que no entraría en trato alguno con ella mientras permaneciera en el territorio de Colombia Bolívar, lo que equivalía a exigir su destierro, lamentablemente desconoció en él su carácter de elegido divino. Esa vergonzosa declaración del Congreso Constituyente de Venezuela, que fue acto oficial de la representación de la nación, la recibió el país, cuando aún había libertad de prensa, con un gran silencio, equivalente a una tácita aprobación, y, por tanto, se hizo cómplice de tamaño desafuero. Escribí en una de mis Cartas Pastorales que, entre los atributos divinos está la justicia, la cual premia lo bueno y castiga lo malo. Si para las personas individualmente esos castigos o premios tendrán perfecto cumplimiento al trasponer las puertas del sepulcro, como lo enseñó el Divino Maestro en la parábola del rico Epulón y del pobre Lázaro, en cambio para la naciones esos premios y esos castigos han de realizarse en este mundo, porque para ellas en cuanto tales sólo existe la vida de esta tierra. Y la historia nos testifica, cuando observamos su marcha desde las alturas de la fe, que uno de los medios habituales de la Providencia Divina para penar los delitos colectivos ha sido privar a los pueblos ora de la libertad, ora de la paz.
> La infame proposición del destierro contra el Padre de la Patria, aceptada sin protestas por la nación venezolana, fue –lo repito– un claro desconocimiento de su carácter de elegido divino. Y he aquí

que desde 1830, en que se perpetró tal iniquidad, nuestra historia nacional durante todo el siglo pasado, se puede sintetizar y resumir en asoladoras guerras civiles y en largas tiranías, rotas apenas por brevísimos y precarios periodos de paz. Cerrado felizmente a comienzos de este siglo el ciclo doloroso de las guerras civiles, los años de paz que por fin ha disfrutado Venezuela y las dos décadas largas que lleva de libertad, nos permiten pensar que la bondad divina ha dispuesto poner ya término a la larga y merecida sanción por aquel pecado público de la patria.[174]

Dios envió a Bolívar para redimir a Venezuela pero los venezolanos terminan por desconocer al enviado, según el Cardenal. Por consiguiente, en el principio de la autonomía republicana o cuando se procura su iniciación ocurre el desacato de una ley divina. La empresa de la nación segregada de Colombia tiene el peor de los comienzos, en cuanto el desconocimiento de los designios bolivarianos traduce una insubordinación frente a un mandamiento del Creador. El Creador poco a poco se ocupará de pedir cuentas a los incriminados en la medida en que lleguen ante su presencia después de la muerte. Pero también se ocupará de imponer sanciones genéricas a quienes cometieron en conjunto un pecado público por acción y por omisión. La justicia divina se dirige hacia dos esferas: primero a los individuos por su pravedad específica y luego al pecado que han cometido con la colaboración de sus semejantes o en complicidad con ellos. Como criaturas de su hechura cada uno de los venezolanos tendrá su juicio y su castigo en el más allá, debido a que tienen una responsabilidad particular por sus errores, pero como partes de un conglomerado cuyo itinerario es necesariamente físico e histórico tendrán escarmientos gregarios de la misma naturaleza en

---

174. "La iniquidad cometida contra el Libertador nos ha impuesto una larga sanción divina", *El Universal*, 18 diciembre de 1980, pp. 2-28.

el ámbito al cual pertenecen. Mientras cada sujeto paga su pena cuando le toca en la ultratumba, el conjunto debe pasarla mal en su valle de lágrimas por el atentado de la rebeldía frente al Señor y frente a su heraldo.

En consecuencia, la historia sucedida en Venezuela después de 1830 se transforma en el pago de una penitencia. Nos matamos entre hermanos y sufrimos el cautiverio de las tiranías porque desterramos antes al profeta de la Divina Majestad. De allí los desastres del siglo XIX, la sangre vertida entre hermanos, la sujeción a los dictadores, la debilidad de las instituciones y el predominio de la antirrepública. Un castigo correspondiente a la estatura del yerro y dependiente de una autoridad inapelable e inaccesible, en suma. Tal vez se haya cumplido la severa mortificación entre tantas penalidades. Quizá así lo haya sentido el juez desde su equitativo parecer, debido a que con el advenimiento del siglo XX ha comenzado a florecer la libertad. Pero quizá no convenga hacerse demasiadas ilusiones. Acaso falte el agua lustral de nuevos correctivos. Con estos sermones que establecen una semejanza entre Bolívar y Mahoma, así como explican los procesos posteriores a la Independencia cual episodios menguados de una nación culpable de sus orígenes, Su Eminencia le mete más Biblia y más sotana a la confesión nacional mientras divulga los versículos del cruzado despreciado por sus retoños.

La versión le viene bien a nuestra iglesia militante, pero también a la historiografía que sólo ha observado contingencias deplorables después de la muerte del titán. Desde la montaña de un personaje entendido como depósito de virtudes y como representación celestial negada por los aviesos mortales, no sólo puede descender con mayor énfasis la cascada de denuestos sobre la modernidad venezolana. Igualmente cualquier fantasía relativa a la influencia del grande hombre en la vida posterior, en la rutina de un pueblo que ha de sentir cómo se enterró la linterna de su destino en un sepulcro escarbado por la sevicia de los sepultureros. Cuando saque la luz del execrable cementerio, tal vez ese pueblo no sólo sienta que por fin corrige una malformación congénita sino que, por una fortuna concedida desde el cielo, también concluye un merecido descamino.

LA BENDICIÓN DE LA CORONA

POR SI FUERA POCA LA ASISTENCIA del Cardenal, llega desde España una contundente ratificación en torno a la manera de entender el tránsito del personaje y las peripecias de la historia nacional. Después de los episodios que se describirán, seguramente se puedan explayar aún más las explicaciones estrambóticas de los letrados, la negación de una parte fundamental de pasado, que hemos visto, y los pareceres del pueblo sobre la obra bolivariana que se conocerán más adelante.

El 24 de julio de 1983, el Rey de España llega acompañado de su reina al Panteón Nacional de Caracas para colocar una ofrenda ante el sarcófago del Padre de la Patria. Mientras el monarca se inclina para acercar una corona de flores naturales frente a la tumba, observan los presidentes de Bolivia, Hernán Siles Suazo; de Colombia, Belisario Betancur; del Ecuador, Eduardo Larrea; del Perú, Fernando Belaúnde Terry y de Panamá, Ricardo de la Espriella. También el mandatario anfitrión, Luis Herrera Campíns rodeado de sus ministros, y el Secretario General de las Naciones Unidas, Javier Pérez de Cuéllar. Como se conmemora el bicentenario del nacimiento del gran hombre, el gobierno venezolano ha pensado en el Borbón para que las ceremonias lleguen al cénit de la esplendidez.

Sin salir del estilo guzmancista, el presidente Herrera Campíns ha querido rodear el acto con un conjunto de inauguraciones: las primeras etapas del Metro de Caracas, el ferrocarril Acarigua-Yaritagua, el ferrocarril Turén-Acarigua, el majestuoso Teatro Teresa Carreño, el Teatro Metropolitano de Mérida, el Foro Libertador que albergará la Biblioteca Nacional, el Museo de Artes de la Rinconada, el edificio del Ateneo de Caracas, la Escuela de Artes Plásticas de Maracay, el Jardín Botánico de Maracaibo, instalaciones deportivas, iglesias, cuarteles, aeropuertos, archivos, campos deportivos, nuevas Plazas Bolívar... Ciento dieciséis obras se anotan en el Decreto 1.778 que inicia la efemérides del Año Bicentenario[175]. Una vitrina parecida a la que levantó el *Regenerador* en 1883 y en la misma sociedad de entonces con el homenajeado, pero con el aditamento de la real presencia. Desde el punto de vista simbólico, el sacerdote de turno supera la escala de las fiestas ordenadas por el promotor del culto cien años antes. Ahora se postra ante el semidiós un descendiente de Fernando VII.

Juan Carlos I no sólo inicia la ceremonia de los exvotos en el Panteón Nacional, sino que también recibe el Premio Internacional "Simón Bolívar" que se entrega por primera vez. El certamen se realiza con la colaboración de la Unesco y se decide mediante selección de un jurado internacional que también distingue al gran líder surafricano Nelson Mandela. Los dos, según los jueces, "por su vida y por su acción representan perfectamente el sentido profundo del mensaje de Simón Bolívar"[176]. Seguramente sea como apunta el jurado en una decisión alejada del rebatimiento debido a las cualidades públicas del rey y del denodado luchador, que saltan a la vista. A nuestro asunto sólo interesan la presencia y las palabras del primero de los galardonados por el peso que pudieran tener en la evolución del frenesí bolivariano.

---

175. *Decreto Numero 1.778, 31 de diciembre de 1982.* En: *Acción al futuro. El Bicentenario de Simón Bolívar, 1783-1983. Memoria*, Caracas, Comité Ejecutivo del Bicentenario. Impresos Cromotip, 1995. pp. 143-149.

176. *Primera entrega del Premio Internacional "Simón Bolívar", el 24 de julio de 1983.* En: *op., cit.*, p. 46.

El rey inicia el encomio por el camino trillado de la hispanidad, aunque referida a hechos cotidianos sin tocar el aspecto de la epopeya:

> Todo español que viene a América —dije en una ocasión para mí memorable— siente que en ella encuentra sus raíces. Todo español, por ello, tiende a reconocer, en los grandes hombres que la representan, el espíritu de la estirpe. Un espíritu basado, más que en identidades o diferencias de raza, en tareas comunes y siglos de convivencia. Simón Bolívar es, para nosotros, ante todo, la figura que resume con carácter egregio lo más positivo de aquello forjadores de nuestra historia común.
> No es difícil descubrir la solidaridad con aquella historia: la conciencia americana y española presente en los grandes movimientos de emancipación. Muy vivamente lo expresan en 1811 los firmantes del Acta solemne de Independencia de la Confederación Americana de Venezuela, al señalar, como uno de sus fundamentos, los agravios causados "a todos los descendientes de los descubridores, conquistadores y pobladores de estos países, hechos de peor condición por la misma razón que debía favorecerlos".[177]

La rutina compartida por el conquistador y el conquistado forma una conciencia común que se encarna en figuras como Simón Bolívar, dice el monarca sin recurrir a las hazañas bélicas que trajina la prensa peninsular del siglo XIX. La ascendencia de tal rutina muestra su profundidad en el hecho de convertirse en motivo para la declaración de Independencia, un documento suscrito por una parte de la conciencia común debido a los agravios producidos por un fragmento de esa misma conciencia que no ha tratado a los agraviados como debía, esto es, como pan de

---

177. *Discurso del Rey de España, Juan Carlos I de Borbón, con ocasión de recibir el Premio 'Simón Bolívar' de la UNESCO*, 1983. En: *op. cit.*, pp. 259-260.

la misma levadura. Por eso se convierten en unos comprensibles insurgentes quienes, en lugar de promover una fractura de la conciencia originaria, en lugar de cortar las raíces, protagonizan un litigio familiar.

Pero la hispanidad no es un sentimiento muerto, ni una inspiración que viene de un tiempo remoto para convocar a los hombres del siglo XX. Es una realidad representada por la dinastía que habla a través de una de sus representaciones contemporáneas como antes lo hizo mediante la Constitución de Cádiz y las Cortes de 1812, obra de peninsulares e hispanoamericanos susceptible de vivificar "hoy todavía con su savia la Constitución Española de 1978"[178]. Lo mismo sucede con el Padre de la Patria venezolana, de acuerdo con Juan Carlos I:

> Tampoco Bolívar es historia pasada. Un examen de conciencia colectivo nos obliga a descifrar el mensaje permanente para el futuro, que su vida, tan breve, y su obra, altísima e inacabada, ofrece a los hombres de hoy. La extraordinaria originalidad del pensamiento bolivariano, y en la que posiblemente radica el secreto de su fuerza movilizadora, es la conjugación del espíritu de libertad y de la idea nacional, incipiente todavía en Europa e inexpresada en el continente americano. Un paso más, en el que se combinan su intuición y su realismo, a pesar de la apariencia utópica del proyecto, lo lleva a la concepción de la patria grande.[179]

No es sorpresiva la idea sobre el trabajo pendiente del héroe. A estas alturas ya debemos de estar habituados a ella. Tampoco la reiteración en torno a la potencia de un pensamiento capaz de traspasar las barreras del calendario para imponerse debido a su originalidad y a unos resortes libertarios que se acoplan

---

178. Ídem.
179. Ídem.

a necesidades nacionales, continentales y aún universales de la posteridad. Son estereotipos presentes desde la inauguración del culto. La novedad depende ahora de la persona que machaca los portentos. Seguramente el orador premiado busque renovar la unión de la metrópoli desaparecida con las colonias transformadas en repúblicas, operación que conduce a dinamizar el papel de la monarquía en la sociedad contemporánea y a afincar los nexos económicos entre las partes de una antigua comunidad, lo cual resulta perfectamente adecuado en términos políticos y diplomáticos. Seguramente la referencia a Bolívar pueda ubicarse dentro del marco de tal operación, así como a las necesidades del acto en el cual participa, pero arrima la sardina para la brasa de la desabrochada apoteosis que viene distorsionando la vida de los venezolanos.

Porque lo que interesa, en el fondo, es un suceso cardinal: la cabeza del gobierno contra el cual se levantó el héroe termina repitiendo las rogativas de los capellanes corrientes. El pueblo sólo sabe que apareció un profeta llamado a derrumbar cadenas y que esas cadenas venían de Madrid. El entendimiento popular ha visto la Guerra de Independencia como una pelea entre beatos y villanos. Para los individuos sencillos y aún para los más cultivados, el Libertador acabó un cautiverio y anunció un mundo mejor. A los colegiales se les ha enseñado, sin mayores explicaciones, que de la oscuridad hispánica brotó la luz americana por la obra de un hombre sideral. Que el Rey de España venga con el mismo cuento no es asunto trivial, aunque no esté repitiendo a pie juntillas la cartilla manida del patriotismo. El asunto es que el Rey de España está en el pie del féretro con una ofrenda floral y con unas palabras de homenaje. El hecho se puede ver como la capitulación de la penumbra ante la luz, se puede imaginar como el triunfo de la democracia sobre una tiranía histórica, como el átomo de legitimidad que faltaba a la leyenda para seguir volando hacia cualquier paisaje.

EL TAUMATURGO DEL PUEBLO

AGUIJONEADAS POR LOS DISCURSOS OFICIALES, pero seguramente remontándose a las búsquedas de salvación intentadas cuando apenas se estrena la autonomía de la república, las gentes del pueblo interpretan a su manera la obra de Bolívar para concederle como los letrados y los políticos desde su interés y su vanidad, unas eficacias peculiares y una íntima cercanía. La profusión y la continuidad del culto impulsado por los dirigentes de la sociedad permiten pensar en cómo los contenidos del evangelio descienden sin dificultad hasta penetrar en lo profundo del ánimo de las masas. Las tempranas conductas de los provincianos que se conectan con los portentos del Mesías consagrado en las guerras recién terminadas, igualmente facilitan la observación de un ceremonial que marcha con su propia autonomía o sintonizado con problemas cuya solución no preocupa a los oficiantes más encumbrados, o que apenas atienden de manera tangencial.

Acaso los catecismos oficiales estén presentes en muchas de las elaboraciones que desarrolla la memoria popular en torno al héroe y sobre la historia patria en general, pero las afirmaciones de la gente sencilla sobre los sucesos anteriores proviene de las ansias insatisfechas, de las frustraciones y las urgencias experimentadas desde un costado de la sociedad en el cual no ha estado presente la abundancia, ni la educación formal, ni la seguridad personal, ni la justicia social. La miseria, la violencia, el analfabetismo y la inequidad desembocan en un mito redentor que se dramatiza en la medida en que los hijos del pueblo sienten la desatención de los líderes, en la medida en que una desbordante situación de orfandad los invita a depender de un tutor antiguo cuyo aliento concederá lo que les niega el presente y lo que les ha escamoteado el pasado próximo. De allí la aparición de una liturgia superpuesta a los fenómenos de la realidad de antaño a través de tradiciones pueblerinas, cuentos de barrio e historias orales de la ciudad y el campo de las cuales sale fortalecida la herramienta de un héroe entrañable que han secuestrado los señorones pero que se mantiene en estrecho contacto con los necesitados.

Una apropiación de tal naturaleza no es exclusiva del pueblo venezolano, desde luego. Abundan los análisis sobre manejos semejantes en todas las latitudes, entendidos como parte de las versiones que usualmente hacen los desposeídos sobre la historia y sus protagonistas para llegar a conclusiones que se alejan de las exégesis oficiales o las contradicen[180]. La apropiación importa ahora debido a la participación del héroe en los problemas cotidianos, fenómeno que le concede una presencia excesivamente habitual en el pasar de todos los días, que hace de su vuelta a la vida un acto milagroso por su servicial inminencia, que permite asegurar cómo jamás murió debido a su genuina vocación de atender los entuertos del pueblo irredento. Ahora no es un personaje de actualidad por un dictamen de la retórica sino porque la gente siente de veras que la auxilia en medio de un elenco de sanadores, chamanes, sacerdotisas, médiums, espíritus, amuletos y fetiches que ocupan el lugar de la medicina y del confesionario, del policía y del abogado, del gobierno y las asociaciones filantrópicas.

Un poder artificialmente redivivo que se asienta en el porvenir como asunto sólito para remediar carencias, o para que la gente acepte la garantía de que puede remediarlas según el estilo

---

180. Ver: Mircea Eliade, *Mito y realidad*, Barcelona, Editorial Labor, 1981; Joseph Cambell, *The Hero with a Thousands Faces*, Princenton, Princenton University Press, 1973.

de los santos del catolicismo o como se aspira de los talismanes de los ritos africanos, por ejemplo, provoca un tránsito excesivo de lo secular a lo sagrado que puede desembocar en una grosera manipulación, esto es, en la alternativa de que un designio político aproveche la resurrección del taumaturgo o la haga coincidir con la resurrección promovida por un demagogo para llegar al poder y para mantenerse en su pico a costa de la aparición de conductas sobre cuya patología difícilmente se puede dudar. Quizá de tal relación de los ritos populares con un plan de control de la sociedad sobre el cual se volverá en páginas posteriores broten numerosas actitudes anacrónicas y anómalas. Pero antes de observar las evidencias más destacables de tal conjunción, haremos una correría por el paisaje del bolivarianismo arrabalero partiendo de los aportes de una solvente investigadora de la conciencia popular en Venezuela[181].

De acuerdo con sus rastreos, una tradición campesina cambia los datos del nacimiento del héroe con el propósito de relacionar sus orígenes con la parte más humilde de la colectividad. Una leyenda ampliamente divulgada hace nacer al niño Simón José Antonio en Capaya, o en otras localidades de Barlovento habitadas por amplios contingentes de esclavitudes durante la Colonia. Para algunos informantes nació de vientre esclavo y fue entregado después por don Juan Vicente Bolívar a su esposa, una aristocrática dama que lo presentó ante las autoridades como hijo legítimo. Otros llegan a decir que doña María Concepción Palacios, la madre del vástago que se convertiría en Libertador, era una negra casada con el heredero de la familia más opulenta de entonces. De allí las inclinaciones revolucionarias del personaje.

---

181. Yolanda Salas de Lecuna, *Bolívar y la historia en la conciencia popular*, Caracas, Instituto de Altos Estudios de América Latina de la Universidad Simón Bolívar, 1987. No sólo la consulta del libro sino también conversaciones con su autora sobre el bolivarianismo fomentado por el presidente Hugo Chávez, han aportado luces al presente ensayo.

Por eso es que él [....] siendo hijo de un español, él nunca estuvo de acuerdo con los españoles por la forma en que ellos actuaban. Y él se rebeló contra ellos porque era un hombre honesto y humilde y no aceptaba la forma como los españoles trataban a los esclavos. La mamá de él era negra. Bolívar es mestizo por eso. Doña Concepción Palacios y Blanco es el origen de Bolívar, él es Bolívar porque él es adoptado, le regalaron el apellido.[182]

El mestizaje convierte a Bolívar en paladín de los explotados. Ahora es una criatura que la aristocracia le roba al pueblo y el pueblo rescata. Al quitarle los pergaminos a su cuna la voz popular lo lleva a compenetrarse con las tribulaciones de los siervos y a hacer la guerra para su beneficio. En algunas barriadas de Caracas se modifica la versión debido a que se habla de una ascendencia indígena de contenido espiritual. Para los oficiantes del culto a la reina María Lionza, deidad de las montañas con altares en todo el país y con multitud de infelices procurando salud y buena vida, es la reencarnación de un bravo indígena quien luchó hasta la muerte contra el conquistador Diego de Losada: el cacique Guaicaipuro[183]. Gracias a la reencarnación adquiere poderes sobrenaturales o se relaciona con ellos.

> Yankai fue el primero. El generador de todas las tribus, de donde nació Guaicaipuro [...]. El primero que empezó a combatir a los españoles fue el indio Guaicaipuro. La segunda encarnación es Bolívar, que fue el que prácticamente combatió contra todos los españoles [...]. O sea, lo que hizo Guaicaipuro lo terminó Bolívar [...].
> Ahora, hay muchas cosas de Bolívar que todavía no se han descubierto [...]. Por ejemplo la sabiduría de él [...] los pensamientos de Bolívar. O sea que Bolívar tenía por sí solo pensamientos propios,

---
182. Citado por Yolanda Salas, *op. cit.*, p. 46.
183. Ibídem, pp. 47-48.

pero había espíritus de guía, descendientes. Entre ésos tenemos el pensamiento del Chimborazo, que fue en el Ecuador, creo que en el año 1883; que fue uno de sus pensamientos grandes. Bolívar en toda, toda su trayectoria, en todas sus vinculaciones, en todo, en todo, él tenía guías, empezando por la Santísima Trinidad, que era su espíritu de guía, su descendencia, su todo [...]. Tenía espíritus que lo llenaban de privilegios, que todo le salta bien, porque en realidad él tenía quien lo guiaba. Tenía un sol notable. En el pensamiento del Chimborazo se le presentó la imagen de Dios, el pensamiento propio le dio el pensamiento [...] él tenía sus vinculaciones porque todo lo que iba a hacer lo consultaba mentalmente, pero tenía quien lo guiaba en sus pensamientos cuando él oraba solo, cuando él pensaba solo, cuando él por ejemplo meditaba. Y así como meditó Cristo en la montaña, bueno, él también tenía sus meditaciones aparte [...]. Lo que él pensaba venía porque era un mandato, no de aquí sino de la... El conocía lo que podría suceder. El tenía una iluminación mental muy grande.[184]

La explicación no lo transforma en un ente metafísico pero establece una ligadura con poderes sobrehumanos. Las cualidades intrínsecas se profundizan debido a la ayuda de Dios y al auxilio de unos resortes misteriosos, cuyo origen se remonta a los tiempos de una entidad llamada Yankai que insufló en los indígenas la intrepidez para enfrentar al conquistador. La evolución social retrocede al periodo prehispánico para encontrar la raíz de una historia y de una gesta susceptibles de prolongarse en el tiempo. En uno de sus pasajes la descripción se anima a comparar las reflexiones del héroe con las meditaciones de Cristo sin atreverse a establecer una cabal identidad, pero no deja de soltar una analogía debido a la cual puede el superhombre ubicarse cómodamente en los altares plebeyos o puede después

---

184. Ibídem, p. 50.

escribir un poeta popular estrofas más decididas. No es un Dios como el Cristo, pero está dotado por este mundo y por el otro para realizar obras grandiosas debido a su nexo con jerarquías misteriosas e inveteradas.

De allí que numerosos voceros lo presenten como el escogido de la Providencia para vivir en una faena de Independencia permanente de los pueblos. Según testimonios recopilados por Yolanda Salas en barriadas de Caracas y en la región de Barlovento:

> Era un predestinado de Dios. Jamás pudieron matarlo, algo lo salvaba cuando era muerto. Todo lo que decía resultaba exacto. Bolívar vino a esta tierra para proteger a la humanidad. Para mí, Bolívar fue como una cosa que Dios mandó para darme la libertad de los españoles, porque éramos esclavos de ellos. Él no era una persona de carne humana como uno. Nunca manchó su espada ni mató al otro; eso sería bendición de Dios que mandó eso.[185]

No es Dios, pero forma parte de un proceso de deificación debido a que es la encarnación de un mandato de la potestad celestial. El plan político del personaje se magnifica debido a la actuación de un designio sobrenatural que lo purifica y diviniza. Existe una luz personal pero también una iluminación que lo puede exaltar hasta la omnipotencia y la vida eterna.

Una vieja maestra de la población negra de Tacarigua de Mamporal recitó ante el busto del Libertador el siguiente poema titulado "Bolívar y Cristo", según lo aprendió de memoria en la infancia por mandato de sus mayores:

> Ambos tuvieron su ideal fecundo
> llenos de abnegación y de bondad,
> Cristo al darle su doctrina al mundo

---

185. Ibíd., p. 67.

y Bolívar al darnos libertad.
Cristo sufrió el látigo iracundo
de la inhumana humanidad
y Bolívar sufrió en lo profundo
de la flecha la envidia y la maldad.
Anhelo de los pueblos eran ellos,
son dos astros de vívidos destellos.
A Cristo lo engrandece su doctrina
Y a Bolívar la aureola de su bandera.[186]

¿Cuántas estrofas parecidas no han sonado frente a sus monumentos? El parangón se realiza entre dos figuras en cuya misión no se advierten diferencias. Sólo en el carácter universal de la doctrina de Jesús apunta el anónimo juglar algo capaz de mantener distancias entre los protagonistas de los versos. Idénticos por sus virtudes, sus sacrificios y sus conexiones con el pueblo, forman parte de una misma adoración y pueden, por consiguiente, reunirse sin embarazo en la misma ara.

El culto de María Lionza, ampliamente establecido en Venezuela, consiste en la búsqueda de salud, amor y recursos materiales ante una deidad femenina de las montañas a quien acompaña un conjunto de auxilios llamados "Cortes" que sirven de puente para la obtención de múltiples favores. Relacionado con el catolicismo o sin seria contradicción con sus formas, varía constantemente sin dejar de contar con adeptos. Entre las cortes más socorridas que acompañan a "La Reina" está la Corte Libertadora, al lado de otras como la Corte Celestial, la Corte Indígena, la Corte Africana y la Corte Vikinga. Bolívar está a la cabeza de la Corte Libertadora junto con famosos guerreros de la Independencia. Es uno de los elencos más combativos de la confesión, debido a que no sólo cuenta con a inspiración de la Santísima Trinidad

---

186. Ibíd., p. 69.

sino también de la propia María Lionza, del cacique Guaicaipuro y de un mágico soldado llamado El Negro Felipe. Sus presencias son solicitadas a menudo debido a que la fuerza de los integrantes puede realizar verdaderos portentos[187].

Pero Bolívar no desciende para remendar romances o para anticipar los premios de la lotería, sino para trasmitir mensajes atinentes al destino de la sociedad toda o para ocuparse de favores especiales en torno a situaciones injustas. Es el heraldo cargado de sugerencias para sentar los cimientos de un mundo mejor cuya factura sigue pendiente desde la Independencia y en el cual tendrán cobijo los hombres que en su desazón invocan la iluminación de su Corte. Uno de los chamanes habla así del papel del Libertador en el culto:

> Él es un espíritu muy elevado. Con cierta elevación, con su tono propio, él comanda la Corte Libertadora de Nuestra Patria, o sea Venezuela, la Corte Libertadora Colombiana, la Corte Libertadora del Ecuador, la Corte Libertadora del Perú, bueno, en fin, las tantas naciones que él liberó. O sea, él manda todavía, él tiene ese símbolo y ese poder todavía. Por ejemplo, los militares que vienen a este mundo vienen por él, porque son las personas que van a superar el mundo. Prácticamente, cuando él baja en una materia es para predecir lo que puede pasar en el futuro, para aconsejar. Aquí vienen ciertos militares a preguntar lo que puede suceder, en qué nos pueda ayudar con un pensamiento de él, que vale para mucho. Bolívar es antipolítico. Prácticamente, él está en contra de la política, porque para él la política no vale. Su pensamiento fue que el pobre tuviera. A la vista está que todas sus cosas las dejó, él murió pobre [...]. Cuando él baja, dice:

---

187. Ibíd., pp. 95-96. Para un examen más detenido del culto a María Lionza: Gustavo Martín, *Magia y religión en la Venezuela contemporánea*, Caracas, Ediciones de la Biblioteca de la Universidad Central de Venezuela, 1983.

"¿Para qué tantas ofrendas, tanto elogio que tengo ahora, si mi país está muriéndose de hambre?"
Y es una realidad, pues. Eso lo dice siempre cuando baja como espíritu. Y ése es uno de sus pensamientos, porque cuando él moría a su mejor amigo le dijo:
"No descansaré tranquilo mientras los partidos políticos existan."
Han sido palabras muy grandes siempre. Y siempre cuando baja en una materia es lo primero que él dice: No ha descansado tranquilo en su tumba porque los partidos políticos quieren llevar a los países a la ruina. No es como lo que él dejó sino como lo que hay. Entonces, cuando él baja pide por la igualdad. No quiere que haya más pobreza. Sí, él lo que quiere es la tranquilidad del país. Él pide que pidamos mucho por la paz de Venezuela, por sus países que él liberó, porque ve un enguerrillamiento, ve una esclavitud, otra vez, como cuando los españoles. O sea, ¿de qué sirvió la sangre que los grandes libertadores, entre ellos un gran amigo Sucre, derramaron?[188]

Negación de la historia transcurrida después de la insurgencia contra España y ataque despiadado de los partidos políticos, la interpretación plantea el drama de un proceso inconcluso que tendrá un final feliz en Venezuela y en los países bolivarianos cuando se derrumbe el culto falso del héroe y por fin se impongan las disposiciones de un mandato que no ha dejado de existir, pero que han burlado los líderes indignos de la sociedad. Ha sido de tal magnitud la burla que el héroe reclama en su transporte una salida enfática debido a la cual impere la paz y se vuelva opulencia la pobreza. Se ha torcido de tal manera el rumbo que anuncia una lucha personal con los partidos, una pugna de la cual depende su tranquilidad particular. En su búsqueda de la justicia que no ha reinado, el intérprete pone la solución en

---

188. Yolanda Salas, *op. cit.*, pp. 49-50.

manos de los militares mientras reniega de la actividad política en cuanto proceso condenado sin reservas por la cabeza de la Corte Libertadora a la cual se acude. El aristócrata convertido en vengador de los menesterosos viene a proclamar el imperio de la justicia como homenaje a los sacrificios infructuosos de sus compañeros de lucha y como reafirmación del abandono de los bienes mundanales que hizo mientras vivió el primer capítulo de su tránsito vital.

Entendida así la presencia, usualmente se la utiliza para procurar la libertad de los presos, esto es, de aquellos que sufren cautiverio por motivos injustos. El rito se efectúa los jueves, "días de Júpiter, del sol y de la libertad"[189], después de que el médium ha pasado por un "tratamiento de limpieza" que consiste en ayunar durante dos semanas, abstenerse de sexo por doce jornadas, confesar los pecados y recibir la eucaristía[190]. En el comienzo del "trabajo" se enciende un velón azul y se realizan invocaciones como la siguiente:

> Con el permiso del Gran Poder de Dios,
> de la Santísima Trinidad,
> de la Santísima Virgen del Carmen,
> del Gran Astro que nos ilumina y gobierna,
> en esta hora sagrada y en este momento.
> Con el permiso de nuestra milagrosa
> Reina Maria Lionza,
> diosa de las aguas, protectora de las cosechas
> y reina de la montaña.
> Con el permiso de mi Negro Felipe,
> mi gran Cacique Guaicaipuro,
> de San Juan Retornado,

---

189. Ibídem, p. 116.
190. Ibíd., pp. 105-106.

> de Don Juan de las aguas,
> del gran profesor Lino Valle,
> la gran Corte India,
> la Corte Celestial,
> de las Siete Potencias Africanas
> y todos los santos espíritus de luz
> y por la Gran Corte de la Salud,
> salud, bienestar y prosperidad,
> para mí y para mi hogar,
> pido permiso para invocar
> el espíritu del Gran Libertador Simón Bolívar
> para que me conceda,
> en esta hora sagrada y en este
> momento, humildemente que se lo pido con
> todo el corazón,
> esta petición:
> Que me preste todos sus ejércitos libertarios para vencer
> a todos mis enemigos.[191]

Seguramente los académicos y los políticos jamás imaginaron las barreras que podía traspasar el semidiós de la república letrada. Pese a que desde los cenáculos más altos se proclamó la existencia de un Bolívar inmortal que servía para civilizar a los bárbaros durante el guzmancismo, para las explicaciones agrarias del gomecismo, para amainar las tempestades que podían estremecer el gobierno de López Contreras, para hacer trampa en las elecciones, para excomulgar autores y libros, para culparnos de nuestros pecados, para animar a los italianos del *Risorgimento,* para consolar a los españoles derrotados por su espada y aún para convertirse en antecedente de los dictadores fascistas, acaso no les pasara nunca por la cabeza este amasijo de encantadores,

---

191. Ibíd., pp. 113-114.

mascotas, plegarias y huacos implorando ante la misma deidad. Tal vez la comparsa hubiera hecho las delicias de los habitantes de Guanare y San Fernando de Apure, quienes levantaron las primeras piedras de la gradería. Pero en cualquier caso allí está, invocado mediante autorización de las Siete Potencias Africanas y de la Gran Corte de la Salud, precedido por María Lionza y por San Juan Retornado.

Ahora lo convocan los pobres debido al acicate de sus angustias, a través de una operación que debe parecer irracional a los intelectuales sentados en los sillones de las Academias o en las butacas de la Sociedad Bolivariana, y a los gobernantes que lo han trajinado en oraciones infinitas. La cuestión radica en averiguar si los de arriba y los de abajo no han hecho la misma cosa desde los orígenes de la religión nacional. Ambos le han concedido eternidad y omnipotencia para la atención de lo que les importa. ¿No realizó tal operación un Príncipe de la Iglesia en sus homilías? Lo demás es formalidad. Arriba se guardan las formas mientras se le da cuerda a un numen a través de afirmaciones que parecen juiciosas en la medida en que las pronuncian unos señores que manejan la ortografía, unos profesores que no han salido del manicomio ni han vivido en tratamiento psiquiátrico, un sacerdote vestido de púrpura. Abajo desaparecen los recatos para que el caballero galope en un corcel movido por una argamasa de fábula y desesperación capaz de llegar a cualquier meta. ¿No estriba sólo allí la diferencia?

La observación de los antropólogos, pero también de otros científicos sociales de actualidad, ve ese periplo desmedido que proyectan las capas bajas de la sociedad como parte de una explicación consustanciada con sus problemas, ante la cual no caben los reproches por insania o tontería. Igual habrán de asumirse entonces los malabares de los políticos, los obispos y los intelectuales, si se captan a través del mismo prisma comprensivo. Pero a estas alturas de nuestro ensayo y del artificio que pretende denunciar convienen unas palabras menos equilibradas en las cuales no predomine, por ejemplo, el respeto sacrosanto por la imaginación de la gente común ni la admiración por las hidropesías del Panteón Nacional. En lugar de prudentes comentarios, quizá haya llegado la hora de reclamar una sensatez sin cuyo sostén la sociedad puede vivir en la redondez del disparate.

¿Acaso se llegará a buen puerto cuando los navegantes se aferran a una fantasía meridiana, a una negación de la realidad inmediata debido a que se atienen al fanal de un hombre limitado a su tiempo por causas inherentes a su humanidad y muerto por razones obvias? La pregunta se tornará más dramática cuando veamos cómo un individuo formado en el cuartel llega en nuestros días a la Presidencia de la República, después de asociarse al culto popular para hacer de la idolatría un desatino de mayores proporciones. ¿Cabe en lo posible? Ya verá el lector en qué medida.

LA SILLA VACÍA

DESPUÉS DE LA INTENTONA GOLPISTA del 4 de febrero de 1992, primero en la cárcel y más tarde en los lugares frecuentados cuando obtiene la libertad, el teniente coronel Hugo Chávez Frías sorprende a los participantes con la novedad que introduce en las reuniones para apuntalar su partido político y promover su candidatura presidencial. No sólo a los recién incorporados sino también a los viejos conjurados de los cuarteles les llama la atención la modalidad, pues antes habían observado cómo las tertulias se realizaban sin que ningún detalle los llevara a la extrañeza. Era usual que discutieran en interminables sesiones y aun que Chávez hiciera referencias sueltas a los escritos de Simón Bolívar, cuyas palabras había utilizado en el juramento del Samán de Güere, pero jamás imaginaron que la presencia del héroe pudiera estar tan cerca como parecía ahora o como hacía suponer la conducta del anfitrión. Algunos no le dieron demasiada importancia al pormenor debido a que lo vieron como una chifladura pasajera, pero otros comenzaron a pensar, aunque apenas un poco, que la cosas podían tomar un cariz preocupante. En todo caso la situación no pasó a mayores. Poco a poco la innovación se fue volviendo rutina.

Dentro del marco de los hechos que conocemos no es como para rasgarse las vestiduras la comparecencia del Libertador en los fenómenos posteriores a su muerte. Es probable que nadie se preocupe en Venezuela por una referencia tan antigua y bendecida. Si en un santiamén va del Panteón Nacional a los altares de María Lionza para criticar a los políticos, no tiene sentido alarmarse por una visita a unos militares derrotados en la víspera. ¿No ha manifestado sus simpatías por las charreteras, según la traducción de los chamanes? ¿No ha declarado, con el auxilio de la Santísima Trinidad y con el permiso de Don Juan de las Aguas, sus molestias frente a la politiquería tradicional? ¿No despierta cuando se lo solicitan los sacristanes para decirnos qué hacer con nuestra vida? De allí la tranquilidad que volvió a las reuniones del MBR-200 y aun la manera como la gente recibió en la calle la noticia sobre la alteración sucedida en los encuentros de los "bolivarianos". Sólo algunos hablaron de una situación pintoresca sin detenerse demasiado en el punto. Pero ni siquiera viendo el episodio como un suceso aislado se puede llegar a una conclusión superficial. No sólo por las exuberancias ya conocidas, sino también porque su promotor está luchando por la Presidencia de la República y ha buscado al ilustre difunto con la mayor seriedad para que supervise la ruta de su búsqueda del poder.

En la cabeza de la mesa de reuniones, Chávez ha colocado una silla a su lado, pero no deja que sus colaboradores la ocupen. Cuando alguno de mayor confianza pretende usarla, le pide que se ubique en otro lugar. Si alguien se acomoda en el mueble, de inmediato le ordena levantarse. Al principio todos piensan que espera a un invitado especial, alguien que hablará con propiedad sobre un tema trascendental de actualidad, quizá un dirigente a quien corresponda la organización de un mitin próximo o la preparación de una gira por pueblos importantes, tal vez un financista generoso, un simpatizante del extranjero, un corresponsal de los grandes periódicos, un contacto con los oficiales activos, un experto petrolero, un obispo que llegará sigiloso o un sujeto con informes de última hora sobre las aborrecidas banderías del establecimiento. No es así, sin embargo. Ciertamente el líder ha guardado la plaza para un personaje digno de la mayor consideración, pero no se trata de nadie parecido a quienes imaginaban los compañeros del movimiento.

La ha reservado para Simón Bolívar, cuyo espíritu orientará los debates iluminando el entendimiento de los revolucionarios. Mientras transcurren las discusiones, se redactan programas de trabajo y se hacen proyectos sobre las actividades inmediatas, la soledad de la silla testimonia la asistencia del héroe. En ocasiones el comandante fija sus ojos en ese espacio que nadie ocupa, pues en realidad sólo está allí un asiento solitario, un hueco vacante, un trasto inútil, una pequeña superficie vacía, un objeto inservible, pero lo observa con venia y cortesía. Así sucede durante numerosas reuniones, hasta cuando el candidato se olvida del convidado y no hace problemas por la ocupación de los lugares. Nadie supo jamás sobre la razón del retorno a la "anormalidad"[192].

Ya en el siglo XX había buscado Eleazar López Contreras la participación de Bolívar en sus planes, sin pretender una excesiva intimidad. La familiaridad llegó entonces a una copiosa literatura y a unos decretos alusivos que trasmitían una sensación de cercanía sobre la cual ya se habló, sin que se advirtiera una actitud capaz de señalar expresamente la contundencia de su compañía. El Presidente místico miraba hacia las alturas implorando luces a través de gestos que entrañaban la existencia de una cautelosa lejanía, de un abismo entre el maestro y el discípulo, de una distancia marcada por la reverencia de un mandatario consciente de sus limitaciones y de la fortaleza del cayado al cual acudía para salir del barrizal. En un mal paso se aventuró a utilizar el nombre del maestro para una trapisonda comicial, pero jamás lo llevó a

---

192. Para el episodio de la silla vacía se ha consultado con personas que estuvieron presentes en algunas de las curiosas asambleas. Una media docena de asistentes lo confirma, palabras más, palabras menos. La historia también circuló en los periódicos y en diversos comentarios de la televisión, en las vísperas del ascenso de Chávez a la Presidencia de la República, sin que el interesado la desmintiera. No estamos, pues, ante una invención del autor empeñado en localizar los focos de una patología.

la casa de las "Cívicas" ni se codeó con él en los conciliábulos. Estuvo cerca del inspirador, pero no demasiado. Apenas animó un descendimiento fugaz. En el caso de Chávez estamos ante un fenómeno estable que merece atentas consideraciones.

En primer lugar, se pudiera pensar que realiza conscientemente una farsa, con el objeto de obtener el beneficio de su relación con un padrino al que se han acercado cada vez más las clases populares, esto es, los electores que harán falta dentro de poco. Mediante la actuación puede presentarse como un chamán privilegiado ante los ojos de un pueblo cuya desesperación puso al genio en sus misas antes de que el candidato lo metiera en sus reuniones. Puede hacer ver cómo, debido al nexo que ha establecido personalmente, no necesita de los conjuros usuales para que el descendiente de Guaicaipuro señale las pautas de la redención que encabezará, o cómo es el intérprete accesible de un récipe celestial en el que confían ciegamente los que pueden llevarlo al Palacio de Miraflores. La procedencia militar del realizador de la comedia apuntaría hacia el éxito, debido a que los soldados han ocupado una posición de privilegio entre los encantadores de la religiosidad común. Analizada en función de las ganancias dentro del mercado electoral, la táctica puede producir utilidades cuantiosas. Sin embargo, no parece probable que privara en su ánimo un cálculo de tal naturaleza.

Como los hombres sencillos que han llenado nuestras páginas, pero también como la mayoría de los letrados que conocemos, Chávez confía en las cualidades del taumaturgo. Quizá más que muchos de los arciprestes del culto, debido a la disposición que ha mostrado de seguir al pie de la letra el curso de sus ideas y por las desbordantes simpatías que ha expresado ante los fastos de la Independencia. Desde sus tiempos de cadete en la Academia Militar se ha aficionado a redactar papeles en tono apologético sobre el héroe y sobre los combates contra España, con el candor de los colegiales. Algunos de sus textos se publican después del fracasado golpe de estado en *El brazalete tricolor*, una antología que incluye el siguiente fragmento de 1974:

> El 23 de junio, víspera de la gran Batalla, en la sabana de Taguanes, vecina a Carabobo, Simón Bolívar hizo parir a la patria. Luciendo esplendorosos uniformes, ondeando penachos al viento, el hijo tan esperado fue revistado, unidad por unidad, arma por arma, por aquel hombre que desafió a la misma naturaleza en su empeño.
> Todo un Ejército de línea estaba allí, amenazante, rugiendo cual mil leones, estremeciendo aquellas inmensidades. Habíase dado el fruto del ciclópeo esfuerzo de tantos hombres.
> A la mañana siguiente, aquel recién nacido levantaría orgulloso el tricolor mirandino en la sabana de Carabobo, sobre más de 200.000 cadáveres, que a lo largo de tantos años había recogido la madre, y que aún seguían clamando venganza.
> ¡He aquí, Venezuela, el resultado de tu amor! ¡He aquí, patria mía, tu hijo gallardo, defensor de tu suelo, reflejo de tu bravura, vigilante de tus futuras inquietudes![193]

Un joven oficial que habla en tales términos de la cópula entre el héroe y la patria, así como del vínculo entre los hombres de armas de la Independencia y el ejército de los siglos XX y XXI comprometidos en una sola gloria y nacidos del mismo acoplamiento, no intenta una manipulación. Cree en lo que predica, aunque imite sin suerte al bardo de *Venezuela heroica*.

El hecho de colocar bajo la advocación del héroe la intentona contra el régimen del presidente Carlos Andrés Pérez y la organización política que edifica más tarde, tampoco reflejan un manejo utilitario sino redonda credulidad en las potencialidades del hombre-luminiscencia. No es un estereotipo de ocasión el

---

193. Hugo Chávez Frías. "El ejército de ayer, de hoy y de siempre". En: *El brazalete tricolor*, Valencia, Vadell Hermanos Editores, 1992, pp. 52-53.

Bolívar que después repetirá a los venezolanos en sentencias fragmentarias y elocuentes como las de los calendarios, en millones de efigies estampadas en banderolas rojas, en miles de graffitis dedicados a fulminar a los partidos tradicionales y en los discursos de una fatigosa campaña electoral[194]. Es, en los labios de Hugo Chávez, la sentida oferta de una vitamina que por fin acabará con la degeneración de la República. Por consiguiente, el episodio de la silla vacía, suceso apenas accesible a los íntimos, no se puede ver como un montaje efectuado para obtener dividendos electorales ni como nada por el estilo.

Pero la sinceridad no trae paz al análisis, sino que más bien lo lleva a mayor intranquilidad. Hubiera sido preferible el manejo del asunto como se miden usualmente los pasos de un negocio de envergadura, en cuanto remitiría al predominio de una racionalidad. ¿Acaso no se manejan las campañas políticas y las estrategias de propaganda del mundo contemporáneo aprovechando las aficiones y las antipatías de la clientela, relacionando las metas de una candidatura con las necesidades y los anhelos de los destinatarios, con los ídolos y los demonios de turno? El héroe puesto al servicio de un designio político como consecuencia de un estudio de opinión, o debido a la sugerencia de unos expertos en politología, o al mandato de unas encuestas, o en atención a los consejos de una compañía de publicidad no causaría mayor desazón, especialmente si el interesado considera que lo utiliza para una buena causa. Sin embargo, el capítulo de la silla vacía se divorcia de esa normalidad, esto es, de una operación efectuada a conciencia por unos activistas políticos, para rozar los dinteles del espiritismo o de funciones gemelas.

---

194. En la prensa posterior a 1994 abundan referencias del teniente coronel Chávez como las que se han aludido, pero de forma tan copiosa y repetitiva que su copia llenaría volúmenes. Un simple vistazo del lector a esas fuentes, sin duda corroborará las afirmaciones.

LAS TRES RAÍCES

SIN EMBARGO, CUANDO PARECEN IMPONERSE en el plan del teniente coronel los usos habituales de los políticos modernos no es como para felicitarse. El salto de las puertas del espiritismo a la propuesta de una doctrina en la cual se sustente la revolución, si no permite sentir un hálito fantasmal en la sala de reuniones tampoco conduce al área de los proyectos plausibles. El cordón umbilical que lo junta a Bolívar y a un pasado al cual acude con el mejor de los ánimos pero sin la suficiente cordura, desemboca en el galimatías titulado *Libro Azul. El Árbol de las Tres Raíces*, que redacta en las vísperas de su fracasado golpe como soporte del futuro bolivananismo en el poder[195].

El texto comienza con la reivindicación de las ideologías frente a los autores que las han condenado: "Las ideologías son ayudas de navegación para surcar los tiempos y los espacios, dándole rumbos precisos a las sociedades y a las naciones"[196]. Pero no todas las ideologías, sino: [...] "un modelo ideológico autóctono y enraizado en lo más profundo de nuestro origen y en el subconsciente del ser nacional"[197]. El modelo saldrá de una búsque-

---

195. Alberto Garrido publica una versión íntegra del texto, firmada en cada una de sus páginas por el teniente coronel. No abundan ejemplares del folleto, pese a que se cita continuamente. Ver Alberto Garrido, *Documentos de la revolución bolivariana*, Mérida, Producciones Karol C.A. 2005.
196. Hugo Chávez Frías, *Libro Azul. El Arbol de las Tres Raíces, op. cit.*, p. 101.
197. Ibídem, pp. 101-102.

da en la historia patria, esto es, de un plan alejado de propuestas universales y genéricas. Con los ojos puestos en la autoctonía, el teniente coronel presenta la esencia de su receta:

> [...] Es el proyecto de Simón Rodríguez (El Maestro), Simón Bolívar (El Libertador) y Ezequiel Zamora (El General del Pueblo Soberano), referencia verdaderamente válida y pertinente con el carácter socio-histórico del ser venezolano, que clama nuevamente por el espacio para esmerarse en el alma nacional y conducir su marcha hacia la 21 centuria. El clamor se hace indetenible por los caminos de Venezuela. Se acerca y se hace torrente, se confunde en el estremecimiento del pueblo venezolano.
> Este proyecto ha renacido de entre los escombros y se levanta ahora, a finales del siglo XX apoyado en un modelo teórico-político que condensa los elementos conceptuales determinantes del pensamiento de aquellos tres preclaros venezolanos, el cual se conocerá en adelante como Sistema EBR, el árbol de las tres raíces: la E de Ezequiel Zamora, la B de Bolívar y la R de Robinson. Tal proyecto, siempre derrotado hasta ahora, tiene un encuentro pendiente con la victoria.[198]

El examen del fragmento solicita una explicación sobre "el carácter socio-histórico del ser venezolano". Convendría saber de qué se trata, debido a que es el molde al cual se ajustaría una doctrina alejada de lo panorámico como pretende ser la de *El Árbol de Las Tres Raíces*. Sólo a través del vocablo *estremecimiento* ofrece el autor una pista sobre los rasgos de una personalidad colectiva de la cual dependería la ideología. En consecuencia, nos quedamos sin saber a qué se refiere, o suponiendo que quiere reflexionar sobre un pueblo estremecido o teorizar sobre "el alma nacional" estremecida. Se conforma con establecer una dependencia entre el patrio estremecimiento y las ideas de tres

---

198. Ibíd., p. 102.

venezolanos que seguramente lo sintetizan y de quienes saldrán los consejos relativos a la característica.

Sobre la presencia de la segunda raíz sobran los interrogantes. Si en Venezuela Bolívar ha servido para la atención de cualquier urgencia, se las verá sin aprietos con "el carácter socio-histórico del ser venezolano" y con "el subconsciente del ser nacional". Quizá tampoco haga falta mayor averiguación en torno a la siembra de la primera raíz, llamada Simón Rodríguez o Robinson, no en balde fue el maestro más famoso del Libertador. Pudiera ser algo así como la luz primigenia de la luz perpetua, dentro de una versión tan particular de los antídotos nacionales. En cambio, la tercera raíz clama por una aclaratoria. Dado que Ezequiel Zamora es un soldado de pocas ideas y formación rudimentaria cuyo tránsito se reduce a los comienzos del Estado nacional, esto es, un hombre de armas que vive un periodo cuyos reclamos no parecen ser los mismos de la Independencia, no se puede saber satisfactoriamente cómo su voz viene a completar el trío[199]. El teniente coronel trata

---

199. Ezequiel Zamora es un pequeño comerciante de la campiña que apenas termina la escuela primaria. Conoce detalles de la Revolución Francesa debido a los comentarios sueltos de un alsaciano quien es su cuñado. Adquiere el respeto de los campesinos en los valles de Aragua por su honradez en los tratos de negocios. En 1840 se afilia al Partido Liberal, bandería de oposición recién fundada. Lee con interés *El Venezolano*, periódico de la organización en la cual milita. Comenta ante sus modestos clientes los contenidos del impreso, tratando de explicarlos en un lenguaje accesible. En 1846 se presenta como candidato a Elector por el cantón de Villa de Cura, pero su nominación es objetada maliciosamente por el gobierno. Cuando aumenta la beligerancia entre los godos del régimen y los líderes del liberalismo en Caracas, Zamora se levanta en armas bajo el lema de "Tierras y hombres libres". Sus seguidores más vehementes dicen que matarán "a los blancos y a los que sepan leer y escribir". Es derrotado y condenado a muerte, sentencia que no se cumple. Durante la dictadura de José Tadeo Monagas ocupa importantes funciones militares y se casa con una viuda propietaria de ricas haciendas. En 1858, cuando Monagas es derrocado, se marcha al exilio para retornar como líder militar de la Guerra Federal. Encabeza un entusiasta ejército popular, trata con benevolencia a la soldadesca, crea el estado federal de Barinas, intenta el reparto de algunas tierras rurales y gana la importante batalla de Santa Inés que lo consagra como estratega. Al poco tiempo muere en el sitio de San Carlos, de un balazo en la cabeza. Los liberales en el gobierno llevan sus restos al Panteón Nacional, en 1872. Ver: Laureano Villanueva, *Vida del valiente ciudadano general Ezequiel Zamora*, Caracas, Monte Ávila Editores, 1992; Federico Brito Figueroa, *Tiempo de Ezequiel Zamora*, Caracas, Universidad Central de Venezuela, 1981.

de explicar la situación como hace con cada una de las cepas, a través de referencias textuales que tal vez no sólo dejen sin dilucidar los motivos de la presencia del guerrero en la base de la mata salvadora, sino también la comparecencia de los otros magisterios. El análisis de la "raíz robinsoniana" se fundamenta en la cita de un fragmento de Rodríguez incluido en *Sociedades Americanas*, obra de 1842:

> ¿Dónde iremos a buscar modelos? La América Española es original. Originales han de ser sus instituciones y su gobierno. Y originales los medios de fundar una y otro. O inventamos o erramos.[200]

Después de copiar la referencia, agrega el teniente coronel: "Es éste el modelo donde se inserta la raíz más profunda del Sistema EBR. Precisamente la R de la raíz robinsoniana"[201]. Sin duda, se puede cavilar sobre el contenido de las frases, aunque no propongan un modelo como sugiere el teórico, sino una negación de los modelos. Pero igualmente hace falta cautela en el seguimiento de la enseñanza debido a que, en atención a su temporalidad, es referida a una época en la cual pudiera hablarse, tal vez forzando la barra, de la existencia de unas sociedades excesivamente peculiares y, por lo tanto, sujetas a una institucionalidad y a una gobernabilidad especiales. Pensar en el predominio de tal peculiaridad a través del tiempo no sólo descarta las influencias extranjeras que han facilitado una homogenización con el resto del género humano, sino también especialmente los intentos de parangonarse con el resto del género humano hechos por las colectividades latinoamericanas durante los siglos XIX y XX. Eso de inventar o errar acaso pudiera tener sentido después de las guerras de Independencia, pero para la fecha de la redacción del *Libro Azul* es sólo una atrayente sentencia.

---

200. Ibíd., pp. 103-104.

201. Ibíd., p. 104.

O algo mucho peor: una excusa para liquidar el sistema de gobierno y las instituciones edificadas por la sociedad a través del tiempo. El argumento sobre la originalidad de nuestras sociedades puede conducir a la destrucción de civismos seculares, de ensayos centenarios de convivencia y de intentos legítimos en torno a la búsqueda de una vida hospitalaria. Un dislate en el caso que nos ocupa, o una acción sin fundamento debido a que el teórico no ha tomado de la fuente los motivos de la tal originalidad. Si algo o mucho afirmó al respecto Simón Rodríguez sobre los rasgos de las *Sociedades Americanas*, no aparece en los folios del Sistema EBB o el teórico olvida incluirlos. ¿Cuál es su punto de partida entonces? Sólo el criterio de autoridad del maestro del Libertador, una frase de 1842 convertida en inspiración revolucionaria.

Sobre la "raíz bolivariana" ofrece los siguientes comentarios y tres citas textuales:

> Simón Bolívar, el Líder, inscribe su doctrina en la dicotomía robinsoniana de manera reiterativa, desde sus primeros discursos en 1811, cuando señala: "Que los grandes proyectos deben prepararse con calma: ¿Trescientos años de calma no bastan? Pongamos sin temor la piedra fundamental de la libertad americana. Vacilar es perdernos."
>
> En su discurso ante el Congreso de Angostura, el 15 de febrero de 1819: "Tengamos presente que nuestro pueblo no es el europeo, ni el americano del Norte, que más bien es un compuesto de África y de América que una emanación de Europa".
>
> Más adelante continúa delineando el elemento central de la estructura del modelo: "Nuestras leyes son funestas reliquias de todos los despotismos antiguos y modernos, que este edificio monstruoso se derribe, caiga y apartando hasta sus ruinas, elevemos el templo a la justicia, y bajo los auspicios de su santa inspiración, dictemos un código de leyes venezolanas".

Ésta es la segunda raíz, por cuyo ápice se alimenta de los siglos el Sistema EBR: La B de la vertiente bolivariana.[202]

La primera cita de Bolívar es apenas una arenga del 4 de julio de 1811 para presionar a los congresistas que cavilaban sobre la declaratoria de Independencia. El club de la Sociedad Patriótica integrado por los jóvenes de la aristocracia pretendía apresurar el acto formal de la emancipación. Nada más. Falta una explicación sobre cómo tales palabras e intenciones devienen sostenes de una ideología al servicio de los problemas actuales, sobre la razón de tomar el rábano por las hojas, es decir, sobre cómo no se incluyen en la doctrina sólo por el ardor que pueda provocar una sonora alocución. En la primera de las citas de 1819 hay un intento de describir las características del pueblo venezolano sin entrar en detalles. Nada más. Seguramente una alusión así de escueta carezca de la fortaleza requerida por una reflexión que pretende ser "una ayuda de navegación para surcar los tiempos y los espacios", o para hacer que el autor omita diagnósticos plausibles de investigadores y políticos posteriores sobre el punto. La otra cita aparentemente más relacionada con "O inventamos o erramos", la sentencia de Rodríguez, corresponde a una historicidad determinada. El congreso está reunido en Angostura para redactar una nueva Constitución y en función del cometido ofrece el orador sus consejos. Es evidente cómo se refiere a la metamorfosis que resultará del reemplazo de la legislación española por regulaciones modernas, sin imaginar los desafíos remotos que ocupan la atención del teniente coronel.

Pero el teniente coronel piensa que Bolívar habla de las necesidades de su Venezuela mediante la oferta de ideas susceptibles de alguna utilidad. Nada sorprendente en el país anacró-

---

202. Ídem.

nico que viene mostrando su volumen en nuestras páginas. El teniente coronel sólo sigue la corriente con la determinación de sus predecesores. La posibilidad de criticar ahora su afición, que es la afición de todo un pueblo, se ocuparía de la poca profundidad que distingue su lectura del Evangelio. Acude a las mismas palabras que usualmente repiten los colegiales, a citas manidas que andan de boca en boca. Quizá una mirada más pausada de las letras del Profeta, aunque tampoco hubieran funcionado como plataforma de un designio respetable, le hubieran ganado una reputación de discípulo aprovechado.

Veamos ahora lo que escribe sobre la "raíz zamorana":

> Es el modelo que completa la trilogía ideológica del proyecto político que ahora resurge de las entrañas de la historia patria. Está conformado por una síntesis filosófica orientadora, aquella que estremeció a la oligarquía conservadora, cuando Ezequiel Zamora (el General del Pueblo Soberano) lanzó sus tremendas consignas federales:
> "Tierra y hombres libres".
> "Elección popular".
> "Horror a la oligarquía".
> La inspiración del General Zamora viene de las mismas raíces robinsoniana y bolivariana. Su discurso lleva el mismo sello de la gran disyuntiva existencial. Inventó los mecanismos de la insurrección campesina de 1846, para errar y volver a inventar la forma de conducir la revolución de 1858.
> En 1846 invita a sus contemporáneos a: "Seguir adelante con una imperiosa necesidad para quitarnos el yugo de la oprobiosa oligarquía y para que, opóngase quien se opusiere, y cueste lo que costare, lleguemos por fin a conseguir las grandes conquistas que fueron el lema de la Independencia".
> Inventó Zamora el Estado Federal de Barinas, lanzando el 21 de mayo de 1859 una proclama incendiaria: "...sobre las ruinas de la

dictadura que el 05 de marzo próximo pasado nos impuso Julián Castro con la envejecida oligarquía, levantaréis el gobierno federal que asegura para siempre la libertad, la igualdad y la fraternidad, dogma de la República Genuina".

Los elementos conceptuales del modelo ideológico Zamorano guardan estrecha relación con la invención robinsoniana y la grandeza de visión geopolítica del modelo Bolivariano. Dichos elementos se reflejan en la gran cantidad de documentos producidos por el General del Pueblo Soberano. Veamos cómo muestra la "Protesta a los ciudadanos cónsules extranjeros residentes en Puerto Nutrias", el 9 de junio de 1859: "La Provincia de Barinas, haciendo uso de su soberanía radical se ha separado del gobierno central y ha constituido su estado Federal para gobernarse a sí misma por sus leyes propias, mientras se reúne la convención popular de las Provincias Unidas de Venezuela... El Estado Barinas no puede dejar de ser reconocido como miembro de la Sociedad de las Naciones, pues se gobierna por leyes positivas emanadas de él mismo y ha establecido las autoridades que dirigen a sus miembros y los representan...".

Continúa inventando, al ordenar la aplicación de medidas destinadas a favorecer las mayorías necesitadas: "1. Cinco leguas de tierra a la redonda y por los cuatro puntos cardinales para uso común de cada pueblo, villa o caserío. 2. Eliminación del sistema de cobrar arriendo por el uso de la tierra para fines agrícolas o pecuarios. 3. Fijar los jornales de los peones de acuerdo con las labores; y 4. Que los amos de hatos empotreren diez vacas paridas, de modo permanente, en la tierras del común, para suministrar diariamente y de modo gratuito una botella de leche a los hogares pobres".[203]

Ha calado en el ánimo de Hugo Chávez el apotegma de Rodríguez, debido a que ve su aplicación en términos de excelencia a través de las conductas de Ezequiel Zamora. De acuerdo

---
203. Ibídem, pp. 105-106.

con el Sistema EBR, la campaña militar de 1858 viene a ser una *invención* después del *error* cometido durante la guerra civil de 1843, esto es, la magnífica praxis del "O inventamos o erramos" propuesto por el maestro en su *Sociedades Americanas*. De allí la presencia del guerrero en la mezcla raizal. A nadie escapará lo absurdo de la relación, no sólo porque cualquier rectificación de los hombres en la vida pudiera terminar en una exhibición de testimonios sobre la infalibilidad "robinsoniana", sino también porque convierte unos textos deshilvanados de destino parroquial en "una síntesis filosófica orientadora".

En efecto, acude a unas proclamas de Ezequiel Zamora para convocar adherentes, a un papel para los cónsules sobre la autoridad establecida en una región de los llanos y a unas disposiciones para aliviar la suerte de los campesinos cuando comienza la más grande de las guerras civiles, con el objeto de establecer un vínculo con "la invención robinsoniana" y con "la grandeza de visión geopolítica del modelo bolivariano". Tales testimonios sólo son respuestas rudimentarias frente a unos apremios, ejemplos aislados de justicia, vehemencias contra un gobierno que se considera injusto, calificativos propios de una época y pareceres sobre la vida lugareña y aun sobre el rol de las comarcas en un futuro régimen de corte federal, pero difícilmente piezas de un argumento que pretende convertirse en doctrina o, como se atreve a asegurar también el teniente coronel, en una idea "perfectamente compatible con el carácter social venezolano y latinoamericano"[204]. Si desde el punto de vista intelectual quedó mucho por probar en el caso de las primeras raíces, la deuda llega hasta la estratosfera en el caso del *General del Pueblo Soberano* y en lo tocante a las ideologías, de tan maltrechas que quedan con la hermana venezolana que les acaba de nacer en el *Libro Azul*.

---

204. *Op. cit.*, p. 102.

LA ESPADA VENGADORA

EL BRAZALETE TRICOLOR, antología de escritos de Hugo Chávez que circula en 1992 con aportes anteriores a su fracasado golpe de Estado, completa las ideas sobre *El Árbol de las Tres Raíces*. Nos dice quién hará la siembra y recogerá la cosecha. El brazalete que sirve para el título de la publicación es una insignia con los colores de la bandera nacional que se colocó en el brazo izquierdo de los soldados alzados. Pero según dice el teniente coronel en el prólogo, era "el brazalete bolivariano, robinsoniano, zamorano [...] producto de toda una vivencia de años forjadores de sueños en ebullición expansiva"[205]. De la vivencia se desprende la misión del Ejército en el proyecto, como parte de un mandamiento que se remonta a la época de la Independencia.

¿Por qué un itinerario hacia tiempos tan lejanos? Se trata de un mandamiento de la historia, para que la hazaña de la actualidad sea parte de la epopeya encabezada por Bolívar.

> La historia, sin lugar a dudas, es la maestra de la humanidad. En ella podemos observar hechos pasados, acciones –virtuosas o erróneas– de nuestros antecesores.
> En el análisis profundo de esos hechos, en la comprensión cabal de las leyes generales que los han venido provocando y en la constante

---
205. Hugo Chávez Frías, *El brazalete tricolor*, Caracas, Vadell Hermanos Editores, 1992, p. 8.

acción, acopiada y supeditada a tales leyes, está el maravilloso secreto generador del desarrollo y progreso de los pueblos.

Venezuela, este pedazo de tierra bajo este pedazo de cielo, tierra bañada con sangre, cielo poblado de héroes, tiene una historia grandiosa. A lo largo y ancho de valles, llanos y montañas, retumban aún los gritos de nuestros victoriosos abuelos, quienes lucharon a brazo partido por legarnos una patria libre y soberana. Aquellos hombres, descalzos, semidesnudos, curtidos y ceñudos, dejaron sembrada su huella, profundamente, en el continente suramericano. Aquellos hombres, sin más ilusión que morir por ser libres y llevando la poderosa arma de la voluntad alzada en hombros, cambiaron el rumbo que había venido siguiendo la historia.

Aquellos hombres, emergiendo como rayo de la más profunda oscuridad, derribando selvas con su furia, llenando de huesos los caminos, enrojeciendo las aguas con su sangre, arañando montañas con sus manos y despertando hasta los muertos con su grito, sembraron en el vientre de la patria, con el grandioso amor del sacrificio, al hijo más querido y más glorioso, al hijo tan esperado por la humillada madre, todo lleno de futuro y esperanzas: El Ejército.[206]

Dos rasgos diferencian el texto de las páginas de nuestra conocida *Venezuela heroica:* la pesantez de una pluma que no puede alzar el vuelo como la de Eduardo Blanco y la predominante referencia a titanes anónimos. Pero el asunto es el mismo: guerreros esforzados, mil batallas, admirables campañas contra el enemigo y contra la naturaleza, sangre a raudales e ideales inmarcesibles. También son letras parecidas al soliloquio del general Gómez, de acuerdo con el cual todo fue en Venezuela matar o morir, luchar y vencer con las armas hasta el advenimiento de su dictadura; de acuerdo con el cual no existen espacios para la memoria de los fastos civiles, ni para pensar en los valores de la

---

206. *El Ejército de ayer, de hoy y de siempre.* En: *op. cit.,* pp. 47-49.

institucionalidad y del trabajo intelectual a través del tiempo. Para Chávez, las leyes de la historia nacional han conducido a una guerra infinita que puede encontrar desenlace en la única criatura de trascendencia que trae esa historia al mundo y a la cual se puede dar absoluto crédito por su abolengo libertario: el Ejército que retorna a la acción para lavar el honor de "la humillada madre".

Así como la guerra de ayer es la misma de hoy, el Ejército representa la continuidad de la gesta emancipadora y la culminación de una obra pendiente.

> Después de 157 años de aquel magno suceso [la batalla de Carabobo, ganada por Bolívar en 1821], nuestro Ejército, con una tradición y una doctrina ya forjada a lo largo del acontecer histórico de la patria, sigue, en lo esencial, siendo el mismo [...].
> Es tu joven hijo, Venezuela, que recoge en su seno la gente de tu pueblo, para adiestrarlo y enseñarlo a amarte y defenderte.
> Es tu semilla, patria, que ha sido regada por el viento y por las aguas hasta abarcar tus anchos horizontes. Es tu reflejo, país de héroes, tu reflejo sublime, tu reflejo glorioso.
> A medida que pasen los años, nuestro Ejército debe ser la proyección inevitable del desarrollo social, económico, político y cultural de nuestro pueblo.
> Los hombres de uniforme seguiremos siendo el brazo armado de la nación, dispuestos a derramar la última gota de nuestra sangre en defensa de los intereses del pueblo, al cual nos debemos, cuya esperanza representamos y estamos obligados a mantener.
> Deben permanecer en nuestras mentes y en nuestros corazones, como el más valioso tesoro, el coraje y la decisión de nuestros antepasados; debe seguir corriendo por nuestras venas el fervor patriótico que nos permita, en un momento determinado por el llamado histórico de los años, sacar a relucir ese coraje y esa decisión, para evitar que sean pisoteadas las tumbas de aquellos hombres, para evitar que sus

gritos de reclamo y de protesta retumben en nuestras mentes, para evitar ser juzgados por nuestros hijos y por los hijos de nuestros hijos, como inmerecedores de tales glorias.[207]

El contenido ofrece muchas noticias sobre lo que piensa del país y de la institución armada. Acaso uno de los pormenores más resaltantes sea su visión de un pueblo heroico cuyos esfuerzos describe procurando llegar a la fibra del lector, tratando de despertar los sentimientos sublimes que deben provocar una gesta gigantesca. Ya sabemos cómo excluye de su entendimiento lo que no sea obra de los hombres de armas, mas ahora conviene destacar su insistencia sobre la necesidad de recordar sólo tales hechos. Él apenas recuerda tales hechos, sin duda. La memoria de la epopeya es una obligación, debido a que patentiza la existencia de una sola línea predominante en el devenir de la sociedad y a que legitima la acción de los hombres de armas en el futuro. Así como hay una sola proeza digna de recordación, existe un único protagonista.

No advierte ninguna evolución del ejército, hasta el punto de juzgarlo como el mismo que ganó la batalla de Carabobo. La simplificación ignora la desaparición de las armas bolivarianas después del desmembramiento de Colombia, la consiguiente ausencia de un ejército propiamente dicho durante el resto del siglo XIX y su creación, tal cual será en adelante, por la dictadura de Juan Vicente Gómez. En el afán de exhibir una fuerza comprometida con la venganza de la "humillada madre", le escurre el bulto a las escabechinas de los caudillos y especialmente a la fundación de la carrera militar según convenía a la tiranía más abominable de Venezuela. Ese ejército al servicio de la tiranía no existe en su aproximación a la historia, ni las posteriores manifestaciones del mismo ejército contra la Constitución, las leyes y la convivencia

---

207. Ibíd., pp. 53-56.

democrática. Como se trata de que florezcan *las tres raíces,* conviene ofrecer la colaboración de un labrador impoluto. Como el trío de las cepas proviene de los tiempos de la Independencia, acude a la ostentación de un ejecutante sin sombras cuyos ideales son los mismos de la epopeya. Así como la bandera nacional deja de ser el símbolo tradicional para devenir "brazalete bolivariano, robinsoniano, zamorano", la obra de los venezolanos a través de las épocas se limita a los cañonazos de la tropa.

LA ESPADA INMINENTE

¿Cuántas personas leyeron con atención los papeles de Chávez? ¿Un número considerable de venezolanos se enteró cabalmente de lo que proponía? ¿Pudieron captar las clamorosas limitaciones de su mensaje? Seguramente no, y en realidad no tiene importancia si consideramos cómo es parte de la segunda religión a la que estamos habituados. Su resurrección de Bolívar es otro acontecimiento cotidiano en la vida de la nación. Desde antiguo se ha comerciado con la misma prescripción. La iglesia militante está acostumbrada a las procesiones del santo de vestir y al advenimiento de chupacirios inéditos que se transforman en normalidad. El revoltillo del bolivarianismo con la política establecida en las alturas es de vieja data. Si resultan hueras sus proposiciones sobre el traslado del héroe de ayer a los dilemas de hoy y estrafalarios los compañeros de viaje que ha buscado, contamos con una interminable fila de antecedentes salidos de la academia, de la casa de gobierno y de las oraciones populares que no han provocado la más leve preocupación, ni siquiera unas comprensibles burletas. Hay en el caso, sin embargo, motivos para la alarma.

El más importante ya lo conocemos: ahora no sólo acompañan al resucitado dos personajes de ultratumba, sino también las fuerzas armadas. En la cabeza de Chávez ocupa gran espacio el papel redentor de las milicias y la marcha de la sociedad entendida como una batalla. En su mensaje los hombres de armas no están para cumplir un rol de cohabitación, la misión que recientemente habían desempeñado en la evolución de la democracia venezolana, sino para reanudar las faenas de la Independencia. Pese a que los discursos de ocasión han ocultado la parte sangrienta de la lucha contra España, fue un proceso cruento y doloroso del cual sobrevino la bancarrota generalizada. El vínculo de las fuerzas armadas contemporáneas con los sucesos de la Guerra a Muerte puede ser en principio simbólico, pero el volumen de la retórica empleada indica la intención de que las cosas pasen de la fantasía a la realidad. Bolívar vuelve a redimirnos, como es usual, pero con las armas en la mano de los continuadores de su ejército que sólo ha estado esperando las órdenes del comandante adecuado.

Desde sus tiempos de subteniente viene Chávez cavilando sobre el asunto. En un texto sobre el *Profesionalismo del Oficial Venezolano,* redactado en 1980, llega a decir: "La ausencia de valores que actualmente sacude al mundo entero y a Venezuela en particular, se ha propagado inexorablemente por todos los sectores y a todos los niveles de la vida nacional. Las Fuerzas Armadas no pueden, de ninguna forma, escapar de estos problemas sociales, por cuanto son parte del conglomerado venezolano"[208]. De allí que busque un soldado capaz de repetir con sinceridad una sentencia de Bolívar: "Yo sigo la gloriosa carrera de las armas por lograr el honor que ellas dan, para libertar a mi patria y para merecer las bendiciones de los pueblos"[209]. Seguramente el honor no se gane mediante la conducta de los soldados de entonces, en diálogo pacífico con los partidos y con las instituciones, ni compartiendo la supuesta falta nacional de principios a la que alude, pues no hubiese escrito entonces las cuartillas, sino a través de una mudanza de actitud susceptible de completar la tarea de la liberación de la patria.

---

208. Hugo Chávez Frías, "Profesionalismo del Oficial Venezolano". En: *El brazalete tricolor,* p. 79.
209. Ibídem, p. 81.

La asistencia de Ezequiel Zamora al programa de liberación también provoca aprensiones, debido al carácter banderizo de su participación en la historia o a cómo se ha visto tal participación por cierta historiografía. Zamora se levanta contra una parte de la nación y conduce una guerra sin cuartel en la cual pretenden sus seguidores la muerte de los blancos y de los propietarios albafetas. Es una ramificación del liberalismo que se desprende de la tutela de los fundadores del partido para encontrar soluciones violentas a una pugna con el gobierno, una pugna que ya traspasaba el límite de los debates de prensa y a la cual se procuraba un desenlace concertado. Su lucha se identifica con los campesinos sin tierra y con el ataque virulento del sector de la cúpula denominado a la sazón "oligarquía". Aunque participa posteriormente de las ventajas de la dictadura monaguista y se convierte en hacendado, de acuerdo con una literatura apologética que proviene de autores de la izquierda marxista o de entusiastas propagandistas de las revueltas del siglo XIX, es un líder que se anticipa a las conquistas del socialismo mientras impone la justicia contra los explotadores cuando reparte las heredades rurales y dicta proclamas incendiarias. Acaso sólo fuera un caudillo de buenas intenciones, un general con acertado olfato para los combates entre labriegos o un apóstol primitivo de los pobres, pero no viene aquí a cuento el dilucidar sus excelencias y sus miserias sino ver lo que puede representar en el discurso político de nuestros días.

Como el teniente coronel nos anuncia una guerra de liberación que será como una segunda Independencia, la inclusión de Zamora en la "doctrina" remite a una intención pensada en términos iracundos. Ya que se trata de resucitar, pretende el retorno a los tiempos del caudillo o recrear en la actualidad los problemas de su época para remendar el capote sin dedal. Zamora es su selección dentro de centenares de figuras históricas, así como escogió la Independencia entre todas las épocas. Pudo mirar hacia horas y hacia prototipos más sosegados, especialmente si buscaba ideas para continuar la edificación de una casa maltratada pero digna de habitar. La mirada hacia las glorias de la insurgencia contra el Imperio quizá no sea tan problemática, no en balde ha sido redundancia nacional, pero que Zamora complete la visión hace pensar en escenas de pólvora y en dar de nuevo vueltas alrededor de la noria de un proceso desgarrador que parecía superado. También hace pensar en una convocatoria que no incluye a toda la sociedad, sino sólo a una parte de ella. ¿Acaso el *General del Pueblo Soberano* pensó en todo el pueblo soberano cuando inició las guerras civiles? De hacerlo, no hubiera promovido una matazón doméstica. El espejo en el que ahora rebusca Chávez no es capaz de reflejar "el carácter socio-histórico del ser venezolano", como plantea en el *Libro Azul*, sino apenas un segmento. La observación no se recoge ahora para saltar otra vez sobre las anémicas ramas del *Árbol de las Tres Raíces*. Pretende llamar la atención sobre las borrascas que pueden aclimatarse en la estrechez de su sombra.

Ahora Chávez toma con pinzas los elementos del pasado que interesan a su versión, como muchos historiadores en su afán de levantar el tabernáculo del semidiós, pero su operación toca de cerca la vida del presente. El trabajo de los historiadores ha cercenado poco a poco la comprensión integral de la sociedad, hasta el punto de hacer clasificaciones de épocas e individuos debido a las cuales se subestima el pasar de las mayorías. Ha sido una faena soterrada, cuyos corolarios se sienten en la expresión de una memoria unilateral y en la fragua de una conciencia que no aprecia la redondez de los procesos. Pero la subestimación que tal faena resume se expresa en regiones del espíritu apenas perceptibles en la superficie de la trama social. No son cosas de palpar en el pellejo. Las consecuencias interiores apenas se notan, no en balde se piensa que la limitación de sus explicaciones está referida a situaciones remotas o porque no se piensa nada. Con las ideas de Chávez sucede distinto, aunque puedan ser hijas de esos análisis chatos e infundados. No se quedan en los libros haciendo daño lentamente, no perjudican por cuotas a través del tiempo sino que tienen la vocación de convertirse de inmediato en praxis.

Y con la vuelta de unas piezas particulares del pasado al presente, el teniente coronel cambia su rol. Deja de ser un militar corriente, un golpista de mala estrella, otro sujeto común tras la conquista del poder. He aquí otra transfiguración espeluznante, quizá más terrífica que la de Guzmán metido en el sagrario con el "hombre sideral" debido a que es un fenómeno capaz de mudar según sus dictados indiscutibles el rumbo de la vida actual. Si consideramos que sus dictados son los de Bolívar, o si juzgamos cómo él lo considera así al pie de la letra y viene dispuesto a someterse a las probanzas, quedamos con las manos atadas. ¿No es él un nuevo mensajero del Padre? ¿No se siente y se ofrece como hijo unigénito del Libertador? Aparte de pregonar un mensaje frente al cual nadie se levantará en Venezuela, pasa a ser miembro del Estado Mayor del héroe y terapéutica cierta como el héroe. Es la historia dorada, la única historia de Venezuela que regresa a terminar su trabajo en un carruaje lleno de viandantes redivivos que conduce el auriga armado.

LA PARENTELA DEL AURIGA

Pero la inspiración de la historia dorada no le ha llegado únicamente a través de las lecturas o debido a la memoria de los sufrimientos que experimentan los desposeídos después de la Independencia, sino también por motivos familiares. La sangre que corrió en las venas de algunos de esos espadones de las matanzas civiles corre igualmente por sus venas de paracaidista del siglo XX y líder político del siglo XXI. Ezequiel Zamora no es sólo la rememoración de unas hombradas de los campesinos o un faro proveniente de los documentos de la Guerra Federal, sino también una suerte de estatuto de la progenie que lo conmina a manejar el carruaje. La mirada puesta en el pormenor se pudiera considerar como un empeño en encontrar la quinta pata del gato, si el propio teniente coronel no se hubiera detenido con creces en el tema. De la importancia que él le concede nacen el asombro y la preocupación que se plantearán.

El teniente coronel es bisnieto de Pedro Pérez Delgado, llamado *Maisanta*, un famoso guerrillero contra la dictadura de Gómez. Como corrían versiones antagónicas sobre el personaje, el teniente coronel quiere dar con la verdad. Unos decían que *Maisanta* era un valiente opositor de la tiranía mientras otros aseguraban que era un vulgar asesino. El descendiente se pone a indagar con seriedad.

> Y me dediqué a leer los boletines del Archivo Histórico de Miraflores buscando huellas, rastros. Me fui a los pueblos con una camarita

fotográfica y una grabadora a entrevistar viejitos. Lamentablemente nunca pude escribir el libro que quise dedicarle [...]. Quién sabe si más adelante tengo tiempo de hacerlo.[210]

No sólo descubre que el abuelo había luchado junto con dos caudillos cuyas hazañas han movido el imaginario popular –el *Mocho* Hernández y Luis Loreto Lima– sino que también pudo relacionarse con el Directorio del Partido Liberal Nacionalista, un desprendimiento del liberalismo tradicional que se había alejado de los justicieros principios de su fundación, de acuerdo con los disidentes[211]. Además, se asombra con un hallazgo de mayores proporciones: el bisabuelo es hijo de un coronel del ejército de Zamora.

> El padre de Pedro Pérez Delgado (Maisanta), era un viejo guariqueño que se llamaba Pedro Pérez Pérez, un coronel jefe de guerrillas por los años 1840. Yo conseguí una carta que manda Zamora a los jefes guerrilleros del Guárico, entre ellos Pedro Pérez [...] donde los llamaba a incorporarse al ejército del pueblo soberano y que dejaran las guerrillas fragmentarias, anárquicas. Y el coronel Pérez Pérez se entregó a ese ejército. Cuando muere Zamora, que se viene abajo la idea zamorana, se va a Ospino y se casa con Josefa Delgado, de cierta posición económica, y tienen dos hijos: Pedro Pérez, el menor, y Petra Pérez, la mayor. Eso me lo cuenta mi tía abuela, hija de Maisanta, quien aún vive, y Dios me la cuide, que fue quien me obsequió este escapulario después del 4 de febrero, que usó su padre. Debe tener ya ochenta y tantos años.
> Ella me contaba que el abuelo le decía a la tía Petra y el tío Pedro, que el coronel Pérez tenía una costumbre. En Semana Santa sacaba

---

210. Agustín Blanco Muñoz, Habla el comandante, Caracas. Universidad Central de Venezuela, 1998, p. 60.

211. Ibídem, p.61.

el viejo sable de las guerras zamoranas y lo clavaba en el medio del patio. Sabrá Dios. Yo le pregunté a la vieja, ¿qué significaría eso? No sé, pero era como una especie de recuerdo de familia.[212]

Sabrá Dios. No es fácil el establecimiento de una relación nítida entre la crónica familiar y la actividad política del conductor de nuestros días. Sin embargo, hay elementos que no pueden escapar a un análisis cuyo cometido es el descubrimiento de una patología nacional. ¿La actuación del teniente coronel en la vida pública no puede atribuirse, en parte, a sus antecedentes familiares o a cómo los estima en su conciencia? No sólo es imposible penetrar en tales lugares recónditos sino que también seguramente sea aventurado e ilícito, pero una pista posterior abre el camino para sustentar el intento. Dice más adelante el teniente coronel:

> [...] Cuando nosotros, en el movimiento bolivariano, decidimos organizarnos, lo hicimos eligiendo un directorio. Esa primera elección se hizo en una asamblea con cerca de 40 oficiales [...]. Esa idea de directorio la traje yo y la propuse extraída de la revisión de un Boletín del Archivo Histórico de Miraflores, que habla del directorio de los nacionalistas que estaban en Nueva York. Eso fue cuando Emilio Arévalo Cedeño se unió con Pérez Delgado. Fue la única vez que lograron unir todas esas fuerzas dispersas.[213]

Ahora no hay espacio para la imaginación. Para organizar su movimiento sigue el ejemplo del bisabuelo. Los militares bolivarianos tienen directorio porque el teniente coronel quiso repetir los pasos de la celebridad de su familia. Aquel directorio en el cual se pudo involucrar *Maisanta* fue un fracaso, como lo

---

212. Ibíd., pp. 60-61.
213. Ibíd., p. 62.

sabe cualquier aficionado a la historia patria, pero utiliza la anacrónica medida para afirmar un sentimiento filial. El directorio nacionalista pudo ser un éxito, pero da lo mismo. El hecho de que rebusque en un episodio supuestamente protagonizado por un patriarca de la estirpe la forma de organizar un partido político setenta años más tarde, deja mucho que pensar. Así como hace un traslado del Partido Liberal Nacionalista de *Maisanta* al MBR-200 partiendo de un detalle únicamente relacionado con el afecto doméstico, con un tema que apenas incumbe a una experiencia individual y privada, pueden salir otros planes.

O pueden hacer que uno piense cómo la relación elemental de Chávez con el ejército de Zamora deba terminar en *El Árbol de las Tres Raíces*. La simbología del abuelo clavando el sable de los antiguos combates en la mitad del patio de su casa durante la Semana Mayor es elocuente. Es el recuerdo de lo que fue pero también de lo que debe ser en un tiempo porvenir. Es la historia de un ritual importante para la tribu o de un suceso digno de atención, cuyo misterio deben descifrar los sucesores. El abuelo lo ejecuta cuando sucede una liturgia fundamental de la cristiandad. Es un nexo directo y obligante con el *General del Pueblo Soberano* y con sus ejecutorias inacabadas. El escapulario de *Maisanta* en el pecho del bisnieto no puede ser una nimiedad. También se relaciona con elementos religiosos. Difícilmente sea sólo la reliquia de un ser querido, no en balde el joven ha pretendido transformarse en historiador para reconstruir el tránsito del hombre que la llevó. Ha descubierto que el guerrillero no es sólo un miembro del clan, sino la referencia de unos combates que importaron al país y tocan su sensibilidad. Ese escapulario adornando su pecho, un objeto del hogar doméstico y de la religiosidad rural con el cual ha alardeado en numerosas situaciones y al cual se refiere con entusiasmo frente a quien lo quiera oír, traspasa los confines de la estirpe para formar parte de los negocios públicos.

También incorpora una anécdota del abuelo, relacionada con una manera particular de hacer justicia:

> [...] Cuando Maisanta tomó Elorza, mandó a abrir los grandes comercios del pueblo, no las bodegas, y autorizó el saqueo por parte de los pobres. Ésa es una idea reflejada en un evento. O cuando secuestraban a alguien en esas sabanas y le quitaban ganado para dárselo a los indios que se morían de hambre. O cuando, cansado de las luchas, se fue a vivir con los indios dos o tres años, por allá en las costas del Meta. En esa historia no escrita, pero que está en el recuerdo, hay elementos doctrinarios que indican que estos hombres no son bestias, o centauros, sino hombres que tenían ideas aunque no desarrolladas, ni escritas. Pero yo creo que sí había un fondo y es demostrable, se pueden rescatar aún.[214]

No sólo encuentra en su ancestro hechos proverbiales, sino la posibilidad de un apoyo doctrinario. La equidad rudimentaria, unilateral y brusca del guerrillero puede inspirar los actos justicieros de los bolivarianos. Aunque tal vez haya encontrado mucho más en el tránsito del viejo: la horma perfecta de su vida pública. El teniente coronel ha repetido en discursos sin cuento que algún día se retirará hacia las orillas de un río llanero, después de redimir a su pueblo. Ha dicho que después del año 2021, cumplida su faena de gobernante, será un campesino modesto y perdido en alguna explanada de Venezuela. Todos los televidentes lo han escuchado. En centenares de emisiones han recibido la noticia los oyentes de la radio, sin percatarse de cómo quiere seguir los pasos de *Maisanta*.

Pero hay otro suceso del bisabuelo en el cual se detiene que no deja de tener importancia, ya que forma parte de los recuerdos

---

214. Ibíd., p. 65.

de quien se anuncia como un flamante agrarista. Al bisabuelo le robaron las tierras de La Marqueseña.

> [...] Las tierras de La Marqueseña fueron a principios de siglo de mi bisabuelo, Pedro Pérez Delgado, quien siendo general de Gómez se alzó contra él y murió preso. Ese fundo era de los Pérez Delgado. Después del año 74, cuando mi bisabuelo se fue de aquí, a la guerrilla contra Gómez, estas tierras quedaron en manos del gobierno [...]. Me contaba mi abuelo que llegaron las tropas de Barinas a sacarlos de allí, a plan de machete, quemaron los ranchos y construcciones que tenían, las confiscaron y pasaron a manos del gobierno. Hoy en día creo que es de los Azpúrua. Eso ha pasado de mano en mano. Pero mi abuelo, el hijo de Maisanta, murió peleando por esas tierras. Cuando murió, ya viejo, se había cansado de ir con abogados y documentos para rescatar esas tierras. Esos documentos deben estar en la familia.[215]

La narración se cuida de comentarios indiscretos, pero no debe ser la fría reconstrucción de un lejano episodio. Se refiere a la vida de un pariente que ha transfigurado en adalid popular y sale de los labios de un hombre encandilado por las acciones de Ezequiel Zamora.

Que un hombre interprete la realidad desde su peripecia personal parece suceso común, pero se transforma en un fenómeno capaz de rayar en la anormalidad cuando puede tal peripecia buscar el cambio de la realidad por el empeño de confundirse con ella, por sentir que es la misma cosa. Si un sujeto comprende el entorno partiendo de sus vicisitudes particulares seguramente toma el camino inmediato de un entendimiento que será después más complejo en cuanto sea influido por otros motivos ajenos a la sola vida del sujeto, aún los más remotos y disímiles. No se

---

215. Ibíd., p. 49.

queda en la isla de los hechos exclusivamente individuales. Ciertamente, las peripecias personales forman parte de la realidad pero no la integran a plenitud. La historia puede estar formada por un conjunto complejo de biografías, pero una autobiografía no se puede confundir con la historia hasta el extremo de buscar una subordinación. El conjunto pasado y presente no puede depender de cómo traduce su experiencia en los demás una sola pieza flaca. Cuando la autobiografía entendida como luz común o como padecimiento compartido se empina sobre la historia, provocará seguramente inmensas distorsiones y tribulaciones.

El teniente coronel plantado en la ruralidad del siglo XIX puede evidenciar una anomalía. Su fijación en las luchas de Zamora, en sus consignas que llega a copiar en el juramento del Samán de Güere, en su inclusión de los propósitos zamoranos como parte de las raíces del árbol revolucionario que ha sembrado y su mirada puesta sobre los campesinos en un país cada vez más urbanizado y cargado de proletarios que habitan grandes ciudades, no se detiene de veras en los problemas de la Venezuela contemporánea. La consideración de *Maisanta* como un ejemplo que llega al extremo de indicar cómo se organiza un partido de nuestros días, debe alertar sobre un trastocamiento del almanaque. Una parte de la sociedad de hace dos siglos reaparece llena de vitalidad en los planes del golpista y del político o en los papeles del MBR-200. La solución de un alzado contra Juan Vicente Gómez se pone de nuevo sobre el gabinete de trabajo. Tal vez haya influido en esas insistencias una investigación de los entuertos actuales, sobre tal alternativa no se puede debatir con propiedad, pero no parece lejana la relación que existe entre los cometidos del proyecto bolivariano y las pulsiones del más destacado descendiente de la familia Chávez.

¿Por qué resucita a Zamora? Debido a un estudio plausible de su obra, se puede argumentar, pero también porque el tatarabuelo Pérez Pérez peleó bajo las órdenes del *General del Pueblo*

Soberano. Quizá encontrara validez en los argumentos del famoso caudillo, pero debe pesar mucho el símbolo del viejo enterrando la espada en el solar para referirse a una guerra incompleta. ¿Cuál es la razón para volver a unos repartos de tierra como los del siglo XIX? Porque lo considera correcto después de los análisis correspondientes, se pudiera imaginar, pero también aparece un motivo en el hecho de que un dictador y unos "oligarcas" despojaran a *Maisanta* de sus propiedades de La Marqueseña, o en la evocación de la justicia ejercida por el despojado en Elorza. Las disyuntivas pueden llevarnos a las celdas de un sanatorio: Hugo Chávez Frías convertido en resumen de la historia de Venezuela y en desenlace del presente por su consanguinidad con *Maisanta* y por su clánica afinidad con Zamora. Y si consideramos que quiere "inventar" como el maestro Rodríguez y ha reeditado el Evangelio según San Simón, difícilmente se puede hablar aquí de buen seso.

LA NUEVA NEGACIÓN

Cuando el teniente coronel redacta el *Libro Azul,* confiesa que sus reflexiones discurren "en la última década de este siglo *perdido*"[216]. Lo que ha venido pensando sobre el país, bien porque lo determinen sus resortes familiares o análisis más profundos y fecundos de la realidad, desembocan en la descalificación absoluta de la historia reciente. Para el oficial dedicado al examen de su entorno hay un oscuro vacío entre los fastos de la Independencia y la hora de su participación en la vida pública. Apenas algunos sucesos de la Guerra Federal y el ejemplo de Ezequiel Zamora reproducido en *Maisanta* son dignos de rescate en el declive posterior a la muerte de Bolívar, un declive que cesará mediante la restitución de las pocas glorias que ha descubierto en su papel de improvisado historiador o como analista de los fenómenos contemporáneos. Estaríamos ante un calco del parecer de muchos historiadores en relación con el siglo XIX y aún con periodos posteriores, si no fuera por el énfasis que pone en la idea de *refundación* que se vuelve usual en sus discursos.

Pero en el comentario de este asunto primordial conviene una aclaratoria sobre la extensión y la frecuencia de los llamados que ha hecho sobre el punto o sobre otro cualquiera que pase por su cabeza. La locuacidad difusa y desenfrenada es el rasgo predo-

---
216. *El Libro Azul (El Árbol de las Tres Raíces)*, Alberto Garrido, *Documentos*..., p. 102.

minante de su estilo comunicacional, fenómeno que impide la localización de intervenciones específicas y debidamente detalladas de las cuales se puedan extraer testimonios que permitan una valoración plausible de sus pareceres. La prensa es incapaz de resumir todo lo que a menudo dice, a menos que le dedique la totalidad de sus entregas. Para recoger sin adulteraciones lo que desembucha, las estaciones de radio y televisión tendrían que dedicarle la programación de sus horarios estelares sin restricción. El Ministerio de Información tendría que contratar una muchedumbre de empleados capaces para agrupar la variedad y la cantidad de las palabras echadas al viento. De allí la dificultad de ofrecer evidencias que el lector pueda comprobar con una visita a las hemerotecas o a unas fuentes de fácil localización. La tarea es de veras más ardua.

Gracias a la paciencia de un investigador, sabemos que entre 1999 y abril de 2003 habló en trasmisiones especiales de televisión y radio durante 12.580 minutos para referirse a todo lo que puede caber en tramos sin libreto específico. El inventario no considera el tiempo utilizado durante 147 emisiones del programa "Aló Presidente", cada uno con una duración promedio de 4 horas, hasta la fecha, ni los centenares de discursos de la campaña electoral que lo conduce a la Presidencia de la República[217], ni alocuciones en actos rutinarios de la administración que apenas acopian los reporteros exánimes, los locutores agobiados y los jadeantes camarógrafos. Seguramente la microfonolatría pudiera ofrecer pistas a un ensayo que se aventura en los tremedales de una enfermedad colectiva, debido a que no sólo aportaría un tesoro de informaciones sobre la lengua bolivariana parloteando sin tasa sino también sobre quienes la escuchan con gusto o resignación, pero ahora se ha planteado el tema para solicitar confianza en torno a las afirmaciones que se hacen a continuación sobre la negación de siglo XX realizada por el teniente coronel.

---

217. Reportaje en el diario *El Universal*, 1 de mayo de 2003.

Todas salen de un torrente al cual nadie ha encontrado cauce, pero de cuyas aguas ha bebido toda Venezuela.

En efecto, el país es testigo de un discurso dedicado a descalificar en términos absolutos el proceso de la democracia representativa que se inicia en 1958, después del derrocamiento de la dictadura del general Marcos Pérez Jiménez. Mientras ignora los horrores del régimen militar o los disimula a través de frases elusivas, deja sin lado sano el proceso iniciado en adelante por los partidos. Debido a que son los responsables de una hecatombe sin cuento ofrece la candela para los líderes democráticos. Los adecos y los copeyanos se deben freír sin contemplación en sartenes hirvientes[218]. Se harán comilonas con los sesos de los politiqueros, después de que sean desalojados de sus oficinas a patadas. No existirá espacio en las cárceles para encerrar a los peculadores y a sus socios de la "oligarquía". La corrupción ha provocado el desastre de la educación, la vivienda y la salud hasta extremos que reclaman una venganza enfática. La inmoralidad se ha enseñoreado en el manejo de los negocios del Estado, para que se colme el vaso de los pecados públicos y se requiera una cirugía sangrienta y benéfica. Hasta en el organismo de las Fuerzas Armadas se ha inoculado el veneno de la deshonestidad. Las instituciones han perdido el rumbo sin que exista la posibilidad de una rectificación capaz de provocar esperanzas. Debido a los intereses de una "oligarquía" semejante a la que traicionó a Bolívar en 1830, se han multiplicado la pobreza y la injusticia social. Conceptos y valores fundamentales de una república, como el honor, la honradez, los sentimientos patrió-

---

218. En la jerga venezolana, los adecos son los dirigentes y militantes de la corriente socialdemócrata, cuyo partido se llama Acción Democrática. Los copeyanos son los dirigentes y militantes de la corriente socialcristiana, cuyo partido se llama Socialcristiano Copei. Tales partidos se alternan en el poder desde 1958 y son derrotados estrepitosamente por el candidato presidencial Hugo Chávez Frías en las elecciones de 1998. Se hace la aclaratoria en beneficio de los lectores poco familiarizados con la política venezolana que se molesten en revisar el texto.

ticos, el cumplimiento de la palabra empeñada, la modestia, la solidaridad, la austeridad, la igualdad ante la ley y la igualdad de oportunidades, han desaparecido de la faz de Venezuela. Quizá tales afirmaciones condensen el contenido de una prédica contumaz que todos han escuchado y que el lector más desconfiado puede verificar mediante un sondeo remitido a millones de destinatarios cautivos, entusiastas y quizá perplejos del último lustro y de la actualidad. No quedará defraudado.

Del oscuro boceto, el teniente coronel llega a su propuesta favorita: la *refundación*. Como nada ha servido, todo se debe hacer de nuevo: las instituciones, el rol del Ejecutivo, las relaciones internacionales, la interpretación del mundo y de sus desafíos, los vínculos con América Latina y con los Estados Unidos, los nexos con los movimientos subversivos del vecindario, las ideas sobre la integración continental, los movimientos políticos, la manera de concebir la democracia y la justicia, la distribución de la riqueza, los valores republicanos, el papel de los estadistas, el papel del pueblo soberano, la conducta de las fuerzas armadas, la participación de la Iglesia, el manejo de la industria petrolera, el control de la propiedad en los campos, las formas de cultivar la tierra, el trabajo de los medios de comunicación, la trascendencia de las regiones en la marcha de la nación, la influencia de los empresarios, la actividad de las universidades, la enseñanza de párvulos, la cultura y el deporte. En su vocación de refundador llega al extremo de proponer nuevas formas de diversión en el seno de las clases acomodadas, cuyos refinamientos fustiga siguiendo el estilo de los moralistas medievales. En Venezuela contemporánea se represan los corolarios de la traición a Simón Bolívar y, por consiguiente, se presenta la alternativa de una regeneración. Venezuela contemporánea es el campo del error y, por consiguiente, el laboratorio de la invención robinsoniana, La sociedad ha perdido el siglo XX y, por consiguiente, en el siglo XXI debe recuperar el tiempo.

Existe una única pieza en la cual se detiene el teniente coronel con cierta pausa en la presentación de sus negaciones: el discurso que hace ante la Asamblea Nacional el 5 de agosto de 1999. Va a entregar un proyecto de Constitución a los representantes del pueblo. De allí que se ocupe antes de señalar sus puntos de vista sobre la *refundación* cuyas directrices deben a aparecer en la Carta Magna. El eje de la *refundación*, según su punto de vista más caro, es una especie de lavatorio general del pecado cometido contra Bolívar.

> Sobre las sagradas cenizas del Padre de la Patria nació, traicionera, la República antibolivariana de mil ochocientos treinta, alimentada desde las alevosías de La Cosiata. Cuando muere la Gran República muere el sueño de Angostura y Bolívar va a la tumba y, doloroso es decirlo, al mismo tiempo que están enterrándolo en Santa Marta, sobre su tumba está naciendo la República de la Oligarquía Conservadora, la misma que desvirtuó los postulados de la revolución y originó un siglo XIX envuelto en guerras intestinas que diezmaron nuestros pueblos, desintegraron la nación, fracturaron la unidad, disolvieron la República.
>
> Hoy... así como la Cuarta República nació sobre la traición a Bolívar y a la revolución de independencia; así como esa Cuarta República nació bajo el amparo del balazo en Berruecos; así como esa Cuarta República nació con los aplausos de la Oligarquía Conservadora; así como esa Cuarta República nació con el último aliento de Santa Marta... hoy le corresponde morir con el aleteo del Cóndor que volvió volando de las pasadas edades. Con la resurrección del pueblo, con el retorno inexorable de Bolívar volando por las edades de hoy, le toca morir a la que nació traicionando al Cóndor enterrándolo en Santa Marta.
>
> Hoy muere la Cuarta República y se levanta la República Bolivariana. Del Padre de la Patria viene esta revolución, viene de los siglos que se quedaron atrás, desde mil ochocientos diez, desde mil ochocientos

once, desde mil ochocientos trece, desde mil ochocientos dieciocho y diecinueve, desde mil ochocientos veintiséis, desde 1830.[219]

Se hará una amputación en nombre del Libertador. Lo que ha sucedido desde su muerte es una acción de perfidia. Los venezolanos del siglo XX son los sucesores de la "Oligarquía Conservadora", cuyos representantes no se conformaron con llevar al héroe a su tumba de Santa Marta sino que también ordenaron el asesinato del Mariscal Sucre en la selva de Berruecos. El teniente coronel se remonta a crímenes inconfesables que atribuye a los venezolanos de la época y a los de la posteridad. Como el Cardenal Quintero en sus homilías, aunque por fortuna el pastor se limitaba a hablar sin pretender otra cosa que una expiación que terminaría poco a poco en la gracia de Dios y en la merced de la libertad otorgada por Dios. Ahora la gracia y la merced dependen de la resurrección de un vengador tronante a quien están llamando los pueblos deseosos de pagar sus culpas, o de que las paguen los verdaderos relapsos.

> Al amparo de la revolución renacieron perspectivas y caminos y en ese renacer y en esta situación de hoy tenemos pueblo: llovieron esperanzas y caminos y el Pueblo resucitó porque en esencia había desaparecido hace una década, dos o tres –¡ya corresponderá a los historiadores determinar cuánto tiempo habíamos estado evaporados como Pueblo!–. Hace una década comenzó a llover y bajo esa lluvia renació el Pueblo… apareció de nuevo, en una amorosa visión espiritual tal como lo percibía y esperaba nuestro revolucionario cantor Alí Primera: Como lluvia volverá, para comenzar la siembra.[220]

---

219. "Discurso ante la Soberana Asamblea Nacional Constituyente con motivo de la entrega del Proyecto de Constitución Bolivariana para la V República". En: Hugo Chávez, *Documentos fundamentales de la República Bolivariana de Venezuela,* Caracas, Ediciones de la Presidencia de la República, 2000, p. 26.

220. Ibídem, p. 10.

Ahora y en otras ocasiones el teniente coronel refuerza la propuesta de *refundación* con las palabras de Pablo Neruda: "Es Bolívar que despierta cada cien años. Despierta cada cien años cuando despiertan los pueblos"[221]. Una estupenda imagen para la república de las letras, pero una afirmación riesgosa en los labios de un hombre que accede al poder para cambiar la realidad debido a que cuenta con la inspiración del numen de los venezolanos y con la compañía popular. Así como la democracia provocó la desaparición del pueblo en cuanto motor de la historia, ahora el impulso del evangelio patriótico ha hecho que el pueblo despierte de su letargo para retomar el hilo de su destino en un proceso de siembra sobre una parcela yerma. De la siembra se debe esperar una cosecha de frutos auspiciosos, debido a que el retorno de los sembradores significa un rechazo de la historia transcurrida y, como corolario, el deseo de una rectificación que procura un divorcio. El teniente coronel habla de una fractura terminal en relación con las edades recientes.

De que haya habido problemas en el siglo XX venezolano dan testimonio las propuestas de *refundación*, dadas su cortedad y su simpleza, pero es evidente la enormidad de la ceguera negada a descubrir la metamorfosis de una sociedad que logra cohabitar civilizadamente durante cincuenta años y ha dirimido sus diferencias sin llegar a la guerra ni a asperezas que se le parezcan. Ciertamente las propuestas del teniente coronel remiten a una medianía que tal vez se aclimatara en la época de la democracia representativa, a unas limitaciones cuyo alcance se reduce a la manida palingenesia de un héroe, a un examen semejante a las pinturas de brocha gorda que pudieran relacionarse con las horas oscuras en las cuales se pergeñaron, pero son demasiadas las omisiones y las tergiversaciones como para que no se advierta la presencia de una burda reconstrucción del pasado.

---

221. Ibíd., p. 15.

Entre el derrocamiento de Pérez Jiménez y el ascenso de Hugo Chávez, Venezuela no se convierte en el Paraíso, pero son indiscutibles sus logros en materias primordiales como la educación, la salud, las comunicaciones, la información, las expectativas de vida, las rutinas confortables, la penetración de ideas y corrientes del pensamiento, de la literatura, la investigación científica y las artes. En comparación con el resto de América Latina, el país ofrece estadísticas auspiciosas en los géneros referidos. Nadie puede negar la persistencia de fenómenos como el deterioro de la actividad política, el decaimiento de los liderazgos otrora refulgentes, la desatención de los hospitales y las escuelas, el camino desastroso y doloroso de los humildes, el crecimiento de la corrupción administrativa y la brecha que separa cada vez más a los gobernados de los gobernantes, capaces cada uno y todos de construir un cómodo auditorio para críticas fulminantes, pero la versión del teniente coronel apenas se sustenta en las miserias para servirse de ellas, para hacer de su abultamiento el trampolín de la *refundación*.

Ahora no se trata de negar la faena de los fundadores de la República ni de regodearse en la censura de los antepasados decimonónicos, sino de descubrir el vacío y el defecto en el trabajo de los actores del presente, esto es, en lo que pudieron hacer nuestros padres y en las realizaciones de nosotros mismos. La *refundación* parte de decretar el fracaso de las obras de las últimas décadas en las cuales hemos transitado en diferentes oficios y desde diversas perspectivas, depende de enrostrarnos la inocuidad de nuestras vidas pero también la iniquidad. Aparte de que no hicimos bien el trabajo, somos parte de una traición a los ideales del Libertador y a los anhelos del pueblo. De nuestros errores y de nuestra complicidad proviene la obligación de *inventar*. La magnitud de nuestro extravío ha sacado a Bolívar de la tumba y ha hecho que el pueblo vuelva por sus fueros. Los ideales del MBR-200 y el ascenso de su cabecilla nacen de nuestros pecados cívicos. Los dirigentes de los partidos políticos, pero también quienes votamos por ellos y los acompañamos durante cincuenta años ominosos debemos las cuentas pendientes que se cobrarán en una etapa nueva y distinta de la historia. Somos las criaturas del siglo *perdido* de Venezuela, de acuerdo con el parecer revolucionario del teniente coronel.

Si el culto del héroe nos ha conminado con negaciones susceptibles de causar perjuicios a la conciencia colectiva, estamos ante la más turbadora y ofensiva. Nos pone a renegar de nuestra edad y de nosotros mismos para que el semidiós pueda volar de nuevo. La traducción chavista de la realidad conviene en echarnos al basurero de la historia para que exista una regeneración sin nexos con el pozo negro del siglo XX. La alternativa de *inventar* depende de colocarnos con letras rojas en el inventario. La revolución del futuro se levantará de las cenizas del estropicio que hicimos, cuya magnitud fue capaz de inyectarle vida al único actor susceptible de encontrar el desenlace requerido. Pero, como el discurso encuentra acogida y el teniente coronel gana las elecciones, seguramente pocos captan el ultraje de la saliva arrojada sobre la cara de una sociedad supuestamente sórdida, o en su patología lo llegan a considerar justo. En lugar de reclamar su dignidad, los hombres se apresuran a buscar el palio para sacar otra vez la procesión.

LA MULTIPLICACIÓN DE LA INSANIA

El disturbio no se puede atribuir sólo al vástago de los caudillos debido a que, como sabemos, desde antiguo se viene abonando el terreno para la proliferación de alucinaciones. Justo cuando la escena se colma con la prédica del teniente coronel sobre la vigencia de Bolívar, la patología se reproduce. La nueva ubicuidad del héroe seguramente responda a los viejos resortes que se han tratado de mostrar, pero es probable que el acicate del sermoneador de turno la lleve hasta una potencia insospechada. Ahora casi no existe un rincón en el cual no se produzca una manifestación del semidiós. En febrero de 1995, un estimado escritor me entrevistó sobre la actualidad del país para un libro que pensaba editar. Después de solicitar unas reflexiones sobre los periodos de nuestra historia, vino con la siguiente pregunta:

> Seguramente usted disiente de algunas decisiones tomadas por Bolívar a lo largo de su aventura vital. ¿Podría precisarlas?[222]

No es una inquietud que deba plantearse a un hombre de hoy, sino a quienes en su momento lamentaron las decisiones del general. Es una pregunta para el neogranadino Francisco de Paula Santander, para el mariscal español Pablo Morillo o para los esclavos de la época, por ejemplo. Hoy no existe la alterna-

---
222. Rafael Arráiz Lucca. *Venezuela y otras historias*, Caracas, Editorial Pomaire, 1995, p. 12.

tiva de disentir de las decisiones tomadas por Bolívar porque son cosas del pasado sobre las cuales no cabe la determinación del juicio que en la entrevista se mueve alrededor de sus asuntos coetáneos. Pero el escritor hace la pregunta. Quiere saber sobre las cosas que están pasando en el país pero averigua sobre sucesos remotos como si no lo fueran. Si alguien se detiene en el conjunto de su interrogatorio verá cómo se desenvuelve dentro del marco de la sensatez pero de repente su calendario se estira demasiado, requiere de pronto la presencia de Bolívar en un diálogo referido al país contemporáneo. El escritor no es tonto sino todo lo contrario, pero inesperadamente se muestra como reo de una mentalidad que ha escogido al héroe como sempiterno traductor. Nada de que preocuparse, en todo caso, si se compara con los desafueros que siguen.

En septiembre de 1992 se intenta el asesinato de Antonio Ríos, un diputado sospechoso de tráfico de influencias. Se cree que ha utilizado su poder para la entrega de unos apartamentos en un edificio de Caracas y la prensa insiste en la denuncia del hecho. De pronto es emboscado por unos sujetos que lo hieren de gravedad con armas de fuego. Cuando las primeras planas se ocupan del suceso, los atacantes explican la razón de su conducta. Insólita razón en la que nadie se detiene con natural sobresalto. Según propia y espontánea confesión, los delincuentes pretendieron cometer la fechoría basándose en un decreto del Libertador. El decreto tiene fecha 12 de enero de 1824, se dio en una situación de emergencia y ordenaba el patíbulo para los peculadores aunque hubiesen cometido falta leve contra los dineros públicos[223]. Ni siquiera se aplicó en su momento, pero los delincuentes lo quieren ejecutar 172 años después. Para subirse en la mayúscula escala de la anomalía, conviene imaginar lo que hubiera ocurrido si los justicieros se antojan de practicar otro mandato del personaje.

---

223. Sobre el atentado contra Antonio Ríos circuló abundante información en la prensa.

Por ejemplo, el *Decreto de Guerra a Muerte* suscrito en 15 de junio de 1813. En el documento dispone Bolívar la inmolación de los peninsulares y de los canarios que no apoyaran la causa republicana, mientras tiende un manto de benevolencia para los criollos independientemente de la posición que hubiesen tomado ante los acontecimientos de la víspera. Así como se trae hacia el presente una orden de 1824 contra los funcionarios corruptos, se puede actualizar un mandato general contra los enemigos de la República. Sobre las letras trocadas en escritura sagrada no cabe limitación. Una interpretación capaz de poner los pensamientos al día bastaría para proseguir la marcha en los derroteros de la historia dorada. En consecuencia, pudiera darse el caso de una escabechina de los amigos y familiares ibéricos e insulares o del predominio de una impunidad genérica entre los nacionales, porque hay una receta infalible del Padre para curar los males de la República.

El 29 de enero de 1996, a través de documento público, un empresario solicita al presidente Rafael Caldera que no permita la venta del Banco de Venezuela a inversionistas de Colombia y Perú. A continuación se copian las razones fundamentales del peticionario:

> Cómo podríamos aceptar los venezolanos esta situación, cuando no podemos olvidar que nuestro Libertador, que nació por cierto a escasos metros de la sede del banco, murió abandonado en Colombia y nuestro Gran Mariscal de Ayacucho murió vilmente asesinado en Berruecos, Perú [sic].[224]

Si es lícito argumentar hoy de tal manera sobre un negocio con los colombianos y los peruanos, debemos pensar en lo que se pudiera esgrimir en relación con los capitalistas españoles. Ni

---

224. "Telegrama" suscrito por Vicente Lecuna Casanova. *El Universal*, 20 de agosto de 1996.

siquiera permutaríamos una caja de vino por unos costales de café, debido al sanguinario lío que tuvimos con ellos entre 1812 y 1830. Trasládese un argumento semejante a las vivencias del viejo continente, para ver cómo sería imposible la unión europea por la memoria de las cuentas viejas que se deberían cobrar unas comunidades antaño tan pleitistas. Cualquier caricatura sirve para calcular el tamaño de la enajenación que se advierte en reproches como el precedente, siempre que no se piense solamente en la responsabilidad individual de su autor. En Venezuela nadie se pone el Cristo en la boca ante el dislate.

Como al principio tampoco nadie se muestra disconforme cuando el gobierno del presidente Chávez crea los *Círculos Bolivarianos* a partir de 1999. La gente inaugura sus protestas debido a que se comienzan a atribuir a tales *Círculos Bolivarianos* acciones violentas contra las manifestaciones de oposición, como asaltos con piedras, artefactos incendiarios y disparos de armas de fuego ante manifestaciones pacíficas o ataques a los reporteros en las calles, pero los reparos no brotan ante el hecho precedente de la formación de los organismos partiendo de un vínculo mecánico con el ideario del héroe. Según se puede leer en la página web de la organización y en octavillas de propaganda:

> Para formar parte de los Círculos Bolivarianos, sólo se necesita compartir la doctrina bolivariana.

Tal es el único requisito solicitado. Ciertamente es inadmisible que el gobierno fomente unos grupos de choque para detener a sus rivales, según entonces advierten y reclaman los voceros que lo adversan, pero resulta todavía más escandalosa la formalidad exigida a los activistas iracundos y el hecho de que no la consideren así los protestantes. Como no hay mayor explicación sobre lo que se entiende por "doctrina bolivariana" y como en un ambiente tan apegado a la epopeya del grande hombre la alusión remite directamente a sus acciones y a sus escritos, concluiríamos en que la patente para volverse agresivo y para fabricar bombas molotov depende de la familiaridad con textos como la *Carta de Jamaica* y el *Discurso de Angostura* redactados por el Libertador, o con la emulación de hazañas como la Batalla de Carabobo que sólo podrían encontrar alternativas de reincidencia entre los huéspedes de un manicomio.

El 17 de diciembre de 2001 sucede una colosal escena de manicomio. El presidente Chávez convoca unos cincuenta mil adherentes a la avenida Bolívar de Caracas para que repitan el juramento de Güere, esto es, las mismas palabras que el prócer todavía joven había pronunciado en Roma frente a su maestro Simón Rodríguez antes de que comenzaran la guerras de Independencia. Ya sabemos que los conjurados militares de 1982 recalcaron las expresiones frente al samán convertido por Gómez en fetiche cívico, esto es, cómo resolvieron ellos entonces hacer las veces del bisoño aristócrata, insistir en el mismo compromiso del siglo precedente, estacionarse en el pasado y en sus problemas que no se habían resuelto, repetirse en el personaje y en la expectativa de sus hechos. Mezcla de idolatría y remedo, de superficialidad y entusiasmo candoroso, llama poderosamente la atención esa primera comparsa de catecúmenos por lo que pudo tener de rito sin destino o de búsqueda de sanación ante una reliquia de dudosa relación con los asuntos de la realidad posterior, pero el mitin de 2001 sobrepasa con creces los linderos de la sensatez. Ahora Hugo Chávez proclama el credo ante una muchedumbre y la involucra en la solemnidad de una promesa pública para que, como él personalmente en su papel de pontífice, la muchedumbre se convierta en un Bolívar multitudinario y concluya la historia que marcha sin solución de continuidad desde los tiempos del pasado heroico.

El sumo sacerdote toma el micrófono y hace que la multitud repita los vocablos extraídos de su biblia venezolana: "Juro delante de usted. Juro por el Dios de mis padres. Juro por ellos. Juro por mi honor. Juro por mi patria que no daré descanso a mi brazo ni reposo a mi alma hasta ver rotas las cadenas que nos oprimen por voluntad de los corruptos y los poderosos. Tierras y hombres libres. Elección popular. Horror a la oligarquía. Patria o muerte". Ha hecho algunas reformas a la biblia, porque borra una referencia al poder español que aparece en el voto original y agrega los anhelos agrarios de Zamora, pero cumple el empeño de proclamar la religión bolivariana en términos combativos y recluta un primer ejército de misioneros. Antes que un acto político realiza una función confesional, o una amalgama de lo profano y lo sagrado cuya relación con el país contemporáneo carece de un asidero que no sea el embeleco de un intercesor mirífico. Pero no busca que los juramentados obtengan un favor, sino que se maten por la palabra mensajera de beatitud. El juramento obliga al martirologio por el bien de la patria, convida a un fanatismo de santa cruzada, no en balde se realiza en un nuevo aniversario de la muerte del héroe, 17 de diciembre, a media asta las banderas nacionales.

La televisión trasmite las imágenes de la aglomeración y la prensa del siguiente día describe los detalles, sin observar cómo se ha construido la última etapa de la basílica nacional. Nadie se atreve a comparar a la avenida Bolívar repleta entonces de fieles con una ceremonia de Fátima, o con una peregrinación a Lourdes, o con las modestas romerías de los venezolanos hacia el templo de su patrona la Virgen de Coromoto. Nadie ve en Hugo Chávez a un arcipreste confirmando al vapor, ni a los acólitos repitiendo admoniciones parecidas a "la oración fuerte al Espíritu Santo" que unos evangélicos venidos del Brasil han introducido en las capas humildes de la sociedad. Tampoco se advierte la formación de lo que puede ser una secta de fanáticos comprometida ante la sociedad a ofrendar su existencia por la "revolución bolivariana". El mitin adornado de estandartes rojos, de retratos del teniente coronel y de imágenes del Che Guevara se transforma de pronto en un oratorio retador, pero ninguna manifestación de angustia brota del seno de los que se enteran del suceso a través de los medios de comunicación. Los rivales más enfáticos del gobierno y los políticos más avezados anotan en su contabilidad los pormenores del evento sin oler el incienso de la comunión redentora. De las academias y de las universidades no brotan señales de alarma, pese al carácter banderizo del evento.

La muestra de símbolos partidistas y de efigies de políticos calificados de revolucionarios señala la orientación de la liturgia. No se asocia a Bolívar con el sostenimiento o con la reforma del status sino con su mudanza a través de procedimientos violentos. El héroe se convierte en representación de las personas que alientan el cambio considerado desde la perspectiva drástica, según anuncian los carteles y las insignias de la manifestación. La espada de Carabobo es ahora sectaria, y resulta difícil dudar de la legitimidad del sectarismo debido a que se ha invocado el auxilio de la pólvora de la Independencia mediante una salmodia que se viene repitiendo desde el gobierno fundacional del presidente Páez. El juramento de Roma rezado ahora por cincuenta mil personas es resultado de miles de pactos anteriores entre el semidiós y los hombrecitos, de preces sin cuento de los ricos y de los pobres, de los civiles y los militares. De allí que nadie pueda levantar la voz con propiedad contra la militancia del convento. Antes hubo otros monasterios y otros monjes casi tan agresivos debido a su faena de distorsión de la memoria histórica, de subestimación de las épocas y de los procesos sucedidos en ellas, de ultraje de la conciencia nacional, pero la aclamación del monoteísmo impidió la reacción del equilibrio. ¿Cómo levantarse ahora contra la ramificación de unos rojos bonetes fervorosos sin caer en la herejía?

El silencio y el explicable pasmo frente al camino que toman los sucesos conducen a la exportación del culto, otra indicación sobre el exceso de confianza concedido al taumaturgo. Como los milagros se reconocen en casa sin que aparezcan los abogados del diablo, se pueden extender sus gracias al vecindario y aún al mundo entero. Además, existe la facilidad de promover los sermones desde una diócesis opulenta. La iglesia reformada de la revolución cuenta con suficientes fondos para la distribución de breviarios y estampitas, pero también para reclutar acólitos en el exterior. El presidente Chávez hace el anuncio sobre evangelización de infieles y actualización de los ritos entre forasteros en varias intervenciones del año 2002. Lanza entonces desde la tribuna la siguiente consigna:

> ¡Alerta, alerta, alerta, que camina la espada de Bolívar por América Latina! Bolívar vive, la lucha sigue.[225]

La consigna se vuelve familiar, pero no las explicaciones que la puedan sustentar. Aunque quizá no hagan falta mayores análisis, debido a que se trata de un asunto dogmático que se puede resolver según se ha resuelto la resurrección en la escala nacional. Se trata de una exportación tan benéfica, tan indiscutible e infalible, que el Jefe del Estado se atreve a afirmar en su programa "Aló Presidente" trasmitido el 11 de mayo de 2003:

> Unos jóvenes en África están pensando en la creación de Círculos Bolivarianos. Hasta el África está llegando y funcionando el mensaje de la revolución, porque la voz del Padre también sirve para ellos. Allí estaremos con ellos para bien de los pueblos oprimidos.

Lo estrambótico de la pretensión quizá encuentre sostén en las reflexiones de un *Foro Bolivariano de las Américas* convocado

---

225. "Encuentro de solidaridad con la revolución bolivariana. Foro bolivariano de las Américas", *Ultimas Noticias*, Fascículo de Edición Especial. Caracas, 12 abril de 2003.

por el gobierno entre el 10 y el 13 de abril de 2003 en el Teatro Teresa Carreño de Caracas. Inspirada por una conferencia del Director de la Escuela de Historia de la Universidad Central de Venezuela, la moderadora del acto dijo entonces en presencia de delegados latinoamericanos y europeos:

> Presidente Chávez, la espada de Bolívar parece que hoy recorre el mundo, así que no vamos a ser una gran potencia latinoamericana, seremos una gran potencia mundial bolivariana.[226]

Poco antes había dicho el referido profesor de historia de la primera casa de estudios del país:

> ¿Qué significa ser bolivariano en nuestros tiempos? No es una religión, no es un dogma, no es una repetición del pasado, es una posición ética y política ante los problemas de nuestro presente, es partir de nuestra historia aceptando libremente que los valores de Simón Bolívar pueden ser reinterpretados, proyectados, complementados de acuerdo a las aspiraciones de los pueblos hoy. Así, los bolivarianos participamos en un movimiento de transformación de la sociedad que lucha por el rescate de la soberanía nacional, por la transferencia del poder de las elites tradicionales a las mayorías destruidas y por la libertad y prosperidad de todos los venezolanos. Creemos en la combinación más adecuada entre mercado y Estado para nuestra sociedad, con miles de empresarios pequeños, medianos y grandes, generando empleo y riqueza. Creemos en la necesidad de un Estado fuerte y eficiente, que corrija las distorsiones sociales del mercado, que administre nuestros recursos naturales estratégicos y que provea servicios económicos y sociales para toda la población. Pero también luchamos por el tercer sector, el sector solidario, formado por mujeres y hombres que se asocian voluntariamente

---

226. Ibídem, p. 7.

para apoyarse entre sí, el sector donde el pueblo ayuda al pueblo, organizándose en amplios movimientos de indígenas, campesinos, obreros, mujeres, estudiantes, intelectuales, cooperativas, comités de tierras, motorizados, clase media en positivo y por supuesto nuestros círculos bolivarianos.
¡Alerta, alerta, alerta que camina la espada de Bolívar por América Latina. Bolívar vive, la lucha sigue![227]

Del fragmento se deduce que una reinterpretación basta para conectar el pensamiento bolivariano con negocios tan alejados de su inquietud como la salud del sector privado y de las clases medias ante los requerimientos de un proceso de creación y distribución de la riqueza imposible de imaginar desde la escena decimonónica, especialmente cuando se padece un conflicto que apenas deja espacios para pensar en la organización de la colectividad cuando llegue la paz. De la proyección de sus ideas igualmente manarán las luces sobre la administración de unos recursos naturales que adquieren importancia después de la Primera Guerra Mundial. Asimismo, para la multiplicación del cooperativismo, para el cuidado de las mujeres humildes, para solucionar las urgencias de los mensajeros que viajan en raudas motonetas y para la atención de la clase obrera. Laborioso desafío si, como asegura el conferencista, no se trata de profesar un dogma.

Las objeciones pueden aumentar por el hecho de que las afirmaciones se presentan ante un foro de pretensiones internacionales. En el espíritu de la reunión se encuentra la alternativa de aplicar la receta a la América Latina sin considerar su heterogeneidad intrínseca, su conformación archipelágica, ni las variantes de su situación desde la Independencia. Del discurso y del foro se escapan las situaciones inéditas que han surgido desde la desaparición de Bolívar. Sólo se puede ser bolivariano en nuestros

---

227. Ibíd., p. 6.

tiempos partiendo de unas generalidades tan endebles y del nexo del somero panorama con las naturales y comprensibles limitaciones de un estadista que no tuvo a su alcance una bola de cristal. O planteando los problemas de la actualidad según lo haría un redactor de catecismos, pese a que el catedrático no quiere hablar desde un púlpito sino desde una tribuna política. De ello caemos en cuenta porque lo recuerdan las consignas revolucionarias, aunque se asemejen a un conjuro para devolver la vida a lo inevitablemente inanimado. El problema de fondo radica en que, tal vez gracias a estos impulsos procedentes del claustro universitario, el Presidente piense que el redivivo puede amanecer un día llevando sus dones a las vastedades africanas.

EL NOMBRE DEL PADRE

Las enormidades de reciente data y muchas otras para cuya descripción se requiere mayor espacio, encuentran fundamento en la tropelía de cambiar oficialmente la denominación de la República. El presidente Chávez no sólo hace que la Asamblea Nacional Constituyente esté de acuerdo con un nuevo bautismo del país, sino también que los votantes lo aprueben en referéndum. En consecuencia, ahora la comarca se denomina oficialmente *República Bolivariana de Venezuela*. Es un dictamen obligante de la Constitución de 1999 aprobada por los sufragios de la ciudadanía. De las páginas anteriores pueden aprovecharse suficientes razones para considerar la aberración que implica el sacramento, pero los acontecimientos que ha producido y los que puede producir aconsejan unos comentarios específicos.

Ya que se trata de un cambio de denominación sobre espacios que pertenecen a todos y alrededor de los cuales se ha producido una dilatada evolución, para una mayor aclaratoria de su significado conviene asociarlo con un par de célebres variantes que hace poco llamaron la atención del mundo. ¿Por qué ciudades como San Petersburgo y Santafé de Bogotá han recobrado sus nombres originales? ¿Por qué dejan de llamarse Leningrado y Bogotá a secas, respectivamente? Debido a que las sociedades a las cuales pertenecen, o sus elites más lúcidas, realizaron un ejercicio de memoria y un análisis de la conciencia colectiva con el objeto de preservar la esencia de lo que las identificaba en sentido genérico. La primera modificación del nombre de las urbes obedeció a motivos circunstanciales: la revolución bolchevique y la necesidad de encumbrar a uno de sus líderes, en un caso; la Independencia de la Nueva Granada y el deseo de divorciarse del pasado virreinal, en el otro. El retorno a las denominaciones del principio, gracias a las cuales se identifica no sólo un lugar sino una historia completa, respondió a la intención de una vuelta capaz de aglutinar sin excepciones a un conjunto de seres humanos.

De allí el reencuentro con unos nombres capaces de convertirse en expresión de una evolución entendida como una redondez sin capítulos separados o preeminentes, sin fragmentos a los cuales se coloca en lugar de preferencia frente a los demás que forman el rompecabezas uno y único de las sociedades. Cuando los rusos recobran el nombre de San Petersburgo ponen en el justo lugar a un partido político que se había asumido como profeta del porvenir y del pretérito. Cuando los colombianos recobran el nombre de Santafé de Bogotá observan el devenir de los mayores y de los descendientes como un fenómeno que no se puede reducir a la gesta de la Independencia frente a España, por encomiable que haya sido.

Debido a una exigencia del presidente Chávez, la Asamblea Nacional Constituyente y el pueblo aprueban un artículo de la Carta Magna mediante el cual se dispone que Venezuela se llame *República Bolivariana de Venezuela*. Una operación exactamente contraria a las que se vienen comentando. Un despropósito, por consiguiente. Determinar oficialmente el carácter excepcional de uno solo de los integrantes de la sociedad, pero también de la época que inspiró, sin consideración de los fenómenos anteriores y posteriores, es un atentado contra la historia nacional entendida como proceso y como actividad colectiva. Identificar oficialmente a la República con el nombre del Libertador significa la creación de una clasificación errónea, falaz y perjudicial de los hechos sucedidos dentro de nuestros contornos desde el Descubrimiento, por lo menos.

Conduce, en primer lugar, a la descalificación del pasado contra el cual se hizo la Independencia. Si caemos constitucionalmente rendidos ante el artífice de la guerra contra la Colonia, ¿cómo queda la Colonia? La apología oficial de los hechos sucedidos entre 1810 y 1830 obliga a mirar despectivamente los trescientos años anteriores, o a subestimarlos. No en balde estamos ante a un mandato de la Carta Magna frente al cual no podemos vacilar como ciudadanos obedientes de la regla mayor. Si Bolívar es el ungido por los redactores de la cartilla fundamental, los hombres contra quienes reaccionó y triunfó –nuestros ascendientes conquistadores, pobladores, misioneros, cabildantes, aristócratas, burócratas, soldados, mercaderes, dependientes, artesanos, hombres de trabajo partidarios del trono o formados en la ortodoxia hispánica...– quedan esencialmente reducidos en su papel de constructores de la sociedad.

Si hay uno más importante, ellos son secundarios. Si se ha dispuesto desde las alturas que hay uno mejor, ellos son peores. Si el ascenso oficial de Bolívar significa, como debe significar, la sobreestimación de lo que pensó e hizo, entonces lo que pensaron e hicieron los hombres de antes deja de importar o importa mucho menos. Un entendimiento de la historia que parta de un desprecio tan estentóreo de su capítulo fundacional, que arranque de un catálogo cuyo contenido llega al extremo de colocar en el principio y en el fin de la nómina al hombre que pretendió la ruptura con tres siglos de convivencia, patrocina una mutilación del ser nacional.

La mutilación no se limita a una extremidad. Así como nos predispone contra los inicios de la sociedad, nos previene en términos negativos contra la época posterior a la Independencia. Recuérdese cómo los sucesos que concluyen en la creación de la República en 1830 surgieron como una reacción contra el proyecto grancolombiano, esto es, contra el designio ambicionado por la persona cuyo nombre se asocia ahora oficialmente a la vida de los venezolanos. ¿Cómo quedan "los cosiateros" que manifiestan antipatías contra la autoridad residente en Bogotá? ¿Cómo queda el líder de la secesión y primer mandatario de la autonomía, José Antonio Páez? ¿Cómo quedan los ilustres convencionistas de Valencia, quienes consideraron equivocada la obra de Bolívar y se separaron de ella? ¿Dónde ubicar a los grandes pensadores y a los eximios patriotas, quienes llegaron a la conclusión de que lo que había pasado después del Congreso de Angostura era un disparate? Dejan de ser los fundadores de la autonomía para convertirse en traidores por mandato de la Constitución de la *República Bolivariana de Venezuela*. Dejan de ser los regeneradores de un país convertido en escombro después de veinte años de guerra. No serán más los fundadores de la nacionalidad, como en efecto lo fueron, para que la historiografía los siga presentando, ahora con mayor entusiasmo y a título oficial e incontrovertible, como reos del pecado original de reaccionar contra el Padre. A la descalificación de la Colonia, esto es, del tramo más extenso y esforzado de nuestro desenvolvimiento, se agrega ahora la censura del periodo nacional. La mutilación adquiere proporciones de escándalo.

Los miembros naturales son reemplazados por una prótesis milagrosa: Simón Bolívar. La Constitución dispone la metamorfosis de la historia de Venezuela por la historia de Simón Bolívar. El cambalache demuestra la carencia de nociones en torno a la historicidad de los procesos humanos y sobre el imperio de la cronología. Lo que pensó el grande hombre entre 1810 y 1830 fue pensado para tal época. Si apenas sirvió a medias para el reto de su tiempo, no en balde el grande hombre terminó con las tablas en la cabeza, es evidente que no es el lenitivo de un tiempo como el actual. Como prisionero de su historicidad, el protagonista de la Independencia sólo puede pensar en ella sin la pretensión sobrehumana de trazar una línea de vida que perdurará por los siglos de los siglos. Esa historicidad a la que estuvo atado de manera fatal lo lleva a responder las solicitaciones de una edad sin ocuparse de aquello que las edades posteriores requiriesen. Se trata de una imposibilidad de tipo material, de un límite obligatorio de la acción de los hombres que escogen como vehículo para el desarrollo de sus proyectos la política y la guerra sucedidas en un marco temporal.

Sólo en el caso de un profeta como Mahoma o de un legislador como Moisés, quienes se anuncian como voceros de la divinidad y son recibidos como tales por sus destinatarios, se puede pensar en la alternativa de un mensaje susceptible de traspasar la barrera del tiempo para determinar la vida de las generaciones posteriores. De sus voces manan disposiciones generales y pautas permanentes de origen divino, esto es, lo contrario de las ideas y las acciones de un personaje histórico que sólo procura, porque no puede procurar otra cosa, la atención de los problemas de la escena en la cual se desenvuelve. Una atención que demuestra su lucidez en la medida en que responde a la realidad de manera diversa sin la atadura de una reacción uniforme, sin el apego a una sola fórmula y sin la dependencia de un juicio inalterable.

Pero ese hombre luchando en su entorno de manera diversa desaparece ahora. Ya no es el político o el conductor de tropas que produce respuestas múltiples y aún contradictorias ante los asuntos de su época. Los muchos Bolívar manifestados en una sola personalidad peleando por el poder y la sobrevivencia son sustituidos por una figura única y perfecta. Ya no es sucesivamente el crítico de Cartagena, ni el terrible brigadier de la Guerra a Muerte, ni el aristócrata de la *Carta de Jamaica*, ni el republicano de Angostura, ni el partidario de la presidencia vitalicia, ni el soldado que se derrumba después de combates desafortunados, ni el antagonista del liberalismo en las postrimerías de Colombia, ni el estadista desconfiado de los militares.

Es un bloque de mármol sobre cuya cúspide se produce el ritual de la coronación canónica.

Es la apoteosis contemporánea del monoteísmo, cual seguramente fuera la elevación del dios de los cristianos como único habitante del panteón imperial durante el reinado de Constantino. Ahora un tropical Constantino ha impuesto la identificación absoluta entre un pueblo y su deidad nacional. Sin embargo, sería injusta una atribución de carácter exclusivamente personal. El teniente coronel hecho Presidente puede ser responsable de la chifladura multiplicada de los últimos años, de los mítines convertidos en ramadanes y de la monomanía de pensar en el universo regenerado por Simón Bolívar, pero desde mucho antes viene andando la romería alentada por numerosos pastores y por generaciones de devotos. La procesión es tan antigua y encarecida que se ha vuelto una trampa, de cuyo desmantelamiento depende la posibilidad de dar un golpe de gracia al desencuentro con la realidad.

EL TERCER SIGLO

EN LA CLAUSURA DEL BICENTENARIO del nacimiento del héroe, el coordinador de los actos piensa en el país y en el continente del futuro para supeditarlos a la inspiración del homenajeado. Así termina su discurso:

> Dijo Rodó: "Cuando diez siglos hayan pasado... cuando cien generaciones humanas hayan mezclado en la masa de la tierra, el polvo de sus huesos con el polvo de los bosques mil veces deshojados y de las ciudades veinte veces reconstruidas... los hombres de la América libre y una... verán, como nosotros también, que en la extensión de sus recuerdos de gloria nada hay más grande que Bolívar". Ésa es la convicción, alma y razón de la esperanza. Otra vez el esfuerzo. Adelante. Ya comienza para Bolívar el tercer siglo.[228]

En efecto, el Libertador continuará el itinerario porque se ha confundido su nombre con el nombre de la República y porque la política contemporánea ha renovado sus laureles. Pero tal vez el orador ni el pensador al cual acude pudieron en su momento imaginar cómo las miradas puestas en la grandeza no sólo desembocarían en las aberraciones que se han vuelto costumbre, sino también en minúsculas argucias debido a las cuales

---

[228]. J. L. Salcedo Bastardo, "Discurso con motivo del 153 aniversario de la muerte de Simón Bolívar, en el año conmemorativo del bicentenario de su nacimiento", *Acción al futuro. El Bicentenario de Simón Bolívar, 1783-1983*. Memoria, p. 290.

se debe pensar con seriedad en el momento de encomendarnos al patrono para un nuevo viaje de cien años.

Un vistazo a la prensa de la actualidad les diría que las fuerzas armadas han iniciado un plan de ventas de gallinas en baratillo, de servicios de barbería, de atención médica y odontológica, llamado Plan Bolívar 2000. También les diría que los ediles del Municipio Libertador de Caracas resolvieron modificar la denominación del cuerpo colegiado, para llamarlo oficialmente Municipio Bolivariano Libertador. También les diría que el régimen de la *República Bolivariana de Venezuela* ha inaugurado "cultivos bolivarianos" en cuyo centro reinan el "arroz bolivariano", los "plátanos bolivarianos", la "yuca bolivariana", el "trigo bolivariano importado" y los frijoles que en el país se llaman caraotas y ahora son "caraotas bolivarianas". La parte edificante de la operación radica en que se trata de alimentos para los pobres, pero lo lamentable es que los comestibles se hayan uniformado de bolivarianos por disposición del "gobierno bolivariano" en un país llamado *República Bolivariana de Venezuela*. Por consiguiente, no se acude a una metáfora cuando se dice que el héroe está hasta en la sopa. Se encuentra de veras metido en sus recipientes y lo llevamos a la boca cada día con la ayuda de nuestras ordinarias cucharas. Lo avasallante de su presencia aconseja una búsqueda que, aparte de poner fin a estas minucias susceptibles de provocar justificado rubor, devuelvan a Venezuela el sentido de su historia, el reconocimiento cabal de sus miserias y la posibilidad de mirar razonablemente el porvenir. Escrito de otra manera con todas sus letras, se trata de evitar que el tercer siglo nos encuentre postrados en la infecunda capilla.

De cómo estamos frente a un arduo desafío da cuenta una iniciativa mediante las cual se ha pretendido quitarle al héroe el carácter banderizo de sus recientes manifestaciones: un libro acogido con benevolencia por la oposición al gobierno del teniente coronel. Podemos leer en sus páginas:

Bolívar pertenece a todos los venezolanos y es un bochorno que los extremistas quieran confiscarlo para sus fines agresivos. Que los revolucionarios se apropien de Bolívar es un despropósito tan absurdo, como que los liberales y demócratas de hoy, tratemos de cogernos al comunista Che Guevara, personaje negativo convertido en "simpático", por los ardides publicitarios de la sociedad de consumo.
Bolívar amó la libertad con el fervor de hombres como Tocqueville, Byron, Humboldt, Beethoven y Jefferson, por eso es una intolerable arbitrariedad que se le pretenda asociar a programas autoritarios como los del trasnocho revolucionario que en el presente nos mortifica.
Hoy más que nunca necesitamos un líder como Bolívar, vale decir un estadista y no un demagogo. Un hombre práctico e intelectual a la vez, ético, tolerante, proclive a una educación libre y crítica y no a un sistema escolar partidizado, y, con la apropiada mezcla de pasión y serenidad que debe tener un jefe de estado. El mismo nos hace su certera presentación: "Yo he recogido el fruto de todos los servicios de mis compatriotas, parientes y amigos. Yo los he representado a presencia de los hombres; y yo los representaré a presencia de la posteridad".[229]

¡Cuán largos son los tentáculos del monoteísmo nacional! Existe una tergiversación de Bolívar que terminará cuando se beba en las aguas cristalinas del propio Bolívar, pregona el autor. La calamidad cesará a través de una reacción contra la secta que ha interpretado maliciosamente las Escrituras. Sigue existiendo un pensamiento de proyección infinita, cuya vigencia depende del establecimiento de otro canon vivificante. Pero no sólo se trata de liquidar una apostasía sino de apuntalar el tabernáculo. Agrega el autor:

---

229. Alexis Ortiz, *El texto de sus disparates. Falso retrato de Simón Bolívar*, Caracas, Editorial Panapo, 2003, pp. 43-44.

> Bajo ninguna excusa podemos dejar que la insolencia y el bolivarianismo caletrero de los revolucionarios de hoy, nos alejen, distancien al pueblo de nuestro padre libertador, una de las personalidades cimeras que produjo la humanidad en el venturoso siglo XIX... Bolívar es el bastión de nuestra estima colectiva para el resto de la eternidad.[230]

La fórmula es como la convocatoria a un nuevo Concilio de Trento cuyas autoridades lleven a cabo la Contrarreforma. La congregación de los nuevos padres de la Iglesia no sólo se ocupará de la custodia de la ortodoxia, sino también de su preservación hasta la consumación de los siglos. Como esencia del enaltecimiento social, el reino de un solo venezolano excepcional debe permanecer "para el resto de la eternidad". Es evidente cómo el texto reacciona contra una facción de iluminados para que continúen tocando a rebato las campanas.

Pero el ruido de las campanas, aparte de causar demasiado aturdimiento, no convoca a ceremonias auspiciosas. La sociedad no puede esperar un juicio final que dependa del árbitro infalible, debido a que el árbitro ha descendido del estrado para participar en un pleito que no le incumbe y sobre el cual no puede sentenciar con legitimidad. Como es magistrado y parte ha dejado de ser infalible, según proponía el dogma en sus inicios. El juicio final ahora no se puede radicar en un sacro tribunal que ha perdido la sacralidad por su conversión en moneda corriente, pero también en billete que no vale para todos los tratos ni para todos los tratantes. El templo ya no es un lugar concertado por un elenco de iniciados cuyo oficio es el tratamiento respetuoso del oráculo o su consulta en situaciones especiales, sino un atrabiliario mercado. Los frailes han pecado contra la majestad de la deidad porque han sacado el sagrario del altar para llevarlo

---

230. Ibídem, p. 44

destapado a la calle. Han cometido un crimen contra el héroe. Si en Venezuela hubo alguna vez un parricidio no fue el que realizaron los hombres de 1830 para iniciar nuevas formas de vida en república, sino la operación de los monaguillos que convirtieron los misterios en sobradas vulgatas.

El monasterio sin clausura y los monjes sin regla, los catecúmenos rezando a su manera las preces, trastocados los evangelios por la aparición de inesperadas parábolas y de figuras que no aparecen en los pergaminos originales, génesis anunciados en la mitad de la creación del mundo y diversos Apocalipsis en vísperas, improvisados calendarios para las fiestas de guardar y mandamientos que no se incluían en las tablas de la ley han transformado la basílica en prostíbulo. La deidad ha llegado al extremo de ver cómo también puede tener el santo de espaldas, esto es, cómo puede tener la mala suerte póstuma de soportar un sacristán tonto que se ha vuelto a la vez íntimo y émulo, colega e intérprete, hijo y repetición, dueño y sirviente, albacea y heredero. Ahora resulta que se permite el acceso a los corredores del Olimpo y Zeus puede ser choteado con impunidad.

Un primer impulso pudiera aconsejar que aceptemos la invitación para hacer una nueva y purísima profesión de fe, pero es mejor aprovechar las situaciones de pedestre humanidad para hacer lo que no se puede hacer con los héroes. Ahora que Bolívar no es un ídolo compartido, sino una compañía excesivamente asidua y una extorsión capaz de llevarnos a traicionar lo que un entendimiento normal puede decir sobre el país, pensemos en el sentido de las palabras de Mnemosina a Hesíodo copiadas en el epígrafe del libro. Se puede hablar entre los hombres sobre el destino sin la interferencia de los dioses porque hubo y puede haber un tiempo sin dioses. De allí que el Hesíodo temeroso de las potencias metafísicas pueda hablar con su interlocutora como si ellas no existieran porque en un momento no existieron. Entonces Mnemosina puede ser una traductora adecuada de la realidad y Hesíodo su aprovechado par. Luego volverán los dioses y los hombres inclinados ante sus peanas.

Gracias a la olímpica vacación se puede asegurar que hubo un hombre antes de la canonización, con virtudes que apenas distinguen a unos pocos hombres pero con las limitaciones que fatalmente confinan a todos los miembros de la especie, independientemente de su estatura histórica y del rol desempeñado durante su paso por la historia. Un hombre de los principios del siglo XIX, nacido en el seno de la aristocracia y marcado por las influencias de su estirpe en un país que apenas comenzaba a existir y ninguna de cuyas criaturas podía imaginar las evoluciones del futuro próximo, mucho menos las que sucederían después de dos siglos. Un hombre que cambió poco a poco hasta el punto de parecer miembro de otro linaje y portavoz de personas pertenecientes a estratos diversos y aún antagónicos, pero imposibilitado de echar por la borda las influencias, las antipatías y las distancias esenciales de su tiempo. Una cabeza pensando como las cabezas de su época porque no tenía otra alternativa. Ninguna luz del más allá la iluminaba. Leyó cuanto leyeron sus congéneres o quizá un poco más, y escribió como escribían ellos o tal vez mejor. Tuvo las seguridades de los criollos ilustrados de entonces, pero también las ínfulas, los prejuicios, los intereses, las pretensiones infundadas y los balbuceos. Triunfó como la mayoría de sus compañeros en el conflicto de la Independencia, pero se equivocó hasta el extremo de provocar las prevenciones y el malestar de colegas y gobernados, esto es, de aquellos que podían juzgarlo con mayor propiedad e intensidad aunque también con la desatada pasión de los políticos y los hombres de armas quienes se juegan su suerte ante el detentador del poder. Ciertamente destacó entre los protagonistas de entonces por sus miras altas y por el desprendimiento de sus acciones, por su tenacidad de hierro, por las hazañas militares y por el deseo de proponer instituciones capaces de iniciar la sociabilidad republicana, pero el mundo que quiso crear prefirió ensayar otros caminos sin colocarlo en la vanguardia. Conviene pensar en estas circunstancias antes del retorno de los canonizadores. No parece justo ni sensato imaginar que los habitantes de ese mundo se equivocaron, mientras echaban del teatro al único actor capaz de culminar felizmente la obra. También conviene recordar que el actor murió como todos los hombres de su tiempo y como mueren los de todos los tiempos y que, como ellos, no puede recobrar la vida.

De lo cual se desprende que existen buenas razones para considerar a Bolívar como un valor genuino de la nacionalidad, pero también para pensar en la rotunda imposibilidad de anexarle la calidad de faro perpetuo. El hecho de que su fama traspasara las fronteras locales para convertirse en una referencia para los italianos, los franceses, algunos ingleses y los españoles del siglo XIX indica que estamos ante un personaje de trascendencia universal, pero no frente a la linterna de la eternidad. Si el problema de fondo es conocer a Venezuela para solucionar sus problemas, lo más inapropiado es tratar de descubrir sus características a través de Bolívar. El "conócete Venezuela" que parece un imperativo después de un desfile de traspiés no puede limitarse a "conoce a Bolívar y sigue sus instrucciones". El empeño en desentrañar las oscuridades del país desde el lucernario del Libertador no ha hecho sino tapar los agujeros por los que puede penetrar el sol.

Páez imprimió el primer ejemplar de la biblia patriótica y la nación terminó en la guerra civil. La República recién segregada de Colombia apenas pudo respirar con tranquilidad durante una década porque los notables del gobierno se olvidaron a propósito del breviario de San Simón. Guzmán edificó el Panteón Nacional para acicalar las tropelías de su dictadura y las ofensas de su megalomanía. Los cambios de la sociedad no se debieron entonces a la inspiración del semidiós, sino a las pretensiones de modernización que abrigaba el autócrata y a sus tratativas para sosegar a los caudillos. El héroe es una vergüenza en el misal de

Gómez, mientras el país trata de abrirse paso porque aparecen elementos materiales, determinaciones exteriores y anhelos de justicia inimaginables en la época del héroe. Los arrebatos místicos de López Contreras son la evidencia del bamboleo presidencial en una comarca que cambia sin que el primer mandatario ni su estro de la Independencia sepan cómo cambia. Chávez jura ante un árbol por el "hombre sideral", lo sienta en una silleta de confidencias y lo convida a las aglomeraciones, pero la República se derrumba. El héroe ha sido requerido en cada etapa mientras el país da tumbos por su lado.

Cada derrumbe tiene su explicación, pero Bolívar aparece en el medio de todos los escombros. Es evidente que el político de turno está manipulando su pensamiento, pero salta a la vista también la desconexión de las urgencias de cada época con las ideas del grande hombre. Sus preocupaciones nacidas en la Guerra de Independencia no sirven para la posguerra, ni para el "cuero seco" que se desea ablandar más adelante, ni para un país secuestrado por un tirano cuando aparece la riqueza del petróleo, ni para despejar las incógnitas de la sociedad que se distancia de una férrea dictadura, ni para la "refundación" de la sociedad después del periodo democrático. Así como los hechos ponen en evidencia un manejo torcido del ideario del grande hombre, demuestran de manera palmaria lo poco que puede servir en las diversas posteridades.

A menos que se le conceda utilidad a una cortina espesa cuyo objeto es impedir la observación de la realidad. Porque en eso se ha convertido Bolívar. Cuando los pontífices requieren su opinión en torno a fenómenos que desconoce y para problemas sobre los cuales no podía pensar durante su peripecia vital, crean una interferencia debido a cuya envergadura se tapan el panorama y los detalles del paisaje. Los pontífices aseguran que piensa sobre lo que no puede humanamente pensar y que puede solucionar problemas jamás advertidos en su tiempo. Los pontífices aseguran que está allí para hacer indicaciones certeras. Tal seguridad reemplaza la investigación del entorno por las ideas supuestamente pensadas en el pasado para el arreglo del futuro. Imposible llegar así a desenlaces viables, lo cual hace del héroe un escollo en lugar de un remedio.

Pero, ¿cómo ver un valladar en la herramienta a la que se ha pedido que actúe como lenitivo, sin que nadie advierta la presencia de una anormalidad o de una actitud irrespetuosa? No ha cumplido dos años de muerto cuando las gentes sencillas de San Fernando de Apure lo llaman para que las favorezca ante las aguas crecidas de un río. En breve los parroquianos de Guanare piensan en él cuando se enfrentan al problema de la educación de sus hijos y de la pobreza de sus siembras. Hoy es invocado por la desesperación de los pobres en las funciones de María Lionza. Sin embargo, nadie ha hablado de la impotencia del convidado. No detuvo la tempestad, ni fundó colegios, ni ayudó a los agricultores, ni sacó a los presos de las celdas, pero las personas no se turban porque suceda después otra invocación. Como es una manifestación de la Providencia, de acuerdo con las palabras de unos clérigos famosos pero también de los anónimos chamanes, se piensa que ha actuado a su manera después de escuchar los rezos.

De tan incondicionales, las miradas ni siquiera reparan en la calidad de los sacerdotes. La sola referencia a los escritos del Padre es suficiente para trasmitir al oficiante la santidad del objeto del culto. No se censuran con la acritud del caso los discursos ampulosos de Guzmán, ni las súplicas infantiles de López Contreras, ni los textos lampiños de Chávez. Todavía peor: tampoco generan malestar asociaciones como la fraguada por Gómez con el paladín, mediante la cual se vuelven una misma cosa los desmanes de un homicida y la gesta del adorado; o como la inspiración encontrada por los plumarios de Mussolini y Franco en los papeles del exótico huaco, gracias a la cual la Independencia de América se junta con el fascismo. Se trata de vestir al santo. En consecuencia, no importan ni los sastres ni los remiendos de la tela.

Hay otro asunto en el cual no se detienen los levitas y los fieles, especialmente aquellos más dinámicos. Las procesiones no son únicamente nacionales. Gracias a la generosidad de la capilla se deben llevar los milagros hacia otras latitudes. Sobre la importación se pueden aplicar los reproches anteriores, no en balde la diversidad del vecindario y del universo del futuro es tan elocuente como la de Venezuela en relación con las alternativas de salvación que pueda ofrecer un redentor venido del siglo XIX. Sin embargo, cabe otra observación a partir de la cual puede medirse la posibilidad de desenfreno encerrada en el monoteísmo. Para las misiones hacia extramuros no existen otros cultos ni otros gigantes del principio de los tiempos, entronizados en la nave central de los templos que cada pueblo edifica para ufanarse de su nacimiento. Los misioneros proclaman el advenimiento del mayor de los héroes sin considerar que cada sociedad tiene al mayor de los héroes confeccionado a su medida y un pasado colosal del cual se enorgullece. Un enjambre de *Testigos de Bolívar* pregona en su rudimentaria *Atalaya* que por fin ha llegado desde Caracas la "Iglesia de los últimos días" con las reliquias de un tránsito sagrado que se debe imitar. Los dioses locales son menores, por consiguiente. Pueden permanecer cerca del Zeus blanco criollo, pero en hornacinas menos estentóreas. La operación es atrevida y alucinante, no en balde muchos de los evangelizados mueven el incensario sin considerar que el humo del servicio ofende a los espíritus familiares.

Venezuela ha trabajado para la apoteosis. Sus intelectuales han descubierto en Bolívar los poderes de la adivinación y la ubicuidad. Muchos de sus historiadores no se hacen enredos con el reloj o con el almanaque cuando deben ponerlo a trabajar por la regeneración de la humanidad. Sus biografías son como las crónicas de los bienaventurados redactadas en las cartujas.

Sus rivales son unos villanos movidos por Satanás, quien no se conforma con atacar al grande hombre en el momento de la aparición sino también después del sacrificio. De allí el pecado original de los venezolanos. De allí la necesidad de fundar cuerpos de Inquisición contra las pravedades que se producen en el país y en el exterior. De allí la expansión de un enjambre de feligreses por cuya cabeza ni siquiera pasa una duda sobre los artículos de la fe. Sólo la prostitución del culto hasta el extremo de conducir a la preocupación de la sociedad, hecho sucedido recientemente gracias a las exégesis tumultuarias de Hugo Chávez, ha sugerido la posibilidad de la cautela frente a las virtudes del epónimo. O sobre la correcta utilización de sus virtudes, más bien, porque nadie vacila en torno a la eficacia del portento sino sobre cómo las aprovecha un político cuyo propósito es hacer la revolución.

Es esta situación la que permite tratar por un rato a Bolívar como un hombre y proponer la modificación de la idolatría nacional. Ya que uno de sus sacerdotes ha cometido el error de dejarlo demasiado tiempo entre nosotros, temeridad debido a la cual se puede someter a una peligrosa auscultación, antes de que vuelva a su trono con la figura maltrecha y se hagan demasiado visibles las goteras en la cobertura de su palio, se puede buscar una solución que nos mantenga bajo su advocación de una manera menos hegemónica. ¿Por qué no pensar en un ritual sin exclusiones, que permita salidas salvadoras para Venezuela sin menoscabo de la devoción tradicional?

Ciertamente no se puede pensar en la prohibición del culto, debido a que nos convertiríamos en un pueblo insólito y absurdo que no fue capaz de preservar su historia sagrada como todos los pueblos. Pero acaso la solución radique en la revisión de la historia sagrada de la patria para explotar al máximo su veta sin la intención de convertirla en asunto ordinario. Si ya se viene haciendo fatigosa la cohabitación con una sola estatua, podemos establecer una relación respetuosa con muchas de ellas. Hasta el consejo del tedio puede conducir hacia una rica galería de venerables imágenes. En lugar de un solo bloque de mármol, otros más de gran valor y gran tamaño sobre los fabulosos pedestales.

Aunque los venezolanos deben sentir que son temerarias, las ventajas de la heterogeneidad son numerosas. La tradición mantiene su deidad de siempre, mientras aumenta la fortaleza confesional y la estadística de la grey con la elevación de nuevos inspiradores de naturaleza sublime. En concordancia con su proverbial desprendimiento la deidad estará conforme con las novedades. Los evangelios pueden ofrecer flamantes ejemplos en la medida en que una escrupulosa revisión capte de veras la amplitud de sus horizontes. Las figuras venidas a menos pueden ascender con justicia en el escalafón de la estima colectiva mientras se justiprecian sus trabajos. Muchos personajes arrinconados por el desdén pueden ocupar plazas dignas. Los sucesos despreciados pueden ser enaltecidos, pero otros disminuirán su prestigio. Ha de ser distinto el catálogo de las excelencias y los defectos de los personajes principales manejado hasta la fecha con arbitrariedad. Habrá nuevos ángeles y nuevos demonios, pero de veras muchos más. Se elaborarán nóminas sin precedentes de los enemigos de la patria, mas también de los íntimos. No existirá un solo resplandor para guiar los pasos del pueblo ni para apoyar causas políticas irrebatibles. Pueden desaparecer las ridiculeces de los mercados, de los servicios, los espectáculos, los foros, los congresos y los productos agrícolas asociados al numen verdadero. Asimismo será diversa la consideración de los diferentes capítulos del camino, hasta el punto de que podamos asegurar que el Génesis no comenzó en el medio del trayecto sino antes o más tarde, o cómo está lejano el infierno después de la renovación del santoral. ¡Y los lectores de los evangelios! Ellos también serán otros para que tengamos una versión gracias a la cual no se reconozca la sociedad en uno solo de sus representantes. No habrá un único santo de quien agarrase, en suma. Tales pueden ser los beneficios de la gozosa implantación del politeísmo.

En el fondo, el culto no se modificaría, sino quienes lo han creado. Más que una proliferación de ídolos, el nuevo trajín de las aras descubriría a una sociedad que salió de la minusvalía debido a que por fin se vio como protagonista de sus hechos y no como la heredera sin merecimientos de un tesoro en cuyo recaudo no participó. La República de Venezuela que funda el politeísmo no es la masa ciega que necesita los ojos de un solo hombre para caminar correctamente, ni una agrupación de infantes inocentes esperando las órdenes del tutor difunto, ni la familia nostálgica que sólo recuerda sucesos gloriosos porque siente que no los puede llevar a cabo ella misma, ni una casa de habitantes apocados sin la voluntad de sugerir rumbos distintos a la memoria y a la vida. El politeísmo no sería ahora una multiplicación de dioses, sino el testimonio de que la sociedad se eleva por propia decisión a los altares porque requiere que muchos de sus semejantes y muchas de sus épocas la representen y exhiban sus conquistas. Toda la sociedad estaría en el altar, o lo mejor de ella en términos abrumadores. Sería la República a secas, orgullosa y descontenta de sus obras porque ha conocido la madurez y la salud mental.

BIBLIOGRAFÍA

ACCIÓN de futuro. El bicentenario de Simón Bolívar, 1783-1983. Memoria. (1995). Comité Ejecutivo del Bicentenario, Caracas: Impresos Cromotip.
ANGELONI, Luigi. (1992). "Della Forze nelle Cose Politiche". Filippi, Alberto (coord.). (1992). *Bolívar y Europa en las crónicas, el pensamiento político y la historiografía*, Caracas: Ediciones de la Presidencia de la República. vol. I.
ARCAYA, Pedro Manuel. (1941). *Estudios de sociología venezolana.* Caracas: Editorial Cecilio Acosta.
ARRAÍZ LUCCA, Rafael. (1995). *Venezuela y otras historias.* Caracas: Ediciones Pomaire.
BELLERMANN, Ferdinand. (2000). *Diarios.* [Texto inédito con Estudio Preliminar de Helga Weissgarber]. Caracas: Fundación Cisneros.
BLANCO, Eduardo. (1981). *Venezuela heroica.* Caracas: Ediciones de la Presidencia de la República.
BLANCO MUÑOZ, Agustín. (1998). *Habla el comandante.* Caracas: Universidad Central de Venezuela:
BOUSINGAULT, Juan Bautista. "Memoires". Filippi, Alberto (coord.). (1992). *Bolívar y Europa en las crónicas, el pensamiento político y la historiografía.* Caracas: Ediciones de la Presidencia de la República, vol. I.
BRICE, Ángel Francisco. (1961). "Estudio preliminar". *Recuerdos sobre la rebelión de Caracas.* Caracas: Academia Nacional de la Historia.
BRICEÑO IRAGORRY, Mario. "El fariseísmo bolivariano y la anti-Amé-

rica". Germán Carrera Damas. (1969), *El culto a Bolívar*. Caracas: Ediciones de la Universidad Central de Venezuela.

_____. "La historia como elemento de creación". Germán Carrera Damas, *Historia de la historiografía venezolana (Textos para su estudio)*. (1969). Caracas: Ediciones de la Biblioteca de la Universidad Central de Venezuela.

BRITO FIGUEROA, Federico. (1981). *Tiempo de Ezequiel Zamora*. Caracas: Universidad Central de Venezuela.

CABADA, Teodosio, "Elogio a Bolívar en cien palabras". *Revista de la Sociedad Bolivariana*. julio de 1960, Caracas.

CABALLERO, Manuel. (2003). *Las crisis de la Venezuela contemporánea*. Caracas. Ediciones Alfadil.

_____. (2003). *El orgullo de leer*. Caracas: Ediciones Alfadil.

CAMBELL, Joseph. (1973). *The Hero with a Thousand Faces*. Princenton: Princenton University Press.

CARBONELL, Diego. (1965). *Psicopatología de Bolívar*. Caracas: Ediciones de la Biblioteca de la Universidad Central de Venezuela.

CARBONELL, María de Lourdes. (1965). "Introducción". Diego Carbonell. *Psicopatología* de Bolívar. Caracas: Ediciones de la Biblioteca de la Universidad Central de Venezuela.

CARLYLE, Thomas. "Dr. Francia". Filippi, Alberto (coord.). (1992). *Bolívar y Europa en las crónicas, el pensamiento político y la historiografía*. Caracas: Ediciones de la Presidencia de la República. vol. I.

CARRERA DAMAS, Germán. (1969). *El culto a Bolívar*. Caracas: Ediciones de la Biblioteca de la Universidad Central de Venezuela.

_____. (1961). *Historia de la historiografía venezolana (Textos para su estudio)*. Caracas: Ediciones de la Biblioteca de la Universidad Central de Venezuela.

CASTELLANOS, Rafael Ramón (comp.) (1983). *Caracas en el centenario del Libertador*. Caracas: Congreso de la República, 2 vols.

CASTILLO LARA, Lucas. (1980). *El Panteón Nacional*. Caracas: Editorial Centauro,

CASTRO LEIVA, Luis. (1987). *De la patria boba a la teología bolivariana*. Caracas: Monte Ávila Editores Latinoamericana.

CHÁVEZ FRÍAS, Hugo. (1992). *El brazalete tricolor*. Valencia: Vadell Hermanos Editores.

_____. (2000). *Documentos fundamentales de la República Bolivariana de Venezuela*. Caracas: Ediciones de la Presidencia de la República.

_____. Libro Azul. El Árbol de las Tres Raíces. Alberto Garrido. (2002). *Documentos de la revolución bolivariana*. Mérida, Producciones Karol C.A.

CONSALVI, Simón Alberto. (2003). *Augusto Mijares. El pensador y su tiempo*. Caracas: Biblioteca de la Academia Nacional de la Historia.

_____. (2001). *Reflexiones sobre la historia de Venezuela*, Caracas: Comala.com.

CORDERO VELÁSQUEZ, Luis. (1971). *Gómez y las fuerzas vivas*. Caracas: Editorial Dóneme.

CONSTITUCIÓN de la República Bolivariana de Venezuela. (2001). Caracas: Ministerio de la Secretaría de la Presidencia.

CORREA, Luis. "Palabras en el Panteón Nacional: el 28 de octubre de 1939". Germán Carrera Damas. (1961). *Historia de la historiografía venezolana (Textos para su estudio)*. Caracas: Ediciones de la Biblioteca de la Universidad Central de Venezuela.

COVA, José Antonio, "El Libertador y el odio soviético". Germán Carrera Damas. (1961). *Historia de la historiografía venezolana (Textos para su estudio)*. Caracas: Ediciones de la Biblioteca de la Universidad Central de Venezuela.

DE FOURT, D., ABATE DE PRADT, "Congrés de Panamá". Filippi, Alberto (coord.). (1992). *Bolívar y Europa en las crónicas, el pensamiento político y la historiografía*. Caracas: Ediciones de la Presidencia de la República, vol. I.

DECLARACIÓN sobre el "Bolívar" del señor Madariaga. Germán Carrera Damas. (1961). *Historia de la historiografía venezolana (Textos para su estudio)*. Caracas: Ediciones de la Biblioteca de la Universidad Central de Venezuela.

DECRETO disponiendo la creación de la Academia Nacional de la Historia. Germán Carrera Damas. (1961). *Historia de la historiografía venezolana (Textos para su estudio)*. Caracas: Ediciones de la Biblioteca de la Universidad Central de Venezuela.

DÍAZ, José Domingo. (1961). *Recuerdos sobre la rebelión de Caracas*. Estudio Preliminar por Ángel F. Brice. Caracas: Academia Nacional de la Historia.

Diccionario de Historia de Venezuela. (1997). Caracas: Fundación Polar, 4 vols.

DICTIONNAIRE Universel Larousse, 1865. Filippi, Alberto (coord.). (1992). *Bolívar y Europa en las crónicas, el pensamiento político y la historiografía*. Caracas: Ediciones de la Presidencia de la República. vol. I.

DUCAMPE DE ROSAMEL, C., "Extractos de un informe enviado al Conde de Chabrol. Ministro de la Marina y de las Colonias". Filippi, Alberto (coord.). (1992). *Bolívar y Europa en las crónicas, el pensamiento político y la historiografía*. Caracas: Ediciones de la Presidencia de la República, vol. I.

ELIADE, Mircea. (1981). *Mito y realidad*. Barcelona: Editorial Labor.

"ENCUENTRO de solidaridad con la revolución bolivariana". Foro bolivariano de las Américas. *Últimas Noticias* (Fascículo de Edición Especial). 12 de abril de 2003, Caracas.

ERNST, Adolfo. (1986). *Obras completas*. Compilación por Blas Bruni Celli. Caracas: Ediciones de la Presidencia de la República, vol. III.

ESPINOZA, José Alberto. (1843). *Oración Fúnebre que en las exequias a los restos del Libertador, pronunció en Caracas el 17 de diciembre de 1842 el Dr. José Alberto Espinoza*. Caracas: Imprenta de El Venezolano.

FILIPPI, Alberto (coord.). (1992). *Bolívar y Europa en las crónicas, el pensamiento político y la historiografía,* Caracas, Ediciones de la Presidencia de la República, 3 vols.

_____. (1992). "Introducción" (Sección italiana). *Bolívar y Europa en las crónicas, el pensamiento político y la historiografía*. Caracas: Ediciones de la Presidencia de la República, vol. I.

FRANZI, L. "En paz, en progreso floreciente, Venezuela invoca los auspicios del Grande Hombre para su luminoso porvenir". Filippi, Alberto (coord.). (1992). *Bolívar y Europa en las crónicas, el pensamiento político*

y la historiografía. Caracas: Ediciones de la Presidencia de la República, vol. II.
FUENMAYOR, Juan Bautista. (1976). *Historia de la Venezuela política contemporánea*. Caracas, s/e, tomo III.
GARRIDO, Alberto. (2000). *La historia secreta de la revolución bolivariana*. Mérida: Editorial Venezolana C.C.
_____. (comp.) (2002). *Documentos secretos de la revolución bolivariana*, Mérida, Producciones Karol CA.
GELPI Y FERRO, J. "Estudios sobre la América". Filippi, Alberto (coord.). (1992). *Bolívar y Europa en las crónicas, el pensamiento político y la historiografía*. Caracas. Ediciones de la Presidencia de la República, vol. 1.
GERVAIS DE SERVIEZ, E, "Souvenir de deux Mondes". Filippi, Alberto (coord.). (1992). *Bolívar y Europa en las crónicas, el pensamiento político y la historiografía*. Caracas: Ediciones de la Presidencia de la República, vol. I.
GIL FORTOUL, José. (1954). *El hombre y la historia*. Caracas: Ministerio de Educación, Colección Obras Completas de José Gil Fortoul.
GIMÉNEZ CABALLERO, Ernesto. "El parangón entre Bolívar y Franco". Filippi, Alberto (coord.). (1992). *Bolívar y Europa en las crónicas, el pensamiento político y la historiografía*, Caracas, Ediciones de la Presidencia de la República, vol 2.
GONZÁLEZ, Fernando. (1980). *Mi compadre*. Caracas: Editorial Ateneo de Caracas.
GONZÁLEZ, Juan Vicente. (1842). *Mis exequias a Bolívar*. Caracas: Imprenta de El Venezolano.
GONZÁLEZ GUINÁN, Francisco. (1954). *Historia contemporánea de Venezuela*, Caracas: Ediciones de la Presidencia de la República, tomo X.
GUEL Y MERCADER, José. (1883). *Literatura Venezolana*. Caracas: Imprenta El Cojo.
GUERRERO, Luis Beltrán. (1965). *Perpetua heredad*. Caracas: Ediciones del Ministerio de Educación.
HORSMAN, Reginald. (1985). *La raza y el Destino Manifiesto*. México: Breviarios del Fondo de Cultura Económica.

HURTADO SÁNCHEZ, Ramón. (1883). *Las fiestas del primer centenario del Libertador Simón Bolívar*. Caracas: Imprenta Nacional.
IRAZÁBAL, Carlos. (1974). *Hacia la democracia*. Caracas: Catalá Ediciones,
KEY AYALA, Santiago. (1920). *Eduardo Blanco y la génesis de Venezuela heroica*. Caracas, s/e.
KOHN DE BEKER, Marisa. (1970). *Tendencias positivistas en Venezuela*. Caracas: Universidad Central de Venezuela.
LALLEMENT, M. "Histoire de la Colombie". Filippi, Alberto (coord.). (1992). *Bolívar y Europa en las crónicas, el pensamiento político y la historiografía*. Caracas: Ediciones de la Presidencia de la República, vol. I.
LANGE, Frédérique. (2002). *Hugo Chávez et le Venezuela. Una action politique au pays de Bolívar,* París, L'Harmattan.
LEAL, Ildefonso (comp.). (1980). *Ha muerto el Libertador,* Caracas: Universidad Central de Venezuela.
LÓPEZ CONTRERAS, Eleazar. (1966). *Gobierno y administración, 1936-1941*. Caracas: Editorial Arte.
_____. (1949). *El triunfo de la verdad. Documentos para la historia venezolana*. México: Edición Genio Latino.
LORD BYRON, "The Age of Bronze". Filippi, Alberto (coord.). (1992). *Bolívar y Europa en las crónicas, el pensamiento político y la historiografía*. Caracas: Ediciones de la Presidencia de la República, vol. I.
LUNA, José Ramón. (1971). *El positivismo en la historia del pensamiento venezolano*, Caracas, Editorial Arte.
MARTÍ, José. *Sección constante*. (1955). Compilación y prólogo de Pedro Grases. Caracas: Imprenta Nacional,
MARTÍN, Gustavo. (1983). *Magia y religión en la Venezuela contemporánea*. Caracas: Ediciones de la Biblioteca de la Universidad Central de Venezuela.
MIGNET, A. "Necrología de Bolívar". Filippi, Alberto (coord.). (1992). *Bolívar y Europa en las crónicas, el pensamiento político y la historiografía*. Caracas: Ediciones de la Presidencia de la República, vol. I.
MIJARES, Augusto. (1971). *Longitud y latitud*. Caracas: Ediciones HH.

_____. (1966). *Lo afirmativo venezolano*. Caracas: Editorial Arte.

MUSINI, Luigi. "Vita di Simón Bolívar". Filippi, Alberto (coord.). (1992). *Bolívar y Europa, en las crónicas, el pensamiento político y la historiografía*. Caracas: Ediciones de la Presidencia de la República, vol. I.

MUSSOLINI, Benito. "La alta palabra del Duce". Filippi, Alberto (coord.). (1992). *Bolívar y Europa en las crónicas, el pensamiento político y la historiografía*. Caracas: Ediciones de la Presidencia de la República, vol. II.

ORTIZ, Alexis. (2003). *El texto de sus disparates. Falso retrato de Simón Bolívar*. Caracas: Editorial Panapo,

PAVESE, Cesare. (1980). *Diálogos con Leucó. El hermoso verano*. Barcelona: Bruguera.

PERAZZO, Nicolás. (1981). "Presentación". Eduardo Blanco. *Venezuela heroica*. Caracas: Ediciones de la Presidencia de la República.

PÉREZ VILA, Manuel. "Una biografía del Libertador publicada en Cataluña en 1839". Filippi, Alberto (coord.). (1992). *Bolívar y Europa en las crónicas, el pensamiento político y la historiografía*. Caracas: Ediciones de la Presidencia de la República, vol. I.

PERSAT, M, "Memoires du commandant Persat". Filippi, Alberto (coord.). (1992). *Bolívar y Europa en las crónicas, el pensamiento político y la historiografía*. Caracas: Ediciones de la Presidencia de la República, vol. I.

PICÓN SALAS, Mariano. (1962). "Venezuela, algunas gentes y libros". *Venezuela Independiente*. Caracas: Fundación Mendoza.

PINO ITURRIETA, Elías. (2001). *País archipiélago. Venezuela, 1830-1858*. Caracas: Fundación Bigott.

_____. (1999). *Nueva lectura de la Carta de* Jamaica. Caracas: Monte Ávila Editores Latinoamericana, Colección Monte Ávila Breve.

_____. (1991). *La mentalidad venezolana de la emancipación*. Caracas: Eldorado Ediciones.

_____. (1978). *Positivismo y gomecismo*. Caracas: Universidad Central de Venezuela.

_____. "El siglo XIX en Venezuela, sugerencias para una nueva interpretación". Alicia Hernández y Manuel Miño (coords.). (1991). *Cincuenta años de historia en México*. México: El Colegio de México, vol. I.

POCATERRA, José Rafael. (1966). *Memorias de un venezolano de la decadencia*. Caracas-Madrid: Editorial Edime, 4 vols.

POR LA GLORIA de la Gran Colombia. Germán Carrera Damas. (1961). *Historia de la historiografía venezolana (Textos para su estudio)*. Caracas: Ediciones de la Biblioteca de la Universidad Central de Venezuela.

POTELET, Jeanine. "Introducción" (Sección Francesa). Filippi, Alberto (coord.). (1992). *Bolívar y Europa en las crónicas, el pensamiento político y la historiografía*. Caracas: Ediciones de la Presidencia de la República, vol. 1.

QUINTERO, José Humberto. "La iniquidad cometida contra el Libertador nos ha impuesto una larga sanción divina". *El Universal*. 18 de diciembre de 1980, Caracas.

_____. (1930). *Ante la tumba de Bolívar*. Mérida: Tipografía El Vigilante.

ROJAS PAÚL, Juan Pablo. "Discurso con motivo de la inauguración de la Academia Nacional de la Historia". Germán Carrera Damas. (1961). *Historia de la historiografía venezolana (Textos para su estudio)*. Caracas: Ediciones de la Biblioteca de la Universidad Central de Venezuela.

ROMERO, Aníbal. (2002). *Venezuela, historia y política. Tres estudios críticos*. Caracas: Editorial Panapo.

_____. (1999). *Decadencia y crisis de la democracia. ¿A dónde va la democracia venezolana?*. Caracas: Editorial Panapo.

RONDÓN MÁRQUEZ, Rafael. (1952). *Guzmán Blanco. El Autócrata Civilizador. Parábola de los partidos políticos en Venezuela*. Madrid: Imprenta de García Vicente, 2 vols.

SALAS DE LECUNA, Yolanda. (1987). *Bolívar y la historia en la conciencia popular*. Caracas: Instituto de Altos Estudios de América Latina de la Universidad Simón Bolívar.

SALCEDO BASTARDO, J.L. (1970). *Historia fundamental de Venezuela*. Caracas: Ediciones de la Biblioteca de la Universidad Central de Venezuela.

_____. "Discurso con motivo del 153 Aniversario de la muerte de Simón Bolívar, en el año conmemorativo del bicentenario de su naci-

miento". *Acción al futuro. El Bicentenario de Simón Bolívar, 1783-1983. Memoria.* (1995). Caracas: Comité Ejecutivo del Bicentenario, Impresos Cromotip.
SALVADOR, José María. (2001). *Efímeras efemérides. Fiestas cívicas y arte efímero en la Venezuela de los siglos XVIII y XIX.* Caracas: Universidad Católica Andrés Bello.
STAMBOULI, Andrés. (2002). *La política extraviada. Una historia de Medina a Chávez.* Caracas: Fundación para la Cultura Urbana.
TARRE MURZI, Alfredo. (1982). *López Contreras. De la tiranía a la libertad.* Caracas: Editorial Ateneo de Caracas.
TORO, Fermín. (1843). *Descripción de los honores fúnebres consagrados a los restos del Libertador Simón Bolívar, en cumplimiento del Decreto Legislativo de 30 de abril de 1842.* Caracas, Imprenta de Valentín Espinal.
USLAR PIETRI, Arturo. (1959). *Materiales para la construcción de Venezuela.* Caracas: Ediciones Orinoco.
VELÁSQUEZ, Ramón J. (1979). *Confidencias imaginarias de Juan Vicente Gómez.* Caracas: Ediciones Centauro.
VILLANUEVA, Laureano. (1992). *Vida del Valiente Ciudadano general Ezequiel Zamora.* Caracas, Monte Ávila Editores Latinoamericana.
VOLPE, Gioacchino. "Discurso de orden de Gioacchino Volpe en la Real Academia de Italia, el 17 de diciembre de 1930". Filippi, Alberto (coord.). (1992). *Bolívar y Europa en las crónicas, el pensamiento político y la historiografía.* Caracas: Ediciones de la Presidencia de la República, vol. II.
WADELL, David. "Introducción" (Sección Británica). Filippi, Alberto (coord.). (1992). *Bolívar y Europa en las crónicas, el pensamiento político y la historiografía.* Caracas: Ediciones de la Presidencia de la República, vol. I.

www.ingramcontent.com/pod-product-compliance
Lightning Source LLC
Chambersburg PA
CBHW031947080426
42735CB00007B/302